未來科技的15道難題

面對世界最關鍵的轉折，微軟總裁最前瞻的預測與洞察

布萊德·史密斯

卡洛·安·布朗

-著

孔令新

-譯

Tools and Weapons

The Promise and the Peril of the Digital Age

Brad Smith and Carol Ann Browne

CONTENTS

推薦序

共同面對今日科技業最迫切的議題

比爾・蓋茲（Bill Gates）

我在職涯最艱困的時期，首度向布萊德・史密斯（Brad Smith）尋求建議。二十年過去了，從未停止。

史密斯於一九九三年加入微軟（Microsoft）的法務團隊，但是我們直到一九九〇年代末期才真正熟識，當時美國政府控告微軟違反反壟斷法，我和他日以繼夜地並肩合作。我馬上就發現他是極富深度思想的人，我喜歡他的為人，也信任他的專業判斷。

訴訟期間，史密斯為微軟制定法律策略。訴訟後，他又做出一項同等重要的貢獻：徹底改革微軟的企業文化與策略，這些改革便是本書的核心。

早期的微軟鮮少與聯邦政府溝通，從前的我也為此得意洋洋，不時向人宣揚道：「我們這麼成功，但是在華府連辦公室都沒有，這樣是不是棒極了？」然而，經歷反壟斷法訴訟的痛苦掙扎後，我才明白這樣的立場並不明智。

訴訟案和解後，史密斯主張微軟必須改變策略，並且說服我及許多微軟的同仁，還向我們說明改變的方法。史密斯是律師，不是軟體工程師，他雖然很懂科技，但是思維和我們不同（這是稱讚）。他認為，微軟必須花更多時間和精力，與政府、商業夥伴，甚至是競爭者等各方利害關係人溝通。史密斯的理念不只是為了微軟本身的利益，他明白科技與影響科技的政策有多麼重要，因此他斷定，置身事外不只對微軟不好，更會對整個產業不利。雖然有時我們必須單打獨鬥，但在許多時候——面對人工智慧、臉部辨識與網路安全疑慮時，團結合作能帶來很多的好處。

史密斯在本書中主張，有時如果政府介入並加強監管，對大家都有好處。（史密斯明白，一位企業主管出面呼籲政府加強而非減少監管是很諷刺的事。）他知道微軟和其他科技公司必須深入與歐洲、美國及其他國家政治領袖溝通，我也不能再得意地誇耀微軟在華府沒有設置據點。

今日史密斯的願景更顯重要，世界各國政府都在仔細審視科技公司與科技業，這些企業的科技如何為人所用？這些科技產生何種影響？科技公司肩負什麼責任？政府與社會如何面對這些議題？儘管這些問題與我們在二十年前面對的不同，但是史密斯當年的洞見搬到今日仍然適用。

例如，臉部辨識技術雖然現在尚未成為大眾討論的焦點，但是未來必將如此。研發臉部辨識技術的軟體公司應在技術使用上加諸何種限制？科技業如何面對這項技術？政府又要制定哪些法規？

史密斯率先預測這些問題將會浮現，並建立夥伴關係進行討論。科技業必須團結，與客戶及各國政府合作。當然，要說服所有人都加入是不可能的，但是我們絕不能放任不管。

本書探討的範圍非常廣泛，總計十五個議題，包含網路安全、資訊科技人才的多元性及中美關係。如果問我認為本書最重要的章節，我會說是隱私權。現在的企業能夠蒐集巨量資料，但此能力是一把兩面刃，一方面能讓政府、企業與個人做出更好的決定；但另一方面也引發重大的問題：要如何在使用資料的同時，保護大家的隱私權呢？

然而，史密斯在本書中告訴我們，雖然科技是新的，但科技所引發的問題本身卻源遠流長。數個世紀以來，人類不斷面對類似的問題。對於資料隱私的章節提到納粹德國蒐集人民資訊，你或許不會感到意外，但是可能沒料到該章竟然提到一八一二年戰爭，並介紹《司法互助條約》（Mutual Legal Assistance Treaties）簡史。

由此可見，史密斯的興趣廣泛，對任何議題都能深入探討，但本書並不是枯燥無聊的訴訟案例摘要。史密斯與共同作者卡洛・安・布朗（Carol Ann Browne）都很擅長說故事，以圈內人的觀點帶領讀者前往全世界的會議廳與法庭上，親身體驗他們處理這些議題的過程。史密斯並不是置身事外、以第三者的角度分析情勢，而是站在第一線團結大家找到解決方案。

史密斯時常與我討論這些議題，有時是見面討論，有時則透過電子郵件。直到今日，我仍仰賴他的智慧與判斷。以他的經驗與智慧，史密斯最有資格帶領讀者探討今日科技業面對的課題。

這些議題只會愈來愈重要。本書清楚介紹新興科技引發的議題，並為科技公司與社會勾勒出前進的道路。本書提供清楚易懂又引人入勝的指引，為讀者介紹今日科技領域裡最迫切爭論的議題。

前言

雲端：世界的檔案櫃

自古以來，文明運轉的動力便是資料[1]。

人類歷史始於語言的出現。有了語言，人類便能傳達想法、分享經驗、表達慾望與需求。

後來人類又發明文字，讓文明加速進展。有了文字，傳達想法更容易、更精準，而且想法不再只能由一個人傳達給另一個人，而是能從一個地區傳達到另一個地區。

接著點燃知識炬焰的星火出現了，就是儲存、檢索與分享文字資訊的能力。遠古世界的文明紛紛建立圖書館[2]，圖書館蒐集檔案與書籍，讓思想的傳達突破時間限制。從此人類不只能把想法從一個地區傳達到另一個地區，更能從上一代傳遞給下一代。數個世紀後，約翰尼斯·古騰堡（Johannes Gutenberg）發明機械印刷術，知識炬焰便擴散為燎原之火，不只賦權作者，也賦權讀者。

這場燎原之火蔓延到全世界。往後幾個世紀，訊息傳遞的增加導致商業活動爆發，而商業活動爆發也進一步帶動更多的訊息傳遞。到了二十世紀初，所有辦公室都需要儲存文件的設施，室內擺滿檔案櫃[3]。

雖然自古以來，資料便在人類社會扮演舉足輕重的角色，但是只有在當今世界，資料才擁有如此崇高的地位。就算貿易疲弱且經濟蕭條，資料仍然穩定成長。有人說，資料已成為二十一世紀的石油，但是這樣的說法過於保守，不足以描述現況。一個世紀前，汽車、飛機及許多火車會用到石油，但是現在人類日常生活的各個層面都會用到資料。資料之於現代文明，反而較像是呼吸的空氣，而不是燃燒的石油。

與石油不同，資料已能再生，因為人類自己就能生產資料。到了二〇二〇年末，全人類累積的數位資料總量會是二〇一一年初的二十五倍[4]。隨著人工智慧的發展，我們對資料的運用達到從前無法比擬的程度。

支撐這股趨勢的基礎設施，我們稱為雲端（cloud）。這個名字聽起來既蓬鬆又柔軟，但其實雲端是堅固堡壘。每次你用智慧型手機查找資料，都是從一個龐大的資料中心抽取出資料——資料中心可說是現代世界奇觀，同時也是一個禁地，鮮少人能涉足。

但是你若有幸參訪資料中心，便能更了解這個世界運作的方式。

若要一窺雲端的內部運作，最理想的地點莫過於世界蘋果種植首都——華盛頓州昆西

（Quincy）。這個小鎮約位在西雅圖東邊一百五十英里，九十號州際公路旁，這個地點絕非巧合。昆西地處華盛頓州農業盆地的中心，附近有一座陡峭的峽谷，是哥倫比亞河侵蝕出來的傑作。哥倫比亞河河面寬廣，流水滾滾，是美國西部第一大水路。昆西的主要供電來源是水力發電廠，其中一座叫做大古力水壩（Grand Coulee Dam）是美國規模最大的發電廠。這樣的環境很適合供養用電量世界第一的設施——現代資料中心[5]。

走出昆西主要街道，過幾個路口，就會看見一些不起眼的建築，建築外圍有高聳的柵欄與圍牆環繞。有些建物上掛著今日科技公司的商標；有些則完全沒有標示。建物群中規模最大的，叫做哥倫比亞資料中心（Columbia Data Center），所有者是微軟。

◆戒備森嚴的資料中心

資料中心是龐然大物，光想到其規模，就會感覺振奮昂揚，但同時又會覺得有些陰森怪誕。微軟在昆西的廠房，已不只是一座建物，我們在當地有兩個資料園區，總面積達兩百萬平方英尺，裡面有超過二十座廠房，每座廠房的大小都和兩座美式足球場相當，能裝下兩架商用客機。這些廠房裡有數十萬台伺服器、數百萬個硬碟，而且每三年，所有伺服器與硬碟都會升級成更快速、更高效的版本。

若要體會資料中心的規模，最好的方法就是從外圍邊緣走到內部中心。每座廠房牆外，都設有全球數一數二的大型發電機。如果區域電網斷電，這些發電機在幾秒內就能上線運轉，確保資料中心順利運作。每台發電機的高度都超過二十英尺，發電量足以提供兩千戶家庭使用。這些發電機的燃料是柴油，油槽儲量足以讓資料中心在不連接區域電網的情況下，維持獨立運轉四十八小時，如果超過四十八小時，還有補充燃料機制。公司後來新落成設施設置的發電機則是使用較乾淨的天然氣，還可做為當地電網的備用電源，位於懷俄明州夏安（Cheyenne）的設施即屬此例。十幾台這樣的發電機就坐落在資料中心建築旁，若大古力水壩水力發電廠失能，這些發電機能立刻運轉供電。

每座廠房內都有一連串安全周密、戒備森嚴的房間。它們是變電站，負責把電網供給的二十三萬伏特電壓變轉成兩百四十伏特電壓，以供資料中心電腦使用。變電站內擺著一排排機架。每個機架高六英尺，裝有超過五百個電池，電池外觀和汽車引擎蓋下的電瓶類似。變電站的每扇門都防彈，每面牆都防火，如果發生火災，火勢不會蔓延。通常一座資料中心廠房至少都會有四個這樣的房間，房間內電池的總數量則根據配置而有所不同，最多能達到五千個。這些電池有兩個用途：其一，電網供應的電流流經機架，讓電池維持在充滿電的狀態，防止突波直接衝向電腦，如此一來，供應到電腦的電流與電壓便能保持穩定；其二，若是區域電網斷電，電池能暫時維持資料中心運作，直到外面的發電機啟動為止。

穿過另一組防彈門與防火牆，就會看到另一道機場安檢式金屬探測門，並有兩名穿制服的警衛駐守。門後是整座建築的內殿，只有預先核准名單上的微軟全職員工才能進入。通過門後，會進入一個接待室，走入接待室後，鋼門便會在身後關閉，同時安檢人員會透過攝影機檢視你。檢視完畢，下一道防彈門就會開啟。

最終，你會進入一個寬敞的機房，這就是資訊時代的聖殿，數位生活的基石。房內迴盪著細微低沉的嗡嗡聲，迎接你進入神經中樞。天花板高的機架以陣列排放，陣列的縱深超出視線之外，機架上則擺滿電腦。這是由鋼鐵與迴路組成的巨型圖書館，裡面每台伺服器的占用容量都一樣，但伺服器內部儲存的資料卻各有不同，這座圖書館是世界的檔案櫃。

在某座廠房內某個機房裡的某一處，存放著你的資料。你今天早上寄的電子郵件、昨天晚上撰寫的文件、昨天下午拍的照片，都存在這裡。此外，這裡還存放著你的銀行帳戶、就醫紀錄、雇主資料等個人資訊。你的這些資料只占數十萬台電腦裡一個硬碟上的一小絲空間。每筆資料都會加密，也就是說資訊都經過編碼，只有擁有授權的使用者才能讀取。

每座資料中心都有數個像這樣的機房，每個機房都是獨立隔離的，以防火災發生時火勢蔓延。每組電腦都連接到三個建築物內的電源，而且每列機架都經過設計，能把電腦散發的熱能循環到整座廠房，從而減少暖氣需求，降低冬日用電。

離開伺服器機房，必須和進入時一樣再次經過安檢，脫下鞋子，解開皮帶。這時你的心裡可能會想，旅客出機場並不需要再次經過安檢的折騰，但是公司人員馬上就會告訴你，這裡進出都需要安檢是有原因的。微軟要嚴防有人把資料中心裡的資料下載到隨身碟，或是把存放著個人資料的硬碟拆下來偷走。就連硬碟都有特殊的出口，若要汰換，舊硬碟上的資料會複製到新硬碟上，然後舊硬碟上的資料會清除。接著就與文件放入碎紙機一樣，舊硬碟會送到粉碎機裡攪碎。

某些層面上，資料中心參訪的壓軸到最後才會出現。帶領參觀的員工告訴你，每個資料中心區域都有另一組同樣的廠房。因此，一個地區的企業、政府或非營利機構擁有的資料能不斷備份到其他地方。如此一來，若是一地遭遇颱風，發生地震，或是爆發其他自然或人為災難，第二座資料中心即可介入，確保雲端服務順暢運作，例如之前日本北部發生地震，公司位於日本南部的資料中心就能確保服務不中斷。

◆資料中心引發的種種疑慮

今日微軟擁有、經營及租借的資料中心，包含各種規模大小，有超過一百多個據點，遍布全球二十多個國家（以後會更多），提供兩百項線上服務，超過十億客戶，觸及全球一百四十個以上的市場。

我在一九九三年加入微軟，當時創辦軟體公司需要的資本不多，許多科技創業家都是在車庫或大學宿舍裡開創事業，微軟的兩位共同創辦人蓋茲與保羅・艾倫（Paul Allen）就是其中最新進的一批。重點是開發軟體要不了多少錢，只需要一台好電腦、些許積蓄，然後願意每餐吃披薩就行了。

微軟從當初小小新創公司成長為跨國大企業，過程中不斷看見同樣如此發跡的公司。二〇〇四年，公司欲收購一家名叫Giant Company Software的反間諜軟體公司，團隊撥打該公司的技術支援專線，接通後表示想轉接執行長，於是電話另一端的人便直接把話筒遞給坐在辦公桌另一端的同事，因為整家公司只有兩位員工。想當然耳，收購協商進行得很迅速[6]。

我造訪微軟的資料中心時，心裡一直想到Giant Company Software。今日創業家仍然能像蓋茲與艾倫當初那樣創造新的軟體應用程式，現在許多開放源碼開發者就是如此。但若是要提供雲端運算平台給全球用戶，情況就不一樣了。資料中心裡，我穿梭過數千台閃爍的電腦、擺滿電池的機架、巨大的發電機，覺得現在不只是時代不同了，這裡簡直像是另一顆星球。資料中心園區造價昂貴，動輒數億美元，落成後還要不斷維護、更新。園區會拓展，伺服器、硬碟與電池則會升級或汰換成更新穎、高效的設備，資料中心沒有真正完工的一天。

人類世界已進入數位時代，從許多方面看來，數位時代的核心即是資料中心。資料中心有著巨量的資料、儲存容量及運算能力，為世人提供前所未有的平台，帶動全球經濟成長。同時，資料中心也帶來爭議，我們這個世代面臨的最艱難挑戰，有許多就是資料中心引發的。要如何在公共安全、個人便利與個人隱私間找到適當平衡？要如何防範有心人士運用這項科技進行網路攻擊，侵害國家、企業及個人？要如何控管這項科技對經濟和社會造成的影響？我們正在打造的世界，是否能讓下一代有工作可做？我們正在打造的世界，自己是否能掌控？

要找到這些問題的解答，就必須先以過去的科技變遷為明鑑，深入了解當今的科技變遷。自古以來，任何工具都可以用來為善為惡，連掃把都能拿來掃地或打人。工具愈強，帶來的效益或傷害就愈大。重大的科技變革雖然前途無量，但是人類世界在把資訊科技轉化為高效工具的同時，也把它變成可怕的武器。

面對嶄新的科技時代，人類社會的焦慮感與日俱增，民主國家尤其如此。在這些民主國家內部，移民、貿易、所得不均等問題，造成人民焦慮不安，而這樣的焦慮感也產生許多問題，造成民粹主義與民族主義興起。這股潮流的部分原因也要歸咎翻天覆地的科技變革，因為科技帶來的效益並非人人都享受得到，而且現今科技變革的本質與速度，也為個人、族群乃至於整個國家帶來難題。當今之世，民主社會集體面臨近百年來前所未有的艱鉅挑戰，有時候其他國家也會利用科技本身來攻擊這個弱點。

◆充滿危機也充滿轉機的時刻

微軟是全球屬一屬二的大型科技公司，本書以微軟的角度檢視上述議題，講述科技業如何面對比任何企業，甚至整個產業都還要龐大的力量。書中不只會講到趨勢與想法，也會談及人、決策和人們為了因應瞬息萬變世界採取的作為。

這波局勢正在展開，而微軟有時能從不同的視角來觀察。二十年前，微軟捲入一場風暴，這場風暴可說是現代資訊科技與人類世界的首次碰撞。美國司法部聯合二十個州政府指控微軟違反反壟斷法，並且企圖將微軟強制分拆成數家小公司。此案既出，其他國家的政府也跟著提出控告。官員認為，Windows作業系統太重要，不能沒有監管。

後來我們辯護成功，公司並未遭到分拆，但這場硬仗卻讓微軟焦頭爛額，甚至痛苦萬分。我在二〇〇二年出任微軟法務長，必須負責與各國政府及科技公司展開談判，訂定和平條約，這個過程持續十幾年[7]，其中犯下非常多的錯誤。由於我是法務長，幾乎所有錯誤都可以直接或間接歸咎到我的身上。

然而，經過這次挑戰，微軟變得更老練、睿智。我們學習到不能只是一廂情願用自己的角度來看自身，而是必須照照鏡子，看看自己在別人眼中的樣子。我們就如同新學校的第一屆畢業生，雖然不一定是班上第一名，卻有幸比其他人更早完成學業。

今日科技的議題比二十年前更廣、更深，我們站在科技與社會發展的關鍵轉折點——這個時刻充滿機會，但也充滿迫切需要解決的問題。

因此，就和微軟二十年前一樣，科技界需要改變。科技公司必須體認到一個很基本卻很重要的原則：當你的科技正在改變世界，就有責任協助世人面對你創造的新世界。乍聽之下，這是理所當然的事，但是在科技界卻並非如此，畢竟科技公司長久以來都過度把心力與焦點放在如何快速成長，有時候甚至把「顛覆現狀」當作目的本身，為了顛覆現狀而顛覆現狀。總之，未來創造科技的公司必須負起更大的責任。

但是另一個原則也同樣重要：科技界無法獨自克服這些挑戰。世界需要科技界自律，也需要政府介入。這對民主國家尤其意義重大，部分原因在於，民主國家若要順利運作，就必須仰賴國民在經濟與社會議題上形成普遍共識。民主國家對於國民共識的仰賴，更甚於其他類型的國家，但是偏偏這時候科技成為一股顛覆的力量。與從前相比，民主國家現在似乎更難形成採取行動所需的共識。但是現在民主國家的政府必須動起來，各自並聯合推動新政策與新計畫，且和科技界展開新形式的合作。簡單來說，政府必須要快馬加鞭，趕上科技進步的速度。

面對這些新的挑戰，我們並沒有一套已知的規則可循，但是可以過去的經驗做為借鑑。十八世紀中葉，第一波工業革命在英格蘭中部展開，從此一波又一波的科技變革不斷席捲全世界。每個看似前所未見的挑戰，其實在歷史上都可以找到雷同的案例，這些案例當然與現在的挑戰有差異，但是仍能做為今日的明鑑。本書有部分即是透過參考歷史上的教訓，探討在未來會遇到什麼機會，以及面對什麼挑戰——我也會提出自己的看法，討論可以從這些教訓中學到什麼。

最重要的是，這些問題的核心就是科技，以及科技對工作、安全與基本人權的影響。我們必須促使快速的科技變遷能融合傳統價值，甚至是自古不朽的價值。要達成這個目標，就必須持續推動創新，但是要找到推動的方法，讓科技與發明這些科技的企業受制於民主社會，也受制於我們決定命運的集體力量。

第一章

監控：引爆震撼彈的稜鏡計畫

二〇一三年六月六日，初夏的陽光穿透雲層，照進華盛頓州雷德蒙德的微軟園區裡。多明尼克・卡爾（Dominic Carr）把五樓辦公室的百葉窗稍微轉開。雖然太平洋西北地區還要一個月後才會正式進入夏天，但是看著灑進辦公室的陽光，卡爾仍不禁期盼著暖和又稍微悠閒的夏日到來。

卡爾拿起手機，搭電梯下樓，到隔壁的公司咖啡廳買三明治。大樓間的走道人來人往，走到一半，後口袋裡的手機發出震動。卡爾是微軟公共事務與溝通團隊的主管，該團隊負責處理最棘手的媒體關係，而且上級就是我。他總是手機不離身，而且鮮少離開辦公桌。

手機螢幕上顯示有電子郵件，標題為「微軟／稜鏡」。當時，「稜鏡」（PRISM）在微軟內部是指公司的年度銷售主管大會，這封信只是微軟例行公事的例行溝通罷了。

但是，這封電子郵件並非例行郵件，而是一條三小時後會燒盡的引信，引爆某個即將衝擊全球的重大事件。

「僅以本信通知，《衛報》（*Guardian*）將在今晚刊登一篇文章，內容與『稜鏡』有關，『稜鏡』是數家美國大型科技公司與NSA的自願合作計畫。」電子郵件的開頭如此寫道，信中的NSA是指美國國家安全局（National Security Agency, NSA）。

寄件者是另一個名叫多明尼克的人，全名為多明尼克．羅西（Dominic Rushe），是英國媒體《衛報》的記者。這封信先寄給微軟在波士頓的公共關係經理，該經理收到後便轉寄，並且標上「紅色驚嘆號」，代表「這封信必須立刻檢閱」。

信中列出九點，並給予最後期限，請我們在期限內針對這九點做出回應。羅西寫道：「身為恪盡職守的新聞記者，我們想要給您一個機會，若上述列點中有任何失真之處，敬請提出……我們已就此與白宮聯絡。由於本計畫事涉敏感，我們到現在才有機會聯絡徵求您的回應。」回應的最後期限訂在東部夏令時間下午六點，若以西雅圖所屬的時區計算，則是下午三點。

原來《衛報》取得機密情報文件，該文件聲稱並記載九家美國科技公司——微軟、雅虎（Yahoo）、Google、臉書（Facebook）、Paltalk、YouTube、Skype、美國線上（AOL）、蘋果（Apple），加入名為『稜鏡』的自願計畫，授權美國國家安全局直接讀取電子郵件、聊天對話、影片、照片、社群媒體的詳細資訊及其他資料。

卡爾的午餐泡湯了，未來數天的行程也幾乎全毀。他轉身往回衝上樓梯，回到五樓的辦公室。由於《衛報》今早刊登一篇令人感到不安的報導，因此他猜這個事件或許與該篇報導有關。該篇報導揭露一道祕密法院命令，強制美國電信業巨頭威訊（Verizon）「持續且每日」提供通話錄音給政府機關，國內通話與國際通話都在範圍內[8]。通聯紀錄會送到總部設在馬里蘭州米德堡（Fort Meade）的國家安全局進行分析，長久以來都在蒐集全球的訊號情報與資料。該篇報導表示，數以百萬計的美國人，無論是否做錯事都是國家安全局蒐集情報的對象。

如果微軟內部有人對『稜鏡』知情，非約翰．法蘭克（John Frank）莫屬，他是律師，擔任微軟的法務團隊主管，該團隊的職掌範圍就包含國家安全事務。於是，卡爾直衝法蘭克的辦公室。

法蘭克做事總是深思熟慮、有條有理，他拿過卡爾的手機，慢慢看過並消化《衛報》記者的訊息。接著，他摘下眼鏡，身體往後靠，凝視著窗外斑駁的陽光。他突然看起來很疲憊。「這毫無道理，完全錯誤。」

法蘭克對於公司審查與回應執法機關請求的方式和內容瞭若指掌，畢竟這套機制就是他協助制定的，唯有在有效法律程序請求下，微軟才會提供客戶資料，而且只會提供特定帳號或特定人士的資料。

◆稜鏡計畫引爆使用者資料震撼彈

後來法蘭克與卡爾來到我的辦公室，他們的調查全無進展，只能把記者的訊息給我觀看。「如果真的有人這麼做，我們是不知情的。」法蘭克說。

的確，執法單位如果向公司請求使用者個人資料，我們依法必須進行審查，並回覆執法單位的請求。公司有一套謹慎的審查與回覆機制。但微軟是一家大公司，會不會是某個員工亂來呢？

我們馬上就發現不可能，因為了解自己的工程系統，也很清楚如果政府向公司提出請求，公司會如何接收、審查及回應，《衛報》的訊息怎麼看都不合理。

微軟內部沒有人聽過『稜鏡』，《衛報》也拒絕透露那份文件。我們聯絡白宮的人脈，但是對方也拒絕談論或分享任何「機密」消息。下午的時間不斷流逝，我開玩笑地逗法蘭克和卡爾說：「搞不好我們是祕密俱樂部成員，而且祕密到連我們都不知道自己有加入。」

我們毫無頭緒，只能等報導刊登後才有辦法回應記者。太平洋夏令時間下午三點，《衛報》丟出震撼彈，爆料道：「國家安全局實施『稜鏡計畫』，蒐集蘋果、Google及其他公司的使用者資料[9]」。我們終於知道，原來「稜鏡」是國家安全局的「國家安全電子監控計畫」，是一個縮寫，全名為Planning Tool for Resource Integration, Synchronization, and Management[10]（資源整合、同步、管理規劃工具）。到底是誰想出這麼拗口的名稱？聽起來極像命名失敗的科技產品。根據媒體報導，本電子監控計畫針對手機裝置、通話內容、電子郵件、聊天紀錄、照片及影片進行監控[11]。除《衛報》外，《華盛頓郵報》（*Washington Post*）也刊登類似的報導。不出幾小時，全球震驚，客戶不斷致電公司的銷售團隊與律師。

打電話來的客戶都想知道：報導所言是否屬實？

一開始，我們不清楚媒體報導的消息來源，都在討論這些報導是不是假新聞。但三日後，媒體又拋出震撼彈，震驚程度不亞於之前的報導本身：由於線人自身要求，《衛報》公開消息來源[12]。消息來源是國防承包商博思艾倫漢密爾頓（Booz Allen Hamilton）的員工，名叫愛德華・史諾登（Edward Snowden），他當年二十九歲，在國家安全局位於夏威夷的威脅行動中心（Threat Operations Center）工作，擔任外包電腦系統管理員。他下載超過一百萬份機密檔案[13]，並於二〇一三年五月二十日搭機到香港，在當地與《衛報》、《華盛頓郵報》記者聯繫，向全球爆料美國國家安全局的祕密[14]。

那年夏、秋兩季，史諾登的文件受到媒體廣泛報導。第一份洩露的文件是情報人員訓練用的四十一頁PowerPoint投影片，但這不過是冰山一角。記者直到隔年都還在從史諾登的機密檔案中榨取報導，不斷發表頭條新聞，引發恐慌。報導宣稱，美國與英國政府在蒐集通聯紀錄和使用者資料，外國元首與數百萬無辜的美國人民都是蒐集對象[15]。這些報導引發大眾嚴重猜疑，信任崩解。

◆隱私權保護的濫觴

這些消息讓社會大眾感到憤怒，大眾也有理由感到憤怒。超過兩個世紀以來，民主社會的人民都把隱私權保護視為理所當然的事，也因為有隱私權，微軟才能保護各位存放在昆西資料中心的資料。這些權利源於十八世紀英國街頭的一場風波，引發這場政治風波的人本身是國會議員，名叫約翰．威爾克斯（John Wilkes）。

威爾克斯可以說是當時最有趣也最激進的政治人物，一七六〇年代，他勇於挑戰首相，甚至是國王，而且用字遣詞犀利到連今日的政治人物讀了都會感到羞愧（幾乎）。一七六三年四月，威爾克斯撰寫一篇匿名文章批評時政，並刊登在反對陣營的期刊上。該篇評論惹怒英國檢察總長查爾斯．約克（Charles Yorke）。約克懷疑文章的作者就是威爾克斯。不久後，政府便發出搜索票，授權範圍非常廣泛，幾乎允許治安官在任何時刻搜索任何地方。

治安官基於非常薄弱的消息，在午夜闖入印刷匠的住所，「叫他離開床上的妻子，查扣他所有的個人文件，逮捕十四位職工與僕人[16]。」接著，英國政府又馬上搜查四間房屋，總共逮捕四十九人，幾乎全都是無辜人士。他們敲門搜查，翻箱倒櫃，破壞上百個鎖[17]，最後終於蒐集足夠證據捉拿目標，於是威爾克斯便遭到逮捕。

但威爾克斯也不是省油的燈，遭到逮捕後的一個月內，他提出十多項訴訟，並且出庭挑戰國內最有權有勢的官員。他會這麼做並不令人意外，但是接下來的進展卻震驚英國體制，尤其是英國政府本身：法院判決威爾克勝訴，推翻幾個世紀以來君主及其手下行使的權力。法院要求有關當局必須擁有更充分的正當理由才能同意搜查，就算同意搜查也必須有限度。判決既出，英國媒體同聲喝采，並且引用知名的一段話，宣示每個英格蘭人的「家就是他的堡壘，懷有惡意好奇心的國王使者不得搜查他的家，也不得查看他的文件[18]。」

在許多重要方面，威爾克斯案件是現代隱私權的濫觴。當時，所有自由人都渴望享有這樣的隱私權，英國北美殖民地的人民也是如此。威爾克斯案件發生的兩年前，新英格蘭殖民地也曾發生同樣吵得沸沸揚揚的案件，該地人民爭取隱私權，卻以失敗告終。約翰．亞當斯（John Adams）當時年約二十五歲，尚未成為大律師的他坐在波士頓法庭後方，旁聽一七六〇年代初美洲大陸其中一場最激烈的對決。當時，地方商人認為稅制不公，所以拒絕交稅，轉而走私進口，因此英國政府發出所謂的通用搜索票，在沒有證據的情況下，挨家挨戶查緝走私[19]。北美的英國軍隊濫用職權的方式，和兩年後威爾克斯案件裡的英國政府多有雷同，麻薩諸塞殖民地中一位最敢言的律師——小約翰．歐提斯（John Otis Jr.）因而向法院提出抗議。

歐提斯主張此舉侵犯基本公民自由，並稱為「專斷權力最惡劣的體現[20]」。雖然最後歐提斯敗訴，但是他的主張成為殖民地人民反抗英國的第一步。亞當斯臨終時，仍記得歐提斯的主張，並寫下歐提斯的主張「把生命的氣吹進這個國家[21]」。直到過世，亞當斯都一直說，美國獨立之路始於那日、那案、那個法庭上[22]。

直到《獨立宣言》（Declaration of Independence）宣言簽署後十三年，歐提斯當初慷慨激昂提倡的原則才得以實現。一七八九年，第一屆美國國會於紐約華爾街召開。詹姆士・麥迪遜（James Madison）站在眾議院講台上，介紹自己提出的《權利法案》（*Bill of Rights*）[23]。法案中有一條後來稱為《憲法第四修正案》（Fourth Amendment to the Constitution），保障美國人民「身體、住所、文件與財物之權，不受無理拘捕、搜索與扣押」，禁止政府使用通用搜索票[24]。自此政府單位若要搜查住所或是辦公地點，必須先向獨立的法官申請，提出「正當理由」，才能獲發搜索票。實質上，這個修正案規定政府必須向法官提出，能讓「具有合理智慧之人」認為有現行犯罪事實的證據[25]。

◆資訊受法律保障範圍的爭議

然而，人民的資訊如果離開住所，是否仍屬本修正案的保障範圍？班傑明・富蘭克林（Benjamin Franklin）發明郵局後，《憲法第四修正案》便接受考驗。人民把信件密封，交給政府機構。十九世紀的最高法院輕易地判決，人民的封緘信函仍受隱私權保護[26]。因此，《憲法第四修正案》適用郵政，即使政府郵政機構為人民信函之占有人，政府仍無權在無令狀或無正當理由的情況下打開。

幾個世紀以來，法院裁決考量的依據為人民是否具有「合理隱私期待」，倘若資訊的所有人將資訊存放在他人那裡，法院便會斟酌考量該情況是否符合合理隱私期待的要件。簡單來說，如果資訊存放在上鎖的儲藏容器內，且非所有人不得使用該鎖的鑰匙，法官便會認定該情況符合合理隱私期待的要件，因此適用《憲法第四修正案》。但若是你把文件裝入檔案盒，檔案盒疊在其他人的檔案盒旁，而且檔案盒位於大家都可以自由進出的空間，警察無須令狀即可搜查。這是因為法院認定在這樣的情況下，資訊的所有人已放棄《憲法第四修正案》之合理隱私期待[27]。

現代資料中心戒備森嚴，在虛擬或實體方面都受到層層保護，似乎屬於「上鎖的儲藏容器」。

二〇一三年夏天，記者根據新流出的機密檔案，持續報導史諾登事件。微軟受到記者不斷追擊。我們發展出一套例行儀式，如果看見卡爾在法蘭克的辦公室縮成一團，就知道又有報導要公開了。在多數情況下，我們根本不知道記者到底在說什麼。「剛開始幾週，我每天都必須和不同的記者進行相同的對話。」卡爾回憶道：「記者會說：『好吧，卡爾，一定有某方在說謊，不是微軟，就是史諾登。』」

《衛報》對於稜鏡計畫的報導只是冰山一角，長久以來，國家安全局一直想從私部門蒐集資料。根據解密檔案中鉅細靡遺的描述[28]，二〇〇一年九一一悲劇爆發後數日內，國家安全局便尋求與私部門展開自願合作計畫，企圖不透過法院傳票或搜索票直接蒐集使用者資料。

微軟就和其他科技巨頭一樣，掙扎究竟是否要自願把使用者資料交給政府。公司內部在討論該問題時，考量到總體地緣政治情勢。九一一攻擊陰影持續籠罩美國，聯軍在阿富汗展開「持久自由行動」（Operation Enduring Freedom），國會支持入侵伊拉克，感到恐懼的美國民眾呼籲強化反恐行動。許多人說，非常時刻必須採取非常措施。

解密文件顯示，國家安全局採取的方法是請求企業自願交付資訊。但是，這種方法有一個根本的問題：國家安全局請求的資料，並非科技公司所有，這些資料的所有人是客戶，而且資料裡包含客戶最隱私的資訊。

如同稜鏡計畫，國家安全局於九一一事件後採取的自願交付策略，引發一個根本的問題：科技公司履行對客戶義務的同時，如何盡到保護國家安全的責任？

我認為答案很明顯，就是法治。美國是法治國家，政府如果想蒐集我們客戶的資料，就必須依法行政，透過法院。若是行政部門的官員認為現行法律有所不足，就請透過國會修法來取得授權，這正是民主共和政府應有的運作方式。

◆個人自由與國家安全之間的拉鋸

二〇〇二年時，我們預測不到將來會發生史諾登流亡事件，但當時仍能以史為鑑，大概預想未來會發生的問題。歷史上，國家面臨危機時，總會出現個人自由與國家安全之間的拉扯。

美國第一次發生這樣的危機，是在憲法簽署後十多年。一七九八年，美國與法國在加勒比海發生「短暫衝突」（Quasi-War）。法國大革命推翻法國王朝，但是新的法國政府想要施壓美國，償還美國積欠法國王朝的借款，於是扣押超過三百艘美國商船，並且要求交付贖金[29]。有些義憤填膺的美國人提議直接開戰；其他人如亞當斯總統，則認為美國才剛剛建國，缺乏對法作戰的能力。由於美國政府才剛起步，亞當斯害怕公眾辯論會置於險境。為了壓制異議，亞當斯簽署通過四項合稱《外國人與煽動叛亂法案》（*Alien and Sedition Acts*）的法案，授權美國政府監禁並驅逐「危險的」外國人，並且禁止人民批評政府[30]。

六十多年後，南北戰爭爆發，美國又一次擱置民主原則。亞伯拉罕．林肯（Abraham Lincoln）總統為了鎮壓聯盟國叛變，多次中止《人身保護令》（*Habeas Corpus*）；為了執行徵兵，又在國內中止受審權。據統計，戰爭期間總計有一萬五千名美國人未出庭受審就遭到監禁[31]。

一九四二年，珍珠港遇襲後不久，富蘭克林．羅斯福（Franklin D. Roosevelt，即小羅斯福）總統受軍方及輿論影響，簽署行政命令，把十二萬名日裔美國人關進遙遠的拘留營，以鐵絲網囚禁，並設置持槍警衛看守。遭拘留的人士有三分之二都在美國本地出生。三年後，該行政命令撤銷，但大多數人已失去自己的住所、農田、事業及社群[32]。

國家面臨危機當下，美國人接受這樣的不公不義，但是日後美國人又會質疑當初為了公共安全所付出的代價。我認為，我們必須思考一個問題：「當下過去，十年後民眾會怎麼評價我們？我們能否驕傲地說自己當初信守對客戶的承諾？」

問題設定清楚，答案就很明顯。我們不能在沒有正當法律程序的情況下，自願交付客戶的資料。身為微軟法務長的我應該負起責任，承受批評。畢竟，保護公司的客戶，若是律師不做，要由誰來做？

在這樣的脈絡下，二〇一三年夏天，幾乎所有科技巨頭都處於挨打的狀態。我們向華府官員表達不滿，這是一個重大轉折點，顯露出政府與科技界間的差異，這樣的差異直到今日都在兩者間製造巨大分歧。政府服務的是某個地理疆界內的一群人，像是一個州或一個國家；但科技公司卻是跨國的，服務的客戶遍布全球。

雲端不僅改變我們提供服務的地點和對象，更是重新定義我們與客戶間的關係。雲端使科技公司變得像銀行，民眾把錢存在銀行，把最私人的資訊──電子郵件、照片、檔案、訊息等存在科技公司。

這樣的新關係，不只對科技公司造成影響。一九三〇年代，政府體認到銀行對經濟太重要了，因此不可以沒有監管。同樣地，今日的科技公司已變得太重要，因此不可以採取放任制度。科技公司必須遵守法治，而且政府必須制定更主動的法規加以規範。但是和一九三〇年代的銀行不同，今日的科技公司在全球都有業務，使得管制的問題更複雜。

二〇一三年，全球客戶的不滿與日俱增，我們體認到，若要解決客戶的擔憂，就必須多做說明。我們很清楚提供的服務有什麼明確規範，也很清楚如何處理收購公司的原有規範，即便是處理過程有時真的很複雜。我們想向客戶解釋，微軟只有在接到搜索票、傳票或國家安全令時，才會交付客戶資料。但是，我們提出要向民眾溝通時，司法部卻告知這些資訊屬於機密，不得進行溝通，我們也很無奈。

◆控告政府的大膽舉動

後來，我們決定做一件微軟之前不曾做過的事：控告美國政府。微軟曾擊退政府提出的反壟斷訴訟十年，接著又花費十年締結和平，現在要控告政府，簡直就是踏上新的一條不歸路。第一步是向法院提出聲請，起初外國情報監視法院（Foreign Intelligence Surveillance Court, FISC）將我們的聲請保密。

外國情報監視法院屬於特別法院，負責審理政府的監視命令。在冷戰時期創立，專門受理政府聲請監聽電話、蒐集電子資料、監視恐怖分子與間諜嫌疑人。為了確保政府情報活動能順利監視，並阻撓國安威脅，該法院保密嚴格，核發的搜索票都帶有緘口令（Gag Order），禁止接到搜索票的公司向搜索對象客戶透露此事。此令雖然合乎情理，但是我們主張，基於《憲法第一修正案》（First Amendment to the Constitution）對言論自由之保障，公司有權向大眾披露更多資訊，提出《憲法第一修正案》至少授權我們籠統披露公司接到命令的種類與數量。

不久後，我們發現Google也在做同樣的事，這是第二個轉折點。過去五年來，兩家公司在各國監管機關前激烈廝殺，Google主張要限制Windows；微軟則主張要限制Google搜尋。我們知己知彼，我也很尊敬Google法務長肯特・沃克（Kent Walker），但是現在兩家公司成為好友也不為過。

兩家公司突然站在同一陣線，一同對抗政府。我決定要與沃克溝通。一開始透過互傳訊息，但卻沒有進展。直到七月某個早晨，我出席在Xbox團隊地盤舉辦的員工直接見面會，結束後想拿起手機再試一次，於是找了一個安靜的角落，站在一個人形立牌旁，立牌是微軟系列電玩《最後一戰》（*Halo*）裡帶領部隊抗擊外星人的主角「士官長」（Master Chief）。有「士官長」在背後挺我，太好了。

沃克接起電話。我們之前通話多次，但幾乎都是在談微軟與Google的嫌隙。這一次我提出不一樣的建議，「我們聯合起來，看看能不能一起和司法部協商。」

如果沃克懷疑我是在耍弄特洛伊木馬的技倆，我也不怪他，但是他聽取建言，一日後回覆表示願意合作。

我們和政府進行多方通話，嘗試與政府共同協商。事情進展順利，感覺就快要達成和解了，但是到了八月底，協商突然破局。從我們角度看來，國家安全局與聯邦調查局（Federal Bureau of Investigation, FBI）似乎看法不一。二〇一三年夏末秋初，史諾登持續爆料，導致美國政府與科技界之間的關係每況愈下。接著，情勢突然急轉直下。

十月三十日，《華盛頓郵報》刊出一篇報導，讓科技業火燒屁股：「史諾登檔案：國家安全局入侵雅虎與Google全球資料中心間的連線[33]」。本篇報導中的一位共同作者是記者巴頓・傑爾曼（Bart Gellman），我認識他也很尊敬他。我們以前就讀普林斯頓大學（Princeton University）時，他就曾替《普林斯頓人日報》（*Daily Princetonian*）寫文章。該篇報導指出，美國國家安全局在英國政府幫助下，暗中入侵海底光纖電纜，攔截雅虎與Google網路裡的資料。雖然我們無法確定微軟的光纖電纜是否也遭到國家安全局入侵，但是有些史諾登檔案的確提及微軟的個人電子郵件與訊息服務[34]，因此懷疑微軟也遭到入侵。直到今日，美國政府與英國政府仍未公開否認入侵光纖電纜一事。

科技界既震驚又憤怒。一方面，我們對史諾登檔案的認知始終缺少一個環節，該篇報導補足這個環節。這篇報導意味著，國家安全局從我們這裡獲得的資料量，比我們依法交付的還多。如果情況屬實，就代表政府針對人民的隱私資訊進行大規模搜索與扣押。

《華盛頓郵報》指出，美國國家安全局與英國國家安全局合作，從美國科技公司使用的光纖電纜中攔截資料，而且可能是在沒有司法單位核准或監督的情況下進行。我們擔心，國家安全局的侵入點是光纖電纜位於英國的交接點。與科技業律師交換意見後，我們判斷應是國家安全局自認為，若仰賴英國政府或與英國政府合作，在美國領土外行動，即可規避《憲法第四修正案》，能在沒有正當程序或法院命令的情況下搜索並扣押資訊。

微軟及其他同業迅速反應。接下來幾週，我們和其他公司紛紛宣布對所有資料進行強化加密，透過光纖電纜在資料中心間傳輸的資料與存放在資料中心本身的資料都在加密範圍[35]。這是保護客戶的基本動作，如此一來，就算政府入侵光纖電纜攔截資料，也幾乎可以確定無法解密讀取。

強化加密說來容易，做起來卻很難，需要資料中心進行大量運算，也需要很多工程。有些工程主管並不是很喜歡，我可以理解他們的擔憂。由於一定期程內能動用的工程資源有限，軟體開發必須在不同功能間做出取捨。如果調派開發人員進行加密工作，就必須延後開發客戶要求我們增加的功能。幾番激烈討論後，執行長史蒂芬・巴爾默（Steve Ballmer）與高層團隊決定，加緊腳步進行加密。其他科技公司也都這麼做。

◆科技界與政府的對話

那年十一月情勢不斷展開之際，巴拉克・歐巴馬（Barack Obama）總統造訪西雅圖，參加政治募款活動。白宮邀請一些地方領導人士與支持者在正式活動結束後，到西雅圖威斯汀飯店（Westin Seattle Hotel）私人包廂參加酒會，我受邀代表微軟出席。

我希望能透過這場活動和總統講幾分鐘話，談談我們在訴訟案中主張的《憲法第一修正案》議題，但是司法部的律師卻叫我們不要向總統提及該案，並說「他們的當事人」由律師代理，所有溝通都要經過律師。但在歐巴馬總統到來前，我請教總統助理瓦萊麗・賈瑞特（Valerie Jarrett），能否詢問總統一個和我們的訴訟案件無關的問題：總統是否認為《憲法第四修正案》也能保護美國人，不受美國領土以外之無理搜索與扣押的侵犯？

由於《華盛頓郵報》報導國家安全局入侵美國公司在美國領土外的光纖電纜，我認為這個問題非常重要。賈瑞特表示，總統會對這個議題有興趣。

賈瑞特說得對，我和總統提及這個話題，總統便變回以前的憲法教授。雖然歐巴馬總統在憲法上比我專業，但是我也記得夠多，能進行不錯的對話。

然後總統切換話題。

「我聽到你們不想與我們和解，你們認為展現出控告政府的樣子較好，是這樣嗎？」這時候我必須馬上在腦海中評估分析：司法部的律師沒有說不能回答總統親自詢問的問題，所以我回答並解釋，我們其實想和解，但似乎不想和解的是政府。我向總統說明我們的擔憂，並表示認為若是能找齊相關人士開會，就能取得實質進展。

幾週後，歐巴馬邀請一些科技公司高層到白宮。還有八天就是聖誕節，白宮西廂張燈結綵，人員忙進忙出，趕著在總統前往夏威夷度過年度假期前把工作完成。白宮公開宣布，本會議討論主題為「健康、資訊科技採購與監控的議題」。這有點像是告訴棒球迷說，他們參加某個活動會看到國歌演唱、熱狗大胃王比賽及世界大賽（World Series）首戰。我們都知道白宮邀請自己在寒冷早晨到華府的真正目的。

科技巨頭高層組成的明星隊抵達白宮西廂，隊員有蘋果執行長提姆．庫克（Tim Cook）、Google董事長艾瑞克．施密特（Eric Schmidt）、臉書營運長雪莉．桑德伯格（Sheryl Sandberg）、網飛（Netflix）執行長里德．哈斯汀（Reed Hastings），以及其他十幾位人士。我們大多數彼此認識，其中八家企業幾乎都是競爭對手，才剛剛聯合建立名為「改革政府監控」（Reform Government Surveillance）的聯盟。該聯盟的宗旨就是處理我們今日前往白宮要討論的議題。幾番寒暄後，我們把智慧型手機放到走廊上的置物櫃，魚貫進入羅斯福廳。

羅斯福廳紀念的不只是一位總統，而是兩位，就是建造白宮西廂的西奧多・羅斯福（Theodore Roosevelt，即老羅斯福），與擴建白宮西廂的小羅斯福[36]。我坐在光亮的長型會議桌前，看著壁爐上方的畫像，暗笑一下。畫像中莽騎兵泰迪[37]跨坐在勇猛的坐騎上，希望接下來九十分鐘的會議不會那麼粗莽。

白宮也派出堅強陣容。總統歐巴馬、副總統喬・拜登（Joe Biden）依慣例坐在會議桌中央位置，左右兩側幾乎整個高級幕僚團都列席。媒體進來拍照的同時，總統詢問哈斯汀一些無關緊要的安全問題，聊聊即將播出的新一季《紙牌屋》（*House of Cards*）。

◆英雄和叛徒的未定爭論

媒體離開後，我們轉向嚴肅話題。依照歐巴馬政府開會的慣例，每位訪客要先輪流發表看法。我們有很多人，所以花費許久時間。接著，總統用蘇格拉底反詰法，反問我們問題，把要點朗誦轉變成切中要點的對話。

除了少數例外，每位科技公司主管都強烈表達主張限制大規模資料蒐集、落實公開透明原則，並且加強制衡國家安全局。對話中，我們儘量避免直接提及史諾登。但是後來輪到社交遊戲公司Zynga創辦人馬克．平克斯（Mark Pincus）發言，他坐的位置很靠近總統，發言主張史諾登是英雄。「你應該特赦他。」平克斯說：「然後舉行紙帶遊行歡迎他[38]。」

拜登明顯往後一縮，歐巴馬則說道：「我不會這麼做。」總統說明，他認為史諾登拿走麼多檔案潛逃出境，是很不負責任的行為。

接著，輪到雅虎執行長瑪麗莎．梅爾（Marissa Mayer）發言。她坐在平克斯旁邊，打開牛皮紙袋，拿出精心準備的談話要點。她首先說：「各位所說的，我都同意。」然後她停下來，抬頭指著平克斯補充道：「除了他，我不同意他說的。」全場聽了哄堂大笑。

本次交流是我們解決問題的機會，幾乎所有人來到白宮，都是為了促使總統改變政府的政策方向。但是科技界和歐巴馬的關係融洽，甚至可以說是熱絡，而且我們這一次是去對方家裡作客，在人家的屋簷下，較不好意思強硬挑戰東道主，更何況這一次的東道主還是美國總統。

雖然我們都展現禮貌，但也堅持立場，提出監控改革的主張。歐巴馬顯然事前已審慎思考整個議題，並在會議中列出他認為政府應該處理的議題。有時候，他會提出反駁，表示雖然現在民眾都很擔心國家安全局擁有大量資料，但是在座各位的科技公司擁有的資料量遠比政府來得大。「我猜測矛頭搞不好會轉向。」總統說道。

會議終了，總統表明想要推動一些儘管有限卻很重要的政策改革，他一口氣丟出一堆更細部的議題，並請與會人士提供資訊，讓我們的對話能「進展到更細部的階段」。

一個月後，二〇一四年一月十七日，總統開始初步推動監控改革[39]。就在總統公布改革計畫的前一晚，我們接到司法部律師的電話。他們針對微軟與Google的訴訟案件提出和解，而且和解條件對我們有利，遠比我們在去年八月表示願意接受的條件來得好。達成和解後，我們幾家公司便制定資訊公開報告，公開更多關於國家安全搜索票與命令的資訊。Google很厲害，率先制定很棒的範本，其他公司後來也決定比照Google進行。

很多客戶與提倡隱私權的人士認為，歐巴馬的演講是一個起步，往後還需要很多努力，在科技界的我們同意這樣的看法。我們知道這個議題很複雜，還有很多困難的問題需要解答。要如何讓其他國家的政府與客戶放心，相信美國政府不會無理侵入美國公司管理的資料中心？又要如何同時採取合法行為，保護公共安全？這些問題需要數年才能解決。

七個月前，史諾登把竊取的檔案交給《衛報》後，許多事情都變了。現在回想起來，實在覺得很神奇，政府監控的規模讓民眾大開眼界，強化加密成為新常態，科技公司控告自己的政府，競爭對手聯合展開新型態的合作。

數年後，大家還在爭論史諾登究竟是英雄還是叛徒，有些人認為，他既是英雄，也是叛徒。但無論如何，到了二〇一四年初，有兩件事情是無庸置疑的：史諾登改變了世界，也改變了科技界。

第二章

公共安全：藏在電子郵件背後的罪犯

民眾需要執法單位來維持治安。但是執法單位若要組拿罪犯或恐怖分子，就必須掌握這些人的行蹤，要掌握這些人的行蹤，就必須有效調取資訊。在二十一世紀，這些資訊大多存在大型科技公司的資料中心。

科技界致力維護公共安全，也致力保障使用者的隱私，但是我們就像站在刀片的利刃上，努力維持脆弱的平衡，同時也得因應瞬息萬變的世界。

在毫無預警的情況下，緊急事件會突然發生，需要我們馬上處理，我在二〇〇二年第一次碰上這樣的情況。一月二十三日，《華爾街日報》（*Wall Street Journal*）記者丹尼爾．波爾（Daniel Pearl）在巴基斯坦卡拉奇（Karachi）遭到綁架[40]，綁匪在一家家網咖間遊走，用微軟的Hotmail電子郵件服務表達贖金要求，造成巴基斯坦警方找人找得焦頭爛額。綁匪要求巴基斯坦政府釋放恐怖分子嫌犯，並終止美國付運F-16戰機到巴基斯坦的計畫，做為交換波爾的條件。

巴基斯坦政府顯然不會接受這些條件，而拯救波爾唯一的方法就是找到他。

巴基斯坦當局立刻與美國聯邦調查局進行祕密合作。《電子通訊隱私法案》（*Electronic Communications Privacy Act*）中有一個緊急搜索條款，允許政府與科技公司在「人身安全受到威脅之緊急情況下[41]」採取立即行動。波爾的人身安全受到威脅，這一點無庸置疑。

法蘭克向我報告情況，我同意和巴基斯坦警方警局及聯邦調查局展開合作。我們的目標是監控綁匪使用的Hotmail帳號，利用新設立電子信箱的ＩＰ位址，鎖定他們在地球另一邊的網咖地點。我們團隊與聯邦調查局和巴基斯坦警方密切合作一週，隨著綁匪從一個熱點跳到另一個熱點連結網路，一直企圖追蹤鎖定綁匪的位置。

我們差點就成功了，但終究功虧一簣。綁匪遭到逮捕前，波爾已遇害。我們深受打擊，波爾慘死綁匪之手，凸顯我們肩負的責任有多麼重大，後果有多麼嚴重。我們很少公開討論此事。

該事件預示接下來的情勢。今日網路世界不再是邊緣空間，反而成為人們規劃各項事務的地方，決定著現實世界會發生的事。

波爾慘遭殺害的事件，也凸顯隱私權議題中行使判斷的重要。在許多重要方面，隱私與安全之間有一個平衡，該平衡是隱私權團體與執法單位互相拉扯造就和維持的。但是就如同法官需要對這些爭端進行裁定，科技公司也成為這些議題的衝撞點，我們必須了解並思考雙邊的主張。

至於要如何好好了解並思考，就是很大的挑戰。微軟接到搜索票時能迅速因應，是我們自一九八〇年代電子郵件與電子檔案問世以來，不斷嘗試犯錯累積而成的機制。

◆電子隱私權的立法

一九八六年，隆納．雷根（Ronald Reagan）總統簽署《電子通訊隱私法案》，簡稱ECPA，是每位隱私權律師的深情摯愛。當時，無人知道電子郵件是否適用《憲法第四修正案》的保障，但是共和黨與民主黨都想要將此保障入法。

有時候，政府就是會發生這種事：一九八六年國會此舉立意良善，但是卻產生很複雜的議題。《電子通訊隱私法案》中有一部分是《儲存通訊法案》（*Stored Communications Act*），創立一種新的搜索票。政府若有正當理由，便能向法院聲請搜索票，調取人民的電子郵件。但該搜索票卻不是送達受監察人[42]，而是送達提供受監察人電子郵件與電子檔案儲存服務的科技公司[43]。公司接獲搜索票後，便有義務交付電子郵件。在某些情況下，該法案根本是把科技公司變成政府的代理人。

這個法案也建立新的互動模式。傳統上，如果政府把搜索票送達你家或你的辦公室並且登門搜索，通常都會有自己人在場，知道搜索正在進行。這樣雖然無法阻止搜索，但至少會知道自己正遭到搜索，若是認為權利受侵犯，即可像威爾克斯一樣提告。

但是，針對告知受監察人或企業政府正在調取他們的電子郵件與檔案一事，國會採取的策略很複雜，立法授權政府聲請能強迫科技公司保密的緘口令。這項條文給予政府五項得以要求保密的依據，表面上看來，這些依據沒有什麼無理之處。例如，若是披露搜查情事可能造成證據被毀、證人遭到威脅或妨害調查，法官便能在核發搜索票的同時，核發保密令（Nondisclosure Order）[44]。科技公司可能會同時接到兩道令狀：第一道要求交付電子資料檔案；第二道要求保密。

以前電子郵件很稀少時，這類新搜索票與緘口令久久才會出現一次。但是隨著網路普及，設有數十萬台電腦的資料中心園區出現，情況就變得複雜。今日微軟的執法與國家安全團隊（Law Enforcement and National Security Team）有二十五位全職員工，包含法遵專家、律師、工程師及安全專家，與全球數家律師事務所合作，在微軟都稱他們為ＬＥＮＳ團隊。他們的任務很明確，負責審查並回應全球執法單位依各國法令提出的資料調取請求，同時不能違反我們與客戶之間的合約義務。這項任務極其艱難，ＬＥＮＳ團隊遍布三大洲、六個國家、七個據點，平均每年要處理來自七十五個國家，超過五萬張搜索票與傳票[45]，其中只有三％是調取資料內容，其他大多數都是調取ＩＰ位址、聯絡人清單及使用者註冊資料。

微軟通常都是透過電子郵件接獲令狀，接著法遵經理會審查請求內容，確認令狀有效、有法官簽章、當局有正當理由、該機關對資料有管轄權。如果全部符合，法遵經理會從資料中心調取受請求的資料。接著，這筆資料會再次經過審查，確保我們只交付令狀上指明的資料範圍，最後資料才會交付提出請求的機關。有位ＬＥＮＳ人員告訴我：「我們的工作聽起來很簡單，但是需要花很多時間才能做好。我們必須審查搜索票本身，審查受請求的帳戶資訊，提取資料，再次審查資料，確認交付的資料是正確的。」

若法遵經理判斷搜索票範圍太廣，或是提出的請求超越該機關的管轄權，這個案件就會上交律師。有時候我們會請當局縮小搜索票的範圍，有時候則會認定搜索票違法，並拒絕遵照辦理。

LENS團隊會指派一位成員二十四小時、全年無休待命，待命人員在該週睡覺時，手機要放在旁邊，以防世界某處發生緊急狀況或恐怖攻擊事件，需要微軟立刻處理。如果正值多事之秋，連續幾週都有緊急狀況，LENS團隊成員會輪流待命，讓每個人都有充足睡眠，以免影響工作時的警覺。

◆巴黎恐攻引發的科技搜捕行動

二〇一三年，史諾登揭露國家安全局的祕密，大眾也開始密切關注我們的巨量資料，此時微軟請來一位新律師加入團隊，她名叫艾米．霍根—博尼（Amy Hogan-Burney）。她聰慧敏銳、幽默風趣，很快就獲得團隊信任。加入微軟前的三年，她在聯邦調查局總部的國家安全部擔任律師，這項工作經歷讓她能勝任微軟的工作，但加入微軟後，她就要和昔日調查局同事在某些案件上互為對手。

霍根—博尼很快就適應新職位，她的辦公室就在我樓下，而且我也愈來愈常造訪那層樓。在她辦公室隔壁的是奈特．瓊斯（Nate Jones）。瓊斯於同年稍早加入微軟，加入微軟前，他在美國政府服務十多年，待過參議院司法委員會（Senate Judiciary Committee）與司法部，最終進入歐巴馬政府的國家安全會議（National Security Council）負責反恐工作。

瓊斯與霍根—博尼合作無間，輪番上陣，團隊其他成員開始稱他們為「奈米」（Namy）。整個微軟都仰賴兩人及時合作，思考應對敏感議題的策略。微軟的法遵經理透過電子郵件接到敏感議題，就會先互相討論，然後決定是否需要立即交給奈米處理。

奈米團隊肩負保護世界檔案櫃的任務，這項任務常常無預警就爆發危機。

二〇一五年一月七日星期三，法國人準備下班之際，有一對兄弟闖入諷刺漫畫《查理週刊》（*Charlie Hebdo*）的巴黎總部，殘忍殺害十二人[46]。這兩位男子是蓋達組織（Al-Qaeda）成員，如同很多穆斯林一樣，被《查理週刊》褻瀆先知穆罕默德的漫畫激怒[47]。但和其他穆斯林不一樣的是，這對兄弟決定用自己的方法處置。

這起慘劇受到媒體大篇幅報導。我們在雷德蒙德與世界一起見證恐怖的事件展開。我在茶水間又倒了一杯咖啡，並和其他同事一起觀看電視新聞報導法國警方緝捕這對兄弟。緝捕行動在全國展開，法國軍方也馬上加入行動，另一名蓋達組織成員則在法國超市發動另外一起攻擊，造成多人死亡[48]。我認得新聞裡出現的街道社區，因為加入公司後的前三年就被派駐微軟在巴黎的歐洲總部。

我們確認派駐該區的微軟員工都平安無事，但是除此之外，這起全球重大事件似乎與我們的工作無關。然而，第二天清晨一切都變了，法國國家警察馬上判定，兩名恐怖分子擁有微軟電子郵件帳戶，並請求美國聯邦調查局協助。雷德蒙德時間清晨五點四十二分，紐約聯邦調查局對緊急情況做出因應，向我們請求殺手的電子郵件與帳戶紀錄，包含IP位址，這樣一來，當使用者用電腦或手機登入帳戶時，聯邦調查局就能掌握登入裝置的地點。微軟的團隊審查緊急請求，並在四十五分鐘內就交付資訊。一天後，法國當局鎖定兩名恐怖分子的位置，並展開槍戰，兩名恐怖分子當場遭到擊斃。

巴黎的事件不僅震驚法國，也震驚全世界。攻擊事件後的第一個星期日，超過兩百萬人走上巴黎街頭，為遇害記者哀悼，並展現團結，表達對新聞自由的支持[49]。

很遺憾地，同年巴黎又再次發生慘劇。十一月的一個週五傍晚，巴黎人結束一週的工作，迎接週末到來，恐怖分子再次於全城各處發動攻擊。恐怖分子手持自動步槍掃射音樂會現場、體育場外圍、餐廳及咖啡廳。現場景象慘絕人寰，共有一百三十人遇害，五百多人受傷。這是巴黎自二戰後死傷最嚴重的攻擊事件。七名恐怖分子遭到擊斃，但是有兩人逃脫[50]。

法國總統法蘭索瓦·歐蘭德（François Hollande）立刻宣布全國進入緊急狀態，伊斯蘭國（Islamic State of Iraq and Syria, ISIS）聲稱此次事件由他們策劃發動。不久後，當局發現有些恐怖分子來自比利時，橫跨兩國的搜捕行動就此展開。

聯邦調查局與歐洲當局合作，立刻寄送搜索票與傳票到科技公司，請求調取嫌犯的電子郵件和其他帳戶。《查理週刊》的慘劇讓我們學到，發生恐怖攻擊時必須做好準備，一有需要時便能立即行動。這一次法國與比利時當局總共寄出十四道令狀給微軟。微軟的團隊一一審查，判定合法，然後將受請求的資訊交付當局。每道令狀不到十五分鐘就走完程序，並交付資訊。

◆面對各種監控議題制定的指引原則

巴黎發生的兩起慘劇引起全球關注，但微軟必須關注的遠遠不只是這兩起事件。電子郵件剛剛問世時，各國政府鮮少向我們請求調取，但是現在微軟平均每年接獲來自全球七十多個國家，五萬多張搜索票。因此，微軟必須以全球規模進行這項業務。

薩蒂亞·納德拉（Satya Nadella）協助微軟推展這部分的工作，他原本負責微軟雲端業務，後於二〇一四年初接任執行長職位。論雲端，沒有人比他更了解。此外，在這類議題上，他具有珍貴的直覺。小時候，納德拉的父親是印度政府的高級公務員。他的父親在印度深受敬重，是國家高級文官學院的院長，該學院在印度獨立後十幾年，訓練一整個世代的印度高級公務員。納德拉在耳濡目染下，對政府的運作有著特殊的直覺。他和蓋茲很像，因為蓋茲的父親是德高望重的律師。蓋茲與納德拉都是實實在在的工程師，但蓋茲能用律師的思維來思考事情，而納德拉則能利用公務員的思路。對我來說，能和他們討論艱難議題，實在是收穫無價。

在我們面對各種監控議題時，納德拉於二〇一四年底提出，我們必須制定一套原則導向的策略。「我們需要知道如何做出艱難決定，而且要讓客戶知道我們的做法。」他說：「我們也需要一套原則做為指引。」

十幾年前，我們也曾用類似的策略處理棘手議題，其中一項就是公布「Windows原則：促進競爭十二信條」（Windows Principles: Twelve Tenets to Promote Competition），處理反壟斷議題。二〇〇六年，我在華府的全國記者俱樂部（National Press Club）宣布這些原則[51]。當時聯邦貿易委員會一位名叫喬恩·雷伯維茲（Jon Leibowitz）的官員，他在我們備受關注的反壟斷官司中，一直要求我們處理這個議題。雷伯維茲到場聽了我的演講，事後跑來找我。「如果你十年前就弄出這些東西。」他說：「我覺得政府就不會告你了。」

納德拉的任務聽起來很簡單，但事實上並非如此。我們需要的原則，必須適用微軟的整體業務，從作業系統一路到Xbox都得適用。原則必須簡單上口，而不是二十段充滿法律與技術用語的文字，要言簡意賅總是較難[52]。

儘管這個議題很複雜，但是找到出發點其實很簡單。我們一直銘記在心，使用者存在資料中心的資料並不歸公司所有，使用者仍然擁有自己的電子郵件、照片、檔案及訊息。我們只是代為保管使用者的財產，而不是資料的所有人。身為盡責的管理人，我們必須用這些資料來服務資料的所有人，而不是只想到自己。

基於這個出發點，我們組成一支團隊，制定四項原則，並稱為微軟的「雲端承諾[53]」：隱私、安全、合法、公開。我很喜歡對微軟的行銷主管說，我們的律師能把一件很複雜的事簡化為四個詞彙。可想而知，這些行銷主管也馬上指出這是前所未有的成就。

但是，制定清楚的原則與執行這些原則是兩回事。團隊為每項原則都撰寫詳細內容，並且制定訓練計畫。每當有新情況發生，引發艱難的問題，我們就會被迫思考，我們為了遵守承諾願意做到什麼程度，這才是真正的考驗。

不久後，我們的公開原則就受到艱鉅考驗。我們知道，公開是所有原則的基石，如果客戶不了解我們在做什麼，也別想指望客戶在其他議題上會信任我們。

尤其是我們的企業客戶希望，微軟收到搜索票或傳票，請求調取他們的電子郵件或是其他資料時要予以通知。我們認為，政府把令狀送到微軟這裡，而不是企業客戶那裡，其實並沒有什麼好處。個人嫌疑犯或恐怖分子嫌疑犯的確可能企圖潛逃出境，或是以非法手段妨害調查，但是信譽良好的公司這麼做的機率很低。再者，如果政府擔心有滅證之虞，可以發出所謂的「凍結令」（Freeze Order），請微軟把客戶資料備份。如此一來，政府可以比客戶先就法律議題進行交涉，之後再向微軟調取資料。

◆堅守對客戶承諾的決心展現

二○一三年，微軟公開宣布，將會在接獲法院命令調取資料時，告知受監察的企業客戶或政府單位客戶[54]。若是接到禁止告知客戶的緘口令，則會向法院提出抗告。若是政府機關向微軟調取企業客戶旗下任一位員工的資訊或資料，我們也會引導政府機關直接與該客戶交涉——以前企業客戶尚未遷移到雲端時，政府就是如此。我們也會向法院提出抗告，讓這樣的做法在日後成為常態。

我們面臨第一個挑戰，聯邦調查局寄來一封國家安全信函，請求調取微軟企業客戶資料。該信函禁止我們向客戶透露他們的資料正受聯邦調查局監察。我們仔細研究該信函的內容，卻找不到禁止披露的合理依據，更找不到調查局不直接向客戶請求資料的理由，於是拒絕執行，並提出訴訟，在西雅圖聯邦法院開庭。法官認同我們的主張，聯邦調查局知難而退，撤銷該封國家安全信函。

隔年，我們的律師持續要求司法部直接向企業客戶調取資料，並且取得實質進展。但是二○一六年一月，另一個轄區的一位聯邦檢察官不同意我們的主張，於是寄送密封搜索票給我們，要求調取企業客戶的資料。該檢察官還聲請永久有效的無限期緘口令，於是我們向檢察官提出抗議。

一般來說，只要我們解釋立場，政府都會讓步，但是這次不一樣，該檢察官堅持己見，強迫我們向法院提起抗告。

當時我在歐洲，一大早就接到大衛．浩爾（David Howard）的電子郵件。浩爾在微軟負責訴訟事務及一些其他業務，他在五年前加入微軟，加入前是傑出的前聯邦檢察官與法律事務所合夥人。他行事冷靜，多謀善斷，協助微軟解決很多艱難的問題。在他的領導下，微軟年年勝訴率高達九〇％。我曾半開玩笑地對微軟董事說：「我從浩爾那裡學到，要達成高勝訴率不難，本來能勝訴的案子就繼續，本來會敗訴的案子就和解。」這裡的關鍵是，要有像浩爾那樣的人來判斷哪些案子會勝訴或敗訴。

對於本案，浩爾抱持悲觀態度，覺得勝訴率不高。法官非但不支持我們的主張，還威脅要判處我們蔑視法庭。浩爾寫道，訴訟團隊想把客戶資料交付政府，以免罰鍰。

那日稍晚，我們進行通訊會議，在會中告訴團隊，我不想要投降，我們向客戶承諾會抵抗這類令狀，基於這份承諾，必須出庭應付這場硬仗。

團隊的一位訴訟律師表示，顯然我們會輸了這場仗，而且敗訴的代價會很大。「我寧願輸，也不願說謊。」我說道：「一諾千金。」我認為，打破承諾的代價是金錢無法衡量的，就算裁定結果不公開也一樣。

我告訴訴訟團隊，如果他們出庭應戰卻不幸落敗，但是將罰金控制在兩千萬美元以內，我會認定此次出戰為道德勝利。我們都心知肚明，實際的罰金必定遠低於兩千萬美元。訴訟團隊想要每戰必勝當然是好事，但我這一次這麼說，就是在向訴訟團隊暗示，無論結果如何，我都不會認為他們失敗。

週末，微軟團隊與外部合作律師挑燈夜戰。結果我們敗訴了，但是躲過蔑視法庭的罰款，並且保有向客戶公開的權利，能向客戶籠統透露我們打輸一場這類案件。最重要的是，我們堅守承諾。

◆隱私權與公共安全之間的脆弱平衡

我們擔心，未來會持續出現這樣的案件，不斷考驗我們，因此必須主動出擊。「若要勝訴，就不能只是被動等著政府約戰。」浩爾說道：「這類緘口令當屬特例，而非常態，但是政府現在卻常態性使用緘口令，我們必須請法院針對這樣的行為做出判決。」

浩爾制定一套高明的策略，決定提出所謂的「確認之訴」（Declaratory Judgment）來釐清我們的權利。我們主張，政府常態性使用《電子通訊隱私法案》中的緘口令，如此做法逾越憲法賦予的權力。我們整理前一年六個月政府寄來的個人資料調取請求，發現其中一半都帶有緘口令，而且緘口令中有一半都是永久有效。

我們回到西雅圖聯邦法院提起訴訟，控告政府。我們主張，根據《憲法第一修正案》，微軟有權告知客戶，政府正在扣押他們的電子郵件，但是政府機關濫用緘口令，侵犯《憲法第一修正案》賦予微軟的權利；我們也主張，《憲法第四修正案》保障客戶免於不當搜索與扣押，但是緘口令侵犯此項權利，因為若有緘口令，人民就無從得知發生什麼事，也無法保護自己的合法權利。

本訴訟直接提出人民的權利在雲端上是否受到保護這個問題。最高法院近期對其他案件的判決，也讓我們覺得樂觀。

二〇一二年，最高法院大法官宣布以五比四投票結果，判決根據《憲法第四修正案》，警方必須取得搜索票才能在嫌犯車上加裝GPS定位器[55]。多數法官都認定，在人民的汽車上加裝裝置屬於「物理侵入」，所以應取得搜索票才得以為之，唯獨大法官索尼婭·索托馬約爾（Sonia Sotomayor）認為，在二十一世紀，執法單位不一定需要物理侵入，即可追蹤人民的行蹤。裝載GPS的智慧型手機正在普及，使用者在使用這類手機時，就會在遠端產生行蹤紀錄。智慧型手機產生的大量個人資訊，政府挖掘數年也挖不完。索托馬約爾寫道，如果這類監控沒有受到《憲法第四修正案》約束，則「會改變人民與政府的關係，危害民主社會[56]」。

大法官索托馬約爾也提到另一件我們都認為很基本的事。過去兩個世紀，最高法院都認定《憲法第四修正案》無法保障廣泛流傳的資訊，因為人民對此沒有「合理隱私期待」，但是她寫道，現在所謂的隱私權是指人民在分享資訊的同時，能決定讀取資訊的人及資訊受使用的方法。索托馬約爾是第一個清楚指出這個觀念變遷的大法官。現在關鍵問題就是，其他大法官是否支持。

兩年後，答案逐漸浮現。二〇一四年夏天，最高法院無異議判決，警察應取得搜索票才得以搜查人民的手機，即便此人因犯罪被捕仍是如此。為本判決撰寫意見書的首席大法官約翰·羅伯茲（John Roberts）寫道：「現代手機不僅是帶來便利的科技，還存有且能揭露大量資訊，已成為美國人生活隱私的載體。」

《憲法第四修正案》原本是為了保護人民的住家而立法，但羅伯茲解釋，現代手機「能提供給政府的資訊，遠比最仔細嚴謹的住家搜索還多。手機不僅以數位形式儲存原本放在家裡的大量敏感紀錄，更儲存以前家裡找不到的各種形式之隱私資訊[57]。」因此適用《憲法第四修正案》。

讀到羅伯茲接下來的論述，我們開心歡呼。這是最高法院第一次提及我們的資料中心，像是昆西資料中心存放客戶資料所衍生的議題。「使用者在現代手機上讀取的資料，不一定存放於本機。」他寫道：「同一類資料，有些使用者可能會存在本機裡，有些使用者則可能存在雲端上[58]。」這是最高法院第一次承認，政府搜索人民手機時，搜索的範圍不僅是此人的實體財產。隨著科技發展，雲端上的資料也需要高度隱私權保障。

羅伯茲的主張雖然與我們在西雅圖抗議濫用緘口令的訴訟並沒有直接關係，但也算是為我們颳起順風，推動更廣的隱私權理念。現在我們必須搭上這股順風。

我們實行浩爾的計畫，於二〇一六年四月十四日提起訴訟[59]。此案承審法官是詹姆士·羅伯特（James Robart）。羅伯特以前是西雅圖律師界之光，後於二〇〇四年起擔任聯邦法官。微軟之前有些案件也是由他審理，其中一個是重大的專利案件。他很嚴厲，但也很聰明、公正。面對他，我們的訴訟律師步步為營，而我認為這是好事。

◆組成聯盟對抗緘口令

我們提起訴訟，並提出資料。資料顯示，在前十八個月內，我們共收到兩千五百道適用個人的緘口令，禁止向客戶透露當局正在監察他們的個人資訊[60]。特別是有六八%的緘口令都沒有標示終止日期，這一點實在令人驚訝；也就是說我們永遠無法告知客戶，政府曾調取他們的資料。

我們也知道，除了針對司法部近期的做法提出擔憂外，還必須提出更好的實務藍圖，於是呼籲強化公開透明，並且推動所謂的「數位中立」（digital neutrality），主張人民的資料無論存放地點、儲存方式，都應受到保護。我提出，此主張應與必要性原則取得平衡，如此一來，緘口令還是可以核發，但是要嚴格符合調查必要性原則。

政府展開反制，聲請駁回我們的起訴，企圖在訴訟展開前就擋下。政府主張，《憲法第一修正案》並未賦予我們告知客戶的權利，而《憲法第四修正案》也沒有提供我們保護客戶權利的依據。我們判斷，如果能克服這項聲請，便能讀取政府端關於大量使用保密令狀的資料，如此或許能湊齊資訊的拼圖，讓我們的主張達陣。

我們決定必須與各方組成聯盟，在那年夏天招兵買馬。勞動節前，超過八十位支持我們的人加入本次案件，提出「法院之友意見陳述書」（Amicus Briefs）。該團隊包含科技界所有領域人士、商界人士、媒體界人士，甚至有受人敬重的前司法部與聯邦調查局官員[61]。

二〇一七年一月二十三日，律師與民眾走入羅伯特法官的法庭。一年又兩天以前，我們決定不投降，向法院提出抗告，對抗密封緘口令，現在我們能舉行聽證會討論政府的聲請，還有前司法部官員坐在前排支持。

兩週後，羅伯特裁定我們的案件得以繼續審理[62]。雖然他接受政府的主張，認為我們無權保障客戶的《憲法第四修正案》權利，但卻認為我們針對《憲法第一修正案》的主張是有依據的，於是我們得以再戰下回。

司法部得知結果後，開始正視我們的主張。我們坐下來談了幾回。最後，司法部制定一套新政策，針對檢察官聲請緘口令一事設立清楚限制。此外，司法部也制定新的行事準則，請檢察官持企業搜索票時，優先向企業本身而不是雲端服務提供者調取資料。我們對此感到滿意，並對外宣布認為這套新政策能確保緘口令只有在必要時才會使用，也明訂期限[63]，雙方決定結束這場針對緘口令的訴訟。

本次案件的結果凸顯隱私權與公共安全之間的脆弱平衡。法律訴訟通常效果不大，只能判定現在實行的程序是否合法，無法制定新提案來處理科技治理的議題。要處理這個議題，就必須展開真正的對話，有時必須進行協商，甚至還需要制定新法規。在本案件中，法律訴訟的功能就是把所有人帶到談判桌上，一起討論未來規劃。但在其他議題上，要把所有人帶到談判桌仍是一大挑戰，而且這項挑戰愈來愈難，也愈來愈重要。

第三章 隱私：岌岌可危的基本人權

二〇一八年冬天，我們在柏林進行一整天的公開活動，召開一場又一場中間沒有停頓的會議。正當準備回去休息時，微軟在德國當地團隊的迪爾克・伯尼曼（Dirk Bornemann）與潭雅・波姆（Tanja Boehm）提出另一個想法，堅持再進行最後一項行程：參訪柏林東北部的一座前監獄。

一週前，我們原有機會參訪，但是因為天候嚴寒加上時差而作罷，沒想到這一趟繞道參訪竟然成為那年最難忘的經驗。

冬日的陽光褪去，我們驅車穿越德國首都，透過車窗看著一棟棟建築物從眼前飛逝，訴說著城市的歷史。先是看見普魯士、德意志帝國、威瑪共和國及納粹時期的大廈，接著看見死氣沉沉的共產主義時期建築，最後到達目的地：德意志民主共和國[64]霍恩申豪森監獄紀念館（Hohenschönhausen Memorial）。

這座軍事建築曾是絕對機密，以前是東德祕密警察機構「史塔西」（Stasi）的總部。史塔西的全名為State Security Service（國家安全部），是東德的「盾與劍」，透過高壓監控與心理操控來統治國家。柏林圍牆倒塌前，史塔西擁有近九萬名幹員，以及由六十萬「公民線人」組成的祕密網絡。這些公民線人負責監視同事與鄰居，有時甚至會監視家人[65]。史塔西累積巨量的紀錄、檔案、照片、影片及錄音，這些資料排列出來，長達六十九英里[66]。自二戰結束以來，直到冷戰落幕，東德公民若遭認定有脫逃之虞、對政權構成威脅，或是展現反社會傾向，就會被送到霍恩申豪森監獄，進行羈押、威嚇、審問。

霍恩申豪森監獄紀念館的大門開啟，我們開過水泥守衛塔後便停車。迎接我們的是一位七十五歲老先生，名叫漢斯—尤亨・雪德勒（Hans-Jochen Scheidler），他曾是這裡的囚犯。他體魄強健，笑容可掬，看不出年事已高，並且曾在這座監獄關押七個月，期間受盡折磨。他熱情地與我們握手，帶我們進入這座巨大的灰色建築物。

一九六八年，雪德勒離開柏林，前往布拉格查理大學（Charles University in Prague）攻讀物理學博士。「布拉格之春（Prague Spring）是我人生中最開心的一段時間。」他說道，並回想起捷克斯洛伐克首都布拉格當年開始鬆綁法規，實行政治自由化，「我在那裡的每個週末都會歡慶布拉格之春[67]。」但是好景不常，後來五十萬華沙公約部隊進入布拉格鎮壓改革，自由化的進程戛然而止。

那年八月，二十四歲的雪德勒在柏林家中聽到噩耗，他原本夢想布拉格之春能開啟新時代，建構「更人道的」社會主義，現在這份夢想破滅了。為了表達抗議，雪德勒與四位朋友一起印製小冊子批判蘇聯政權，並趁夜塞進東柏林人住家的信箱裡。

那夜他們就被史塔西當場逮個正著，並送來現在所處的霍恩申豪森監獄。我們參觀這座監獄又小又黑的牢房，他當初就是被關押在這裡七個月，期間禁止和其他囚犯接觸、禁止與任何人說話，也禁止閱讀任何文字。雪德勒的父母不知道他身在何處，也不知道他為何突然消失。他受到殘忍的精神折磨。就連釋放後，當局也禁止雪德勒繼續修習物理，或是從事物理領域的工作。

◆納粹與史塔西帶來的基本人權啟示

這趟參訪的意義昭然若揭。

從前在雪德勒的年代，政治運動起於街頭，但在今日世界上大部分的政治運動都起於網路。電子通訊與社群媒體，成為民眾動員支持、散播訊息及表達異議的平台，一天內達到的效果，在布拉格之春那個年代要花費好幾週才能達到。雪德勒在一九六〇年代所做的事，就相當於今日發送電子郵件，他在按下「傳送」鍵時遭到逮捕。

微軟內部在討論隱私權議題時，時常會討論到德國政府率先制定並實行新法規。伯尼曼與波姆想讓我們親眼見識，為什麼他們及其他德國人會那麼注重這類議題。守護巨量個人資料的科技公司必須了解，資料落入壞人手中會產生何等風險，這個風險也只有曾經歷納粹與史塔西的人才能真正明白。「多數在此遭到關押的人，都是因為私底下在家做的事而遭到逮捕。」伯尼曼說道：「這是一套全面監控的系統，目的是為了控制人民。」

伯尼曼解釋，由於曾經歷納粹的統治與史塔西的監控，現今的德國人對電子監控感到戒慎恐懼。史諾登的爆料更是提高德國人警覺。「資料蒐集後便能濫用。」他說：「因此當我們的業務擴及全世界時，必須銘記政府是會改變的。人民的資料——政治觀、宗教觀、社會觀，有可能落入壞人手中，並且造成各種問題。」

回到雷德蒙德，我和微軟員工談隱私時，都會提到雪德勒的遭遇。雪德勒的故事凸顯公司對客戶資料的處理方式茲事體大。隱私權不只是一堆我們應遵守的規定，而是一項基本人權，有義務加以保護。

雪德勒的故事也讓大家了解，雲端運算要全球化，不只是在海底鋪設光纖電纜、在其他大陸建設資料中心，更要適應各國文化，同時堅守我們的核心價值，保護客戶的隱私權。

十年前，科技界有人認為，單靠美國的資料中心即可服務全世界的客戶。但是不久後，現實世界的發展造成這個想法破滅。使用者希望能在手機與電腦上，即時載入帶有照片或圖檔的網頁、電子郵件及文件。消費者測試發現，短短半秒的延遲就足以令人不快[68]。根據物理定律，資料中心必須在更多國家建立，這樣內容就不需要從半個地球外，透過纜線傳輸到當地的裝置。拉近資料中心與使用者的地理距離，是降低資料延遲（或稱傳輸滯延）的關鍵。

早在昆西資料中心破土前，微軟就在歐洲尋覓地點，設置第一個位於美國領土外的資料中心。一開始優先考量的是英國，但是後來愛爾蘭也加入了。

自一九八〇年代以來，愛爾蘭便成為美國科技界的第二個家。微軟是第一家大規模投資愛爾蘭的科技公司。有翡翠島之稱的愛爾蘭提供租稅優惠，加上勞動人口講英語，因此吸引許多科技公司進駐。日後，愛爾蘭又利用歐盟會員國的身分與開放的精神，吸引全歐洲和全世界的人到該國居住與工作，尤其是在都柏林地區。這些措施帶動愛爾蘭經濟進入高速成長期，因此在這段期間又被稱為「塞爾提克之虎」（Celtic Tiger），微軟很榮幸能參與其中，並為成長有所貢獻。

一九八〇年代時，微軟的歐洲客戶都是利用光碟片（CD-ROM）安裝軟體，這些光碟片的生產基地就是愛爾蘭。但是軟體轉型到雲端後，愛爾蘭發覺到光碟片產業終將沒落，因此需要投入新的經濟賭注。

愛爾蘭企業貿易就業部（Department of Enterprise, Trade and Employment）很有遠見，為愛爾蘭奠定吸引資料中心的基礎。當初雲端在微軟還只是構想時，該部門官員就來到雷德蒙德拜會，提出微軟的第一座歐洲資料中心可以設在都柏林。拜會代表團裡有位高級官員，名叫隆納．隆格（Ronald Long），我以前在倫敦的科文頓柏靈律師事務所（Covington & Burling）工作時，曾與他合作，在都柏林花費一下午，共同想辦法處理一項棘手的公共政策議題。

在雷德蒙德的拜會中，我無奈地打斷討論，並向他解釋，微軟把第一座歐洲資料中心設置在愛爾蘭是不切實際的，因為愛爾蘭沒有連結到歐洲大陸的高速光纖纜線。如果沒有這項建設，把資料中心設置在愛爾蘭並沒有意義。

隆格的回覆很簡單：「給我們三個月。」

這樣的條件，我們怎麼可能拒絕？

三個月後，愛爾蘭政府協商出一份鋪設纜線的合約，纜線規格也符合我們的需求。因此，我們便在都柏林南部建設一座資料中心。第一座資料中心的規模不大，但是接著又擴建、擴建再擴建。

二〇一〇年，微軟開始把歐洲客戶的資料儲存在愛爾蘭的資料中心。今日我們在歐洲的許多國家都設立資料中心，但愛爾蘭的資料中心園區仍是最大的，占地兩平方英里，規模不下於微軟在美國最大的設施。微軟、亞馬遜（Amazon）、Google、臉書都在愛爾蘭設置資料中心，把愛爾蘭從一座小島轉變成資料超級大國。

◆資料中心遭政府威權濫用的隱憂

今日愛爾蘭是全球最理想的資料中心設置地，或許有些人會認為這是因為政府提供租稅優惠，但是其中有更重要的因素。第一項就是氣候。當時資料中心是全球耗電量最大的設施，愛爾蘭位處溫帶，氣溫很適合電腦運作，廠房不需要冷氣，伺服器產生的熱能正好可以用來提供暖氣。

但比氣候更重要的是，愛爾蘭的政治環境。愛爾蘭是歐盟會員國，而且尊重人權。愛爾蘭政府有一個強大卻務實的資料保護機構，很懂科技，也負責監督科技公司保護使用者的個人資料。

我參訪中東國家時，和當地官員說：「愛爾蘭之於資料，就像是瑞士之於金錢。」也就是說，愛爾蘭是大家儲存重要個人資料的首選之地，因為愛爾蘭感覺是全世界最不可能出現現代版史塔西監獄的地方。

不幸的是，今日全球資料中心的需求變得很複雜，光是在愛爾蘭設置資料中心不足以滿足需求，其中一項原因就是，許多國家都希望把自己的資料儲存在國內。科技界雖然不怎麼喜歡這樣的趨勢，卻能理解背後的原因：其一是能提升國家威望；其二則是政府可以執行自己的法規，用自己的搜索票就能調取其他國家的資料。

各國要求在國內設置資料中心，引發一項非常重要的世界人權議題。現在大家的個人資料都儲存在雲端，如果有威權政府想進行大規模監控，即可制定嚴苛的法律，不只監控人民的通訊往來，更能監控人民在網路上閱讀的文章、觀看的影片。政府就能運用這些資訊來起訴、迫害，甚至處決判定會對政權構成威脅的人。

這是所有科技業人士都應時刻銘記在心的基本事實。我們何其有幸，科技業是現今世界獲利最高的幾個產業之一。然而，我們也肩負著人身自由與人命的重責大任，相較之下，金錢簡直微不足道。

因此，微軟每次要在新國家設置資料中心前，都會進行詳盡的人權評估，評估結果會經過我的審查，若發現有潛在風險都會親自處理，尤其是最後決定要拒絕設置時。有些國家的人權風險過高，我們從不在這些國家設置數位中心，在未來也不會；但即使是在其他人權風險較低的國家，也只儲存企業客戶資料，不會存放個人客戶資料，還會落實額外安全機制，隨時保持警戒。有時突然會出現新需求，引發寧靜卻重大的危機。時時刻刻，不分晝夜，都可能突然出現挑戰，考驗雲端負責人的道德勇氣。

然而，即使這些都處理得宜，另一股力量可能造成的威脅，就算是我們把資料儲存在愛爾蘭這樣的國家都難以抵擋：一國政府要求科技公司交付儲存在其他國家的資料。若無保障人權的機制，各國就能將觸手伸進他國國內，連愛爾蘭這樣的避風港都無從倖免。

在某種層面上，這類議題以前就曾發生。幾個世紀以來，各國政府都同意自己的搜索票只在國內有效。政府有權在自己的領土內逮捕人民、搜索住家、辦公室及建築物，但卻無權在他國逮人或扣押文件，若是有此需求，就必須與該領土的主權政府交涉。

◆歷史教訓與規避司法互助條約的企圖

有時候政府會忽視這套系統，企圖用自己的方式解決問題。這種不尊重國界的行為就曾造成國際局勢緊張，最終導致英美發生一八一二年戰爭。當時英國皇家海軍是海洋霸權，但是在與拿破崙・波拿巴（Napoleon Buonaparte）進行海戰時，一直面臨水手人力不足的問題。為了補充耗損海員，英國派遣「抓伕隊」（press gang）登上外國船舶、進入外國港口綁架男丁並強徵入伍。英國宣稱只強徵英國子民，但是實際上這些抓伕隊並未檢查護照，後來發現根本是無差別抓人，並強徵美國公民加入皇家海軍，於是美國要求英國停止這樣的行為。才建國不久的美國全面禁止英國武裝船舶停靠美國港口，向英國表達明確訊息：尊重我們的法律，不然就離開我們的國家[69]。

一八一二年戰爭結束後，兩國政府才恢復理性，同意互相尊重主權。於是新一類的國際條約出現，規範跨國引渡罪犯與跨國調取資料事宜。許多這類新條約都稱為「司法互助條約[70]」（Mutual Legal Assistance Treaties, MLAT）。但是過去十年來，我們逐漸發現，現有的司法互助條約不足以因應雲端運算時代的需求。司法互助條約的程序緩慢，讓執法單位感到不滿，而他們的立場是可以理解的。雖然政府間在協商更新條約，並加快程序事宜，但是協商進展依然緩慢[71]。

資料遷徙到雲端後，執法官員想到一個規避司法互助條約的辦法，執法單位將令狀寄到位於自己領土內的科技公司，要求調取儲存在另一國資料中心的電子郵件與電子檔案。在他們看來，如此就無須透過司法互助條約處理，甚至無須將行動告知該國政府。

但是，多數政府並不樂見科技公司規避國家法律保障，擅自把自己公民的資料交付外國政府，這樣的立場也很合理。早在一九八六年美國國會通過實施《電子通訊隱私法案》時，其中就有一項條文禁止他國做出這樣的行為，不想讓外國的抓扶隊強行扣押數位資料。《電子通訊隱私法案》禁止美國科技公司交付電子郵件等數位資料給外國政府，即使因應外國政府提出的法律需求也不行。同理，一九六八年的《監聽法》（*Wiretap Act*）禁止任何人替外國政府攔截或監聽美國領土內的通訊。我們必須透過司法互助條約規範下的現有國際程序。

相較於美國，歐洲的法律較不明確，但我們也同樣重視他們的觀點。如同美國，歐洲國家也不喜歡外國政府將觸手伸進自己的領土，尤其是因為歐盟與會員國制定嚴格法規保障公民的隱私權。如同十九世紀初，美國不喜歡英國船舶停靠美國港口，我們明白必須遵守歐洲當地法令，才能在歐洲設立資料中心。

◆各國法律歧異造成的爭端

然而，隨著雲端運算普及，而且資料取得變得更容易，政府愈來愈難抗拒擅自調取他國資料的誘惑。從個案層面看來，這是可以理解的。畢竟，執法單位調查官員若是急需取得資訊，直接找對街的科技公司強迫交出資料便能快速達到目的，何必透過繁瑣費時的司法互助條約與該國政府進行交涉？況且如果政府反對，必須收拾爛攤子的是科技公司，不是當地檢察官。

微軟很快就身陷槍林彈雨，腹背受敵，在兩個國家遇到的案例，很適合用來闡述這類挑戰。其中一個國家是巴西。二〇一五年一月某個早上，微軟巴西分公司的一位主管正在雷德蒙德參與銷售會議。會議進行到一半，妻子打電話給他，他便到走廊上接聽。他的妻子在聖保羅家中，語氣極度慌張。原來巴西警方登門要逮捕這位主管，並且要求他現身。警方攻破大門，並封鎖公寓。至於他的罪名為何？他替微軟工作。

巴西警方正在調查一樁刑事案件，並堅持微軟依巴西法律交出相關個人通訊紀錄，但是當時微軟在巴西沒有資料中心，因此必須從美國的資料中心調取資料。我們解釋，根據美國法律，此舉違法，所以請對方採取兩國簽訂的司法互助途徑。但是巴西當局不認同我們的建議，之前發生類似情況時，巴西當局就曾對微軟另一位在聖保羅的主管提起刑事訴訟。此外，微軟接到的罰鍰金額也是每月攀升。

我們請瓊斯與巴西當局協商。「我們左右為難，且巴西堅決不退讓。」他之後說道。瓊斯在雷德蒙德辦公室，可以不用擔心人身安全，持續處理這起案件，但是在巴西當地的主管就沒有那麼好過了，其中一位遭到聖保羅當局短暫監禁，而且過了數年，政府還不願撤銷對他的刑事指控。我們不計代價在法庭上為他辯護，並表示若是對方願意，可以幫忙舉家搬離巴西。此外，也針對微軟超過兩千萬美元的罰金進行上訴。

第二個挑戰來自美國。二〇一三年底，微軟接到令狀，要求調取與一樁毒品走私案件相關的電子郵件紀錄。這類令狀沒有什麼特別，但是我們審查該帳戶後，卻發現有特別之處。這些電子郵件的所有人並非美國公民，存放地點也不在美國領土，而是在愛爾蘭。

我們希望聯邦調查局和司法部能向愛爾蘭政府尋求協助。畢竟美國與愛爾蘭是關係密切友好的盟友，已簽訂新版司法互助條約。我們和都柏林的官員接洽，並確認他們願意提供協助。然而，美國司法部官員卻不願採取這項做法，不想因此案件設下先例，告訴我們，微軟必須遵從令狀。

對微軟來說，這個先例也同樣重要。如果美國政府能在不遵守愛爾蘭法律，甚至是不告知愛爾蘭政府的情況下，調取存放在愛爾蘭的資料，任何政府都可以這麼做，而且對象不限愛爾蘭。因此我們決定提起訴訟，而不是讓步。

二〇一三年十二月，我們向紐約的聯邦法院提起上訴。法院大樓位於曼哈頓下城的弗利廣場，就在華爾街附近。這裡是我職涯的開端。一九八五年，我從哥倫比亞大學（Columbia University）法學院畢業後的第一年，便在這棟狹長建築的二十二樓替一位地區法官工作，這份實習經驗讓我能透過圈內人角度一窺法律運作的機制。

我的家鄉在威斯康辛州西北部的阿普爾頓（Appleton），這裡感覺與紐約相距遙遠。紐約的大都會和我在中西部的家鄉小鎮差異甚鉅，但我當時並未發現，其實第一天早上上班時，別人也覺得我很新奇。我是態度積極的法學院畢業生，但是除此之外，上班第一天的我還帶著一樣這棟著名的法院大樓鮮少出現的東西——一台沉重但強大的個人電腦[72]。

去年秋天，在大多數人都沒有電腦時，我買下人生中第一台電腦：一台IBM PCjr。老實說，它不是什麼真正的電腦，不久後便停產了。但是我在這台電腦裡安裝一套軟體程式，徹底改變在法學院最後一年的時光。我安裝微軟Word 1.0版。我非常喜歡這個軟體，當初的磁碟片、使用手冊及塑膠盒都還留著，擺在居家辦公室裡。和以前大學用的紙筆或打字機相比，文書軟體簡直就是魔法，不僅讓我的寫作速度加快，品質也有所提升。因此我說服同為新進律師的妻子凱蒂，在我開始工作前，花費年薪兩萬七千美元的一〇%來購買一台更好的個人電腦，放在辦公室使用。謝天謝地，妻子同意了。

帶著我實習的法官那年七十二歲。我的辦公室裡放滿櫃子，櫃子裡塞滿整齊的盒子，盒子裡則疊滿他精心製作的手寫筆記，是二十多年審判與案件累積而來的。這些檔案擁有一套精密又經過驗證有效的歸檔系統，用打字卡片標示撰寫陪審團指示所需的每個要點。辦公室裡有些人對我的個人電腦不以為然，這是我首次體認到，電腦是用來執行待加強的事務，像是撰寫備忘錄與草擬判決書，而不是用來推翻原本就有效的做法。這寶貴的一堂課，我直到今日仍銘記在心：用科技來改善能改善的地方，同時要尊重原本就有效的方法。

◆敗訴引發的社會關注

時間快轉到二〇一四年。我們再次為這個法院注入新興電腦科技。我們本來就知道這是漫長的硬仗，果不其然，地方助理法官宣判微軟敗訴，讓我們必須展開漫長的抗爭，層層上訴。

這個事件很快就引發大眾回應，尤其是在歐洲。敗訴一個月後，我前往歐洲參加一系列的會議。第一站是柏林，我拜會當地的政府官員、國會議員、客戶及記者。我本來就知道這起愛爾蘭搜索票案件會引發關注，卻萬萬沒想到大眾關注的程度會這麼高。老實說，第一天早上八點在和記者訪談時，直到第二杯咖啡，我才想到那位宣判我們敗訴的助理法官姓名。我們的訴訟團隊已經重整旗鼓，整裝待發，準備好與地區法官進行第二回合戰鬥。對第一回合的挫敗已不在意，卻沒想到德國人卻一直放在心上。

兩天柏林之行後，這起案件的判決書細節及撰寫判決書的助理法官姓名，深深烙印在我的腦海裡。在柏林，無論我走到哪裡，大家見到我，一開口就是談論法蘭西斯法官的事；在紐約，幾乎只有小小法律圈的人聽過他，但是在二〇一四年的柏林，判決微軟敗訴的助理法官詹姆士・法蘭西斯四世（James C. Francis IV）可謂家喻戶曉。

我必須回答無止盡的問題，「他這麼說的意思是……？為什麼他要這麼說？接下來會發生什麼事？」德國人和我訪談時，把法蘭西斯寫的整本判決書都帶過來，上面還有鉅細靡遺的註解。有些人直接對我朗讀判決書內容，還有許多人把整本判決書都翻遍了。

第一天下午，我與德國一個大邦的資訊長坐下來訪談時，覺得筋疲力盡。我們面對面坐著，資訊長拿出法蘭西斯法官的判決書，放在面前的桃花心木桌上，用食指指著判決書，並聲明：「這項判決不撤銷，我們這一邦絕對不會把資料存放在任何美國科技公司的資料中心。」

那年，無論我們到哪一個國家，這個議題都緊緊跟隨著。造訪東京時，我原本以為日本人不會像柏林人的反應那麼大。但是在一場招待會上，我被一群企業客戶團團包圍，他們堅持親自告訴我，愛爾蘭資料中心案件判決結果將會對他們的企業造成極大影響。「微軟必須勝訴。」他們耳提面命道。隨著訴訟持續進行，他們也會持續關注。在各國的公共場合裡，我不斷重申微軟會堅持上訴，有必要也會一路上訴到最高法院。

◆漫長爭訟的終點

隨著案件緩慢進行，我們發現，即使勝訴能促成的改變仍然有限。該訴訟確實能釐清搜索票在現行法規下的有效範圍，卻無法制定新法規或新型態的國際條約來取代過時的司法互助條約。因此我們開始草擬新提案，並造訪世界各國政府，尋求盟友帶頭推動更廣泛的倡議。此時已有國會議員提出法案[73]，但是除了法案外，還必須協商新的國際協議。

二〇一五年三月，我們走運了。我前往白宮參加會議，會中浮現一個契機，讓我們能審視現在遭遇的隱私與監控議題。我上台報告巴西主管面臨刑事指控及微軟遭到裁罰的事，歐巴馬總統中途打斷，並評論道：「真糟糕。」於是我們一起討論，隨後總統表示願意背書，支持制定一套新的國際協議，尤其是與英國、德國這兩個重要盟友。

十一個月後，二〇一六年二月，英國與美國默默提出更現代的雙邊資料共享協議草案，我們計畫中的一個重要部分正在成形。不過協議若要生效，國會就必須先通過一套新法案。儘管有愈來愈多的國會議員表態支持，但是司法部卻一直提出反對，因為這些法案會改變現行使用搜索票調取資料的模式。情況陷入僵局，若無妥協，便難以達成目標。

結果最高法院出手，以意想不到的方式打破僵局。

僵局一直持續到二〇一八年二月。在一個異常溫暖的早晨，我們步行在華府第一街上，向美國最高法院走去[74]。法院大樓牆面呈現珍珠般的白色，我們佇足仰望這棟宏偉的建築，並感受隆重的氣氛：在此，我們將向九位大法官報告說明全球雲端運算帶來的影響。

最高法院雄偉的四層建築與國會大廈對望，中間的第一街便是美國司法權與立法權的交會處。往前看，是國會大廈光亮明淨的通天圓頂；往後看，便是深邃的大理石階梯，階梯的盡頭是高聳的圓柱，穿越圓柱便會抵達雕工精細、高大的對開大門，這就是法院入口。

我們於二月二十七日抵達法院時，法院著名的階梯上排著長長的隊伍，一路蜿蜒環繞整個街區，大家都引頸期盼，想要見證微軟與美國政府在法庭上對決。四年前我們拒絕從大西洋另一端的愛爾蘭調取電子郵件，展開這場漫長的爭訟，今天就是最終對決。

這是微軟第四次在最高法院打官司，每一次來到最高法院都是不凡的體驗。法庭的樣貌近一百年來沒有變過，我們在此討論世界上最先進科技產生的問題。法庭內禁帶手機與筆記型電腦，我交出裝置，坐在寬廣的紅色廳堂裡，彷彿置身掛滿布幕的劇場。我抬頭仰望整個法庭內唯一的科技產品：時鐘。

經過這幾次官司，我開始欣賞最高法院，因為他們能在完全沒有現代科技的廳堂裡探討現代科技的影響。微軟第一次上訴到最高法院是在二〇〇七年，那是一起專利案件，很巧的是，案件的起因竟然是微軟在愛爾蘭的光碟製造業務[75]。辯論結束後一週，我遇到一位法院的高級行政官員，他告訴我：「有些大法官講話時，你看起來有點沮喪。」

於是我發現，自己無法做到喜怒哀樂不形於色。我還記得當時的場景，當下有位大法官正與反方律師討論微軟從紐約「傳送光子」到歐洲電腦所造成的影響[76]。

「這起案件和光子有什麼關係？」我內心想著：「而且他們幹嘛提到紐約？」

但是，除了喜怒哀樂要不形於色外，我還學到另一個寶貴的教訓。這些大法官不一定掌握最新科技的具體細節，但是年輕一點的助理了解。因此大法官會借用助理的知識，並融合自身時常超越法律條文的智慧與判斷。美國的最高法院雖然經常因為大法官提名事宜，以及些許爭議案件，引發大眾不滿，但是仍屬世上最偉大的機構，由九位大法官共同審理棘手的問題。我曾和各國法院打過交道，因此對美國最高法院懷有高度信心。

◆未盡完美的《雲端法案》

這天早上一小時的言詞辯論結束後，九位大法官的態度讓雙方都沒有什麼信心。當然，哪一方會勝訴仍有很大的猜測空間，但要做出有信心的預測是不可能的。無論有意無意，大法官創造鼓勵雙方和解的完美氣氛。

但是要和解仍有一大障礙，唯有通過新法案，雙方才會同意無須最高法院做出判決；也就是說，如果要和解，必須仰賴第一街對面的國會大廈通過新法案。

在某個層面上，指望國會有作為就像指望上帝有作為。國會在任何議題上都處於分裂狀態，並且不怎麼喜歡通過新法案。然而，我們看見一扇小小的機會之窗。我與微軟期負責處理華府事務的政府事務團隊主管萊德．漢弗瑞（Fred Humphries）展開討論，決定和白宮一同嘗試推動立法。

這原本幾乎是不可能的任務，但是我們在四年前提起訴訟後不久，參議院與眾議院便展開兩黨合作，讓這項法案的推動成為可能。經歷兩場國會聽證會與一系列聲明後，我們和司法部展開最後一輪協商，協商中間人是參議院司法委員會犯罪與恐怖主義小組主席林賽．葛蘭姆（Lindsey Graham）參議員。

葛蘭姆採取實際行動鼓勵大家合作，就在二〇一七年五月，他舉辦一場很多人參加的聽證會，我也出席作證。由於該聽證會攸關英、美兩國的國際協議，英國政府也派遣副國家安全顧問派迪．麥吉尼（Paddy McGuinness）出席作證。麥吉尼有著蘇格蘭人和藹可親的氣質，但是很務實也很理智，知道要採取什麼措施才能在英國打擊恐怖主義。白宮國土安全顧問湯姆．博賽特（Tom Bossert）定期與麥吉尼交流，並推動大家在國會尋求共識。

最高法院的辯論結束後，出現一份新法案，雙方也都同意支持。該法案名為《釐清境外合法使用資料法》（*Clarifying Lawful Overseas Use of Data Act*），簡稱《雲端法案》（*CLOUD Act*）。

該法案蘊含我們注重的條文，並平衡司法部與科技公司的立場，規定搜索票在境外仍然有效，但也允許科技公司在法規牴觸時提出抗告；也就是說法案允許愛爾蘭、德國或整個歐盟，在美國法院用自己的法律阻擋美國寄來的單方搜索票，並尋求採取公開透明、雙邊合作的方式進行。

更重要的是，《雲端法案》也授權制定現代版國際協議，用以取代這些單方請求。這些協議能讓執法單位使用現代程序更迅速地調取其他國家的資料，同時制定保護隱私權及其他人權的規則。正如所有法案，尤其是經過妥協才協商出來的法案，本法案並不完美，但是已經包含微軟過去四年多努力推動的大多數項目。

然而，另外一大問題就是，要找方法讓國會通過《雲端法案》。參、眾兩院沒有時間獨立審理本法案，所以不太可能在最高法院做出判決前通過，因此必須把該法案夾帶在另一項法案裡。

我們知道，讓該法案如期通過的唯一方法，是把法案夾帶在預算案裡。但是這個方法有兩個困難之處：其一，國會預算案當時一直卡關；其二，因為卡關，國會領袖不太願意讓預算案夾帶其他非預算法案。

然而，由於參議員葛蘭姆的支持，其他共和黨參議員可能也會跟著支持，但是民主黨參議員反對，法案還是無法通過。我們當下就明白，只剩一個人能改變局勢。在許多方面，我們認為此人不僅是國會領袖，更有呼風喚雨的力量，就是參議院少數黨領袖查克・舒默（Chuck Schumer）。雖然舒默原本對該議題不是很了解，但是他迅速上手並開始推動。

在博賽特、葛蘭姆與舒默的推動下，我們開始說服眾議院的領袖一起加入。不久，眾議院議長保羅・萊恩（Paul Ryan）及少數黨領袖南希・佩洛西（Nancy Pelosi）熱烈討論是否要讓預算案夾帶《雲端法案》。新一輪協商又導致法案經過新一輪修改，每過幾天都會覺得法案要胎死腹中了，但是我們不斷與博賽特討論，並且決定堅持。沒想到經過數輪通話與對話後，法案起死回生。二〇一八年三月二十三日，總統唐納・川普（Donald Trump）簽署一項綜合預算案，其中包含《雲端法案》。現在《雲端法案》正式生效[77]，最高法院的訴訟不久後即可和解。

此時距離微軟向紐約聯邦法院提起上訴已經四年了，但是距離結束最高法院辯論還不到一個月。最後幾個階段進行得異常神速，就連我們這些參與所有細節的人都感到驚訝。

雖然我們對結果感到滿意，但是其中也有些不盡如人意的地方。我們認為《雲端法案》是強大的法案，但是如同所有法案與所有法院和解，該法案也有妥協。我們很久前就學到，打官司固然有趣，但協商往往才是取得實質進展之道。通常唯有藉由協商才能取得實質進展，而協商本來就需要讓步。

此外，我們也必須把協商結果好好向大眾說明，倘若協商結果很複雜就更是如此。因此我們通常會預測不同的協商結果，實現撰寫說明文件，等結果出來後即可發布。但是《雲端法案》進展得太快，而且需要花很多時間和華府當局溝通，因此針對說明結果，我們這一次準備不足。

世界各國的客戶、隱私權團體、政府官員紛紛詢問《雲端法案》的內容與運作機制。客戶提出問題，隱私權團體則提出擔憂。我們快速反應，不久便在世界各地舉辦說明會，並且發布說明文件告知大眾[78]。這項業務讓微軟幾乎在全世界的銷售代表都動起來，我也親自體驗到這股熱潮，法案通過一個月後，我走在法國街上，有人突然叫住我，對方是微軟當地員工，原本在餐廳吃晚餐，看到我走過便認出來了，並且一路追上來，追到晚餐都涼了。他喘著氣，調整呼吸，丟出一大堆關於新法的問題。

本次案件的結果顯示，我們已經取得很大的進展，但也反映整個世界還有很長的一段路要走。現在有了簽訂國際協議的架構，美國助理司法部長理查・唐寧（Richard Downing）在本法案通過一週年時就表示，本法案「不只為此刻挑戰提供解決方案，更提出懷有遠大抱負的方案」。他解釋道：「此方案的目標是建構一個社群，聯合世界上具有相同理念、尊重人權、尊重法治的國家，在共同價值的基礎上與互相尊重的前提下，降低法律牴觸，推動共同利益[79]。」

然而，《雲端法案》只是一個基礎，在這個基礎上必須蓋出房子才行。今日的世界裡，執法單位必須快速反應，隱私權和其他人權必須獲得保障，國家疆界必須受到尊重。要達成這些目標，就必須深思熟慮地制定新版國際條約，並且持之以恆地推動。也就是說，還需數年的努力。

第四章

網路安全：WannaCry敲醒世界的警鐘

二〇一七年五月十二日，倫敦市中心聖巴多羅買醫院（St. Bartholomew's Hospital）裡，派翠克・瓦德（Patrick Ward）坐著輪椅，被推入手術準備室。當地人稱這家醫院為巴茨醫院（Bart's），位於聖保羅大教堂幾個街區旁，是一一二三年亨利一世（Henry I）治下所創立。二戰期間，阿道夫・希特勒（Adolf Hitler）對倫敦進行轟炸時，該醫院仍持續運作，炸彈如雨落下，醫院儘管遭受殃及，但是仍驕傲地挺過戰爭[80]。然而，在巴茨醫院九百年歷史中，從未遇過像這個週五早上毀滅力如此強大的炸彈。

瓦德住在英格蘭南部多塞特郡（Dorset）普爾鎮（Poole）附近的一個小村落，距離倫敦三小時車程，該地濱臨海洋，地勢起伏疊嶂，宛如童話故事的場景。瓦德的家人從十九世紀以來就在此務農。瓦德的工作也很田園，他是精緻冰淇淋品牌普貝克（Purbeck Ice Cream）銷售總監，擔任這項職務多年，熱愛這份工作。「聊冰淇淋、吃冰淇淋，還有錢拿。」他告訴我們：「我對這兩件事都很擅長。」

瓦德年近中旬，熱愛爬山，喜歡踢足球，卻罹患一種叫做心肌症的遺傳性疾病，造成心室肌肉異常增厚，等了兩年才排到巴茨醫院的手術。那天早上，瓦德的胸膛進行除毛和一連串的身體檢測。他躺在擔架上，準備進行等待已久的手術。不久後，外科醫師進來說：「再過幾分鐘就可以開始了，我們後面那邊見。」然而，卻遲遲無人把瓦德推進手術室，他一直等著。

一個多小時後，醫生又出現了。「我們遭到駭客入侵，整個醫院系統都當機了，我無法進行手術。」這家醫院連在二戰期間都照常運作，但是現在卻因為受到大規模駭客攻擊而突然停擺，整家醫院的電腦系統都壞了，因此救護車必須轉往其他醫院，門診預約全部取消，當天手術全部終止。在英國，大多數醫療服務都是由國家醫療服務（National Health Service）提供，而此次攻擊癱瘓三分之一的國家醫療服務機構[81]。

◆駭客攻擊造成的全球危機

那天早上稍晚，微軟的高層領導團隊正在雷德蒙德進行每週五例行會議。我們每週都會與納德拉與他的十四名直屬部下開會，而且已經形成固定程序。會議在早上八點開始，地點在微軟的董事會會議室，正好與其中一些人的辦公室同層。我們通常會針對產品與商業計畫進行一連串討論，然後下午三、四點結束，但是二〇一七年五月十二日的會議非比尋常。

第二個議題尚未討論結束，納德拉就中途打斷，「我接到一堆電子郵件副本，說我們的客戶遭到大規模網路攻擊，這是怎麼一回事？」

我們馬上得知攻擊快速擴散，而微軟的資安工程師已在手忙腳亂地應付各方客戶打來的電話，並且試著找出攻擊背後的原因，評估造成的影響。到了午餐時間，我們清楚明白，此次攻擊非比尋常。微軟威脅情報中心（Microsoft Threat Intelligence Center, MSTIC，發音同「mystic」）的工程師馬上就發現，這個惡意軟體是駭客團體Zinc（鋅）在兩個月前進行測試的程式碼。微軟威脅情報中心用元素週期表上的元素名，來為每個國家級駭客團體取代號。在這一次案件裡，聯邦調查局認為Zinc與北韓政府有關。一年半前，這個團體曾攻擊索尼影業（Sony Pictures）的電腦網路[82]。

技術層面上，Zinc這次最新一波的攻擊非常高明，他們在原本的新軟體裡加入惡意程式碼，讓病毒能自動在電腦間繁殖傳染。一旦經過複製，程式碼就會把電腦硬碟加密並鎖住，然後顯示一段勒索軟體訊息，要求支付三百美元換取電子鑰匙贖回資料，若無鑰匙，使用者的資料會永遠凍結，無法讀取使用。

這波攻擊始於英國與西班牙，數小時後擴散到全世界，總共有一百五十個國家的三十萬台電腦遭到波及[83]。攻擊結束前，全世界都記住WannaCry這個名字，這是一串惡意軟體程式碼，不只讓資訊科技管理員想哭，更讓全世界警醒。

不久，《紐約時報》（*New York Times*）報導，WannaCry程式碼中最複雜的部分為美國國家安全局研發，原本用於攻擊Windows作業軟體的一個漏洞[84]。國家安全局起初創造這段程式碼的目的，應該是為了滲透敵人的電腦，但是該軟體似乎遭到竊取，並流入黑市，透過駭客團體影子掮客（Shadow Brokers）公開放送。影子掮客是一群匿名駭客，專門在網路上張貼病毒程式碼搞破壞，他們把這個國家安全局的先進武器放到網路上公開放送，只要有能耐找到便能擁有。目前我們並不清楚影子掮客背後的操控人士是誰或所屬組織為何，但是威脅情報界的專家懷疑，該團體背後是某個想搞破壞的國家政府[85]。這一次Zinc在國家安全局的程式碼中加入一個強大的勒索軟體病毒，創造一項猛烈的網路武器，蹂躪整個網路世界。

微軟有位資安主管說：「國家安全局設計出火箭，然後北韓人把火箭升級成飛彈，其中差異就是頂端的部分。」總而言之，美國發明一個先進網路武器，結果機密外洩，然後北韓就用這個武器來攻擊全世界。

◆未升級舊電腦的嚴重災情

幾個月前，會發生這樣的攻擊是難以置信的，但現在卻成真了，而且鬧成重大新聞。然而，我們沒有時間做這些空想，必須盡快協助客戶找到受感染的系統，阻止惡意軟體擴散，並且救回已癱瘓的電腦。到了中午，我們的資安團隊判定，新版Windows電腦不受影響，因為兩個月前釋出的修補程式可以提供保護，但是使用Windows XP的舊電腦就沒有那麼幸運了。

這是一大問題，當時世界上仍有超過一億台電腦使用Windows XP作業系統。多年來，我們一直努力說服客戶升級硬體，並安裝新版。我們指出，Windows XP於二〇〇一年推出，比蘋果第一支iPhone早六年，也比iPod早六個月。雖然我們可以針對特定漏洞推出修補程式，但是這麼古老的科技根本不可能跟上現代的資安威脅，以十六年前推出的軟體抵擋今日的軍規網路攻擊，就如同用挖設戰壕對抗飛彈襲擊。

儘管我們一直苦口婆心，並推出折扣與免費升級，但有些客戶還是堅持使用舊系統。我們不斷勸告現有用戶進行升級，後來決定持續為舊系統設計安全修補程式，但和新版系統不同的是，我們要求舊系統的客戶以訂閱制購買這些修補程式，這麼做的目的就是創造財務誘因，促使更多客戶升級更安全的Windows作業系統。

儘管這樣的措施在多數情況下是合理的，但是五月十二日的攻擊卻不一樣。WannaCry惡意程式可以進行「蠕蟲繁殖」（Wormable），感染速度異常快速。我們必須即時控管災情。這導致微軟內部發生激烈爭辯，我們是否應不分有無訂閱安全修補服務、正版與盜版，免費提供針對這一次攻擊的修補程式給全球Windows XP用戶？納德拉終結爭辯，決定微軟要免費提供修補程式給所有用戶。微軟內部有人提出反對意見，表示此舉會讓淘汰Windows XP的努力前功盡棄，但是納德拉只寄了一封電子郵件壓制異議，「現在不要爭論這件事，這波攻擊影響的層面太大了。」

在我們努力圍堵惡意程式，壓制WannaCry感染，並取得技術進展的同時，政治風波正在醞釀。週五西雅圖晚餐時間，北京則是週六上午，中國政府官員與北京的微軟團隊聯繫，並寄送電子郵件給微軟Windows部門主管泰瑞・梅爾森（Terry Myerson），詢問Windows XP修補程式的進度。

中國方面展開訊問在意料之內，因為該國的Windows XP電腦數量是全球之冠。中國大部分的電腦都沒有受到第一波攻擊影響，因為惡意程式於北京時間週五晚上釋出，大部分的商用電腦都關機，準備度過週末，但是中國老舊的Windows XP系統仍處於險境。

然而，中國在意的不只是Windows XP修補程式，寄信給梅爾森的中國官員詢問一件《紐約時報》報導的事。報導宣稱，美國政府一直暗中蒐集軟體漏洞，同時拒絕告知科技公司，不讓科技公司修補漏洞[86]。這位中國官員想要我們做出因應，我們表示針對這件事，對方應該與美國政府交涉，而不是找微軟。但可想而知的是，微軟及其他科技公司並不樂見美國政府這麼做，我們一直都在敦促政府披露所找到的漏洞，好讓我們進行修補，維護公共利益。

◆駭客無差別攻擊原因的臆測

我們知道中國政府提出詢問只是開端，接著來自全世界的問題都會湧入。週六上午，我們明白光是支援受影響的客戶還不夠，必須公開面對新興的地緣政治議題。那天早上，納德拉與我通了許多電話，決定做出公開聲明，回答下一波關於WannaCry的問題。

我們不談攻擊的細部議題，而是針對總體的資安環境做出評論。我們聲明，保護客戶抵擋網路攻擊，微軟和其他科技公司理所當然負有第一責任。然而，我們一定要強調，網路安全已成為科技公司與客戶的共同責任。我們必須讓客戶更新和升級電腦的過程更簡易，但是從這一次風波中學到的教訓是，進步的技術如果無人使用也是枉然。

我們也做出第三點聲明，這一點是WannaCry事件帶來的明白啟示。政府若是發展出先進的攻擊技術，就必須控管好自己的網路武器。我們聲明：「此次事件若是以傳統武器做比喻，就如同美國軍方的戰斧巡弋飛彈遭竊[87]。」網路武器能儲存在隨身碟，因此也能用隨身碟竊取，這讓保護網路武器的任務變得很困難也很重要。

白宮與國家安全局有些官員不是很認同我們的戰斧巡弋飛彈比喻，英國政府和英國國家安全局有些官員也是如此，他們說：「準確來講，WannaCry比較像是步槍，而不是戰斧巡弋飛彈。」但是步槍能同時對一百五十個國家進行攻擊嗎？這些都不是重點，頂多只能顯示政府的資安官員很不習慣在媒體上直接討論這些議題，也不習慣向大眾辯解自己的做法。

我們最驚訝的是，竟然沒有什麼人討論北韓發動此次攻擊的原因，至今我們都沒有確定的答案，但是有一個理論特別有趣。

攻擊發動的前一個月，北韓高調試射飛彈，卻以失敗收場。大衛・桑格（David Sanger）和其他兩位《紐約時報》記者當時寫道，美國政府一直在拖延北韓的導彈計畫，「包括藉助電子戰技術[88]。」《紐約時報》的該篇報導表示，我們無從得知導彈試射失敗的詳細原因，但是美國國防部長詹姆士・馬提斯（James Mattis）針對此次試射的評論卻含糊不清，只表示：「總統及其軍事團隊知曉北韓近期試射導彈失敗，總統不予置評。」川普總統竟然對一件事沒有評論，實在稀奇。

北韓是否為了報復美國對其導彈計畫進行網路攻擊，而發動自己的網路攻擊呢？WannaCry是無差別攻擊，但這是否就是北韓想要傳達的訊息？會不會是北韓想表達：「你可以對我的一點進行攻擊，但是我可以對所有地方進行反擊」？

WannaCry攻擊的某些層面符合這個理論。首先，攻擊在歐洲發起，當時東亞的電腦都關機，大家準備回家過週末。如果北韓想讓這一次攻擊對西歐與北美的傷害最大化，並且同時降低對中國的衝擊，選擇的時間點非常理想。感染擴散時，東亞已是傍晚，而其他洲還是白天，企業與政府尚未下班，但是中國在週一復工前，有整個週末的時間可以因應。

此外，北韓在惡意軟體內加入資安專家所謂的「銷毀開關」（Kill Switch），讓我們有辦法阻止WannaCry持續擴散。其中一個銷毀開關命令這個惡意程式尋找一個未註冊的特定網址，只要這個網址沒有註冊，WannaCry就會持續擴散，不過一旦有人採取簡易的步驟註冊這個網址，程式碼就會停止複製。

五月十二日晚間，英國一位資安研究人員分析程式碼，並且發現這個銷毀開關。他只花費一〇．六九美元註冊，並啟動這個URL，WannaCry就停止擴散[89]。有些人猜測，這顯示WannaCry的研發人員等級不夠，但事實會不會恰恰相反？WannaCry的程式設計者會不會就是要確保週一前惡意程式會終止擴散，如此中國與北韓就不會受到太大的影響？

最後，WannaCry採用的勒索訊息與策略也有可疑之處。我們的資安專家就表示，北韓以前就曾使用勒索軟體，但採取的策略卻與這一次完全不同。他們以前挑選如銀行這樣的高價值目標攻擊，並以謹慎的方式要求支付鉅額贖金，然而這一次卻是無差別攻擊，要求受害者支付三百美元贖金解鎖電腦。保守說來，這個策略與以前迥然不同。會不會整個勒索軟體只是一個幌子，讓媒體與民眾忽略真正的訊息，而背後真正訊息是專門留給美國和盟友的官員看的？

如果北韓發動這一次的網路攻擊，是為了報復美國，整起風波代表的意義遠比大家想得還要深遠。這是世界最接近全球網路「熱」戰的一次，可能意味著本起攻擊的受害平民不是附帶傷害，而是攻擊目標。

◆網路武器重新定義現代戰爭

無論答案為何，該問題反應一個非常嚴肅的議題。網路武器在過去十年間大幅進步，重新定義現代戰爭中可能發生的事，但是現在駭客使用網路武器的方法卻掩蓋背後真正的發展。目前大眾還無法真正了解其中的風險與亟須解決的公共政策議題，如果這些議題沒有公開讓更多人知道，情勢就會愈來愈危險。

若是還有人懷疑網路戰爭帶來的威脅，六週後引爆的網路炸彈會讓他們改觀。

二〇一七年六月二十七日，烏克蘭受到瘋狂網路攻擊。本起攻擊使用同一串外洩自美國國家安全局的軟體程式碼，癱瘓烏克蘭全國一〇%的電腦[90]。美國、英國及其他五國政府判斷，本起攻擊背後的主使者是俄羅斯[91]。資安專家把這個惡意程式稱為NotPetya，因為程式裡有些程式碼與一個名為Petya的已知勒索軟體相同，而Petya則是取名自一九九五年〇〇七電影《黃金眼》（*GoldenEye*）中一顆虛構的蘇聯武裝衛星[92]，該衛星能在方圓三十英里內癱瘓所有電子通訊。

在二〇一七年的現實世界中，NotPetya的攻擊範圍比電影裡更廣。這個惡意程式蹂躪烏克蘭，癱瘓企業、大眾運輸系統及銀行，然後擴散到其他國家，滲透到聯邦快遞（FedEx）、默克（Merck）與快桅（Maersk）等跨國企業。快桅是丹麥貨運大企業，全球的電腦網絡遭到癱瘓[93]。

微軟派遣資安工程師趕到快桅的倫敦辦公室搶救該公司電腦。進入辦公室時，工程師便覺得很奇怪，這樣的景象不該出現在二十一世紀。微軟的現場維護工程師馬可・恩普森（Mark Empson）個頭高大，動作迅速，他是第一批抵達現場的人員之一。「辦公室裡平常一定會有電腦、印表機、掃描器運轉的聲音及環境音。」他說：「而這裡卻悄然無聲，一片死寂。」

恩普森表示，他走過快桅的走廊時，覺得整個辦公室都是一片死寂。「我把標準狀況排解問題問了一遍：『好，現在的情況是什麼？伺服器當機嗎？我們遇到什麼問題？』答案是所有東西都當機了。」他繼續詢問辦公室裡的人，「『好，電話呢？』『壞掉了。』『網路呢？』『沒有，也壞了。』」

這種情況血淋淋地提醒，我們的經濟與生活非常仰賴資訊科技。現在世上所有東西都與網路連結，無一例外。因此今日若有駭客攻擊電網，就會造成不堪設想的後果。

城市若是失去電力、電話、瓦斯、自來水、網路，就彷彿回到石器時代。如果發生在冬天，人們會受凍；如果發生在夏天，人們會過熱；仰賴醫療儀器維生的病人可能死亡。在未來，自駕車或許會成為主流，若是網路攻擊侵入車輛控制系統，在高速公路上急速行駛的車輛又會如何？

這些事情清楚提醒，我們如今置身在什麼樣的新世界。受NotPetya攻擊後，快桅做出不尋常的舉動，向大眾聲明表示旗下船舶都在船長的控制中。快桅必須發出這種聲明，凸顯世界對電腦有多麼依賴，網路攻擊可能造成的破壞又有多大。

軟體在社會基礎建設中無所不在，這也是政府斥資研發攻擊性網路武器的部分原因。與早期的青少年駭客及後來的國際犯罪駭客集團相比，政府的規模和等級是完全不同的，美國是該領域的先驅，至今仍然領先，但是包含俄羅斯、中國、北韓、伊朗在內的其他國家都加入網路軍備競賽，並且急起直追。

WannaCry與NotPetya的攻擊體現世界網路武器的能力正在大幅躍進，但是幾個月後，各國政府顯然還是叫不醒。

我們與各國外交官談話，發現他們對此充滿懷疑：「沒有人遭到殺害，這些攻擊根本不是針對人，不過是機器攻擊機器罷了。」

◆不同世代對網路安全看法各異

我們發現，人們對於網路安全的看法有世代差異，這個差異比以前任何武器科技進展都還要明顯。年輕世代是數位原生世代，從小到大的生活都仰賴科技，因此攻擊他們的裝置就等於攻擊他們的住家，屬於人身攻擊；但是年長一輩的人不一定抱持同樣看法。這就引發另一個發人深省的問題：我們能在數位版九一一事件爆發前喚醒世界嗎？還是各國政府會繼續按下貪睡鍵？

NotPetya事件後，我們想把烏克蘭的第一線情況向全世界報告。儘管烏克蘭受到數波網路攻擊，慘遭NotPetya蹂躪，但是國際媒體卻只有零星報導。於是我們決定派遣一隊微軟人員前往烏克蘭首都基輔實地走訪[94]。他們聽到第一手見證，有些人倒店、有些人流失顧客，也有些人失去工作。微軟人員訪談發現，有烏克蘭人因為信用卡與自動櫃員機停擺而無法購買食物，還有母親因為通訊癱瘓而找不到孩子。這起事件當然不是九一一，但也預示世界未來的發展。

烏克蘭人願意公開談論自己的遭遇，但是通常網路攻擊的受害者普遍保持沉默，因為他們覺得沒做好網路安全措施很丟臉。微軟本身就曾遇過這樣的兩難。二〇一七年，微軟律師提出要控告兩名英國的罪犯，因為他們駭入微軟Xbox部分網絡。雖然此舉引發一些尷尬的問題，但是我仍然同意提告，因為微軟必須以身作則，鼓起勇氣，才能做為大眾的典範。

然而，除了發聲外，我們必須做出實際行動。

歐洲的外交官員同意我們的立場，「我們知道必須採取行動，但卻不知道該怎麼做。」一位歐洲大使在聯合國（United Nations）日內瓦辦事處如此告訴我：「而且就算我們知道該怎麼做，現在也很難讓各國政府達成共識。這個議題必須由科技公司推動，這樣各國政府才會跟進。」

不久後，這個機會便湧現。一群資安工程師判斷，若是幾家科技公司聯合同時做出行動，就能擊破WannaCry事件主使者——北韓駭客團體Zinc的惡意程式能力中很重要的一部分，即可發布修補程式，修補Zinc攻擊的漏洞，清理受影響的個人電腦，聯合停權攻擊者使用的帳戶。這些措施的效力只能持續一段時間，但是確實對該團體造成打擊。

微軟、臉書及其他公司進行長時間溝通，討論是否要採取此措施與如何行動。此舉會讓我們成為更大的目標。我與納德拉討論此事，並於十一月中向微軟董事報告這項行動計畫。我們判斷，無論在法律或其他方面上都有堅強的依據，若能和其他科技公司聯手就值得採取。

我們也判斷，必須知會聯邦調查局、國家安全局及國內外官員。這不是要尋求許可，只是告知計畫。我們要確保在把北韓攻擊者帳戶停權的同時，並沒有情報機關針對這些帳戶採取行動。

◆科技界與政府聯手對付國家級駭客

幾天後，我前往華府並造訪白宮，在西廂的地下辦公室會見總統國安顧問博賽特與白宮網路安全統籌羅布．喬艾斯（Rob Joyce），並告知微軟的計畫。當時，本計畫已預定於一週後執行。

兩位官員告訴我，在川普總統的大力支持下，快要能證實WannaCry的主使者就是北韓了，如此一來，便能公開向政府追究網路攻擊的責任。博賽特認為，美國政府一定要發表正式聲明反對「不成比例、不加區分」的網路攻擊。這一次白宮正與各國合作，努力實現聯合公開指責北韓的目標。

博賽特先請我們延後計畫。「我們要一週後才能發表聲明，同時行動會比較好。」但是我表明無法延後，因為這項行動必須和十二月十二日的修補程式發布日同步。大家都知道，微軟會在每月第二個星期二發布修補程式，我們稱為「修補程式週二」（Patch Tuesday）。我提出替代方案，「看看能不能晚一點再談我們的行動，或許我們可以一起執行。」

這一次的對話凸顯，政府若要反制WannaCry，便會落入尷尬的局面。博賽特與我會面時，就曾解釋這一點，稍後的記者會上又解釋一遍：面對本次事件，美國政府能做出的反制有限，因為美國已經對北韓執行一大堆制裁行動。「為了促使北韓改變行為，川普總統動用所有能用的手段，只差沒有餓死北韓人民[95]。」他公開表示。雖然川普政府後來發現其實有更多反制網路攻擊的手段，但是科技界有條件做出政府做不到的舉動，可以輕易摧毀北韓惡意程式的關鍵部分。因此若是科技界與政府同時發表聲明，便能更有效對國家級駭客表達立場。

我們設定兩條互相配合的路線：第一條是執行計畫；第二條則是公布計畫。十二月十二日上午，微軟、臉書及其他不願具名科技公司的資安團隊攜手合作，共同打擊Zinc。

然而，公布計畫較為複雜，因為幾乎任何領域的資安專家通常都不願意公開談論自己的工作內容，部分原因是他們的工作文化注重保護資訊，而不是分享資訊。再者，公布計畫的人可能會招致報復。但是我們必須克服這個障礙，才能有效抵制國家級網路攻擊。

此外，科技界與川普政府的關係複雜，也讓這項計畫面臨難題。過去幾個月，我們再次因為移民等議題槓上川普政府，因此科技界有些人不願意公開承認和川普政府有合作關係。但是我認為，我們必須求同存異，在需要合作的地方合作，在必須對抗時對抗。網路安全這個領域正好是需要合作的地方，也只有透過合作才能取得實質進展。

白宮表示將在十二月十九日發表聲明。我們馬上告訴臉書和其他公司，如果大家都同意一起行動，我們願意公開這項抵制Zinc的計畫。但是到了十二月十八日上午，微軟都還在等待其他兩家公司做出決定。我決定，若有必要，微軟將獨自進行。我認為，要有效嚇阻國家發動網路攻擊，就必須展現強大的反制能力讓這些國家看，因此勢必有人要率先發難，既然如此，就由微軟來做。

當晚有好消息傳來，臉書願意與微軟一起公開討論集體行動。隔天一早，更好的消息傳來，博賽特在白宮記者會報告，澳洲、加拿大、日本、紐西蘭、英國與美國一起發表公開聲明，這是史上第一次有國家聯合公開追究另一國發動網路攻擊。博賽特接著宣布，微軟和臉書已於上週採取具體行動，打擊該團體的網路攻擊能力。

政府與科技公司攜手共進，遠比各自為政有建樹。當然，本次行動無法一勞永逸地解決全世界的網路完全威脅，雖然只不過是一場勝仗，但至少是一個新的開端。

第五章

守護民主：專制政府如何「駭入」民主選舉

一七八七年，美國制憲會議於費城召開，會議結束後，富蘭克林走出獨立紀念館，此時有人向他詢問，與會代表在會中制定什麼樣的政府，富蘭克林回答：「共和制，就看各位守不守得住了[96]。」日後這句話成為舉國流傳的不朽名言，強調的是民主共和不只是新制度，而是需要時刻警覺，並採取行動來捍衛與守護的制度。

綜觀美國歷史，多數時期守護共和制的意思是公民參與投票、擔任公職，有時甚至犧牲生命。在一些關鍵時刻，守護共和制的意思則是美國企業動員協助國家度過難關，如美國製造業在二戰時期的作為。歷史的教訓顯示，我們必須隨時保持警覺，因為危機隨時可能爆發。

二〇一六年七月某個週日晚上，危機突然爆發。之前兩週，我都在克里夫蘭與費城參加共和黨與民主黨的全國代表大會，週末則得加班趕工。週日這晚，我正打算休息時，收到一封標示「緊急」的電子郵件。我開啟郵件，萬萬沒想到這是一場行動的開端，這場行動不斷擴大，考驗著科技界，迫使科技公司站起來捍衛民主。

該封郵件的寄件者是微軟副法務長湯姆・博特（Tom Burt），郵件主旨欄寫著「DCU緊急情況」。DCU的全名為Digital Crimes Unit，是微軟的數位犯罪防制單位，隸屬博特管轄。該單位於十五年前成立，至今在科技界仍只有微軟設立這樣的單位，這讓我感到很訝異。單位有一百多位遍布全球的成員，包含前檢察官、前政府調查員及頂尖的鑑識專家、資料分析師與商業分析師。原本微軟於一九九〇年代成立數位犯罪防制單位的目的是為了反盜版，但是後來發現網路上出現新型態犯罪，而且這樣的犯罪正在擴散，該單位就演變成數位特警部隊，負責與執法單位合作[97]。

◆更高超的駭客入侵手法

十天前，二〇一六年民主黨全國代表大會的前一個週五，維基解密（WikiLeaks）公布俄羅斯駭客從民主黨全國委員會（Democratic National Committee, DNC）竊取的電子郵件。代表大會召開那週，媒體持續報導這則重大新聞。那週，微軟的威脅情報中心發現駭客團體Strontium（鍶）展開新一波的獨立攻擊。Strontium是微軟為一個俄羅斯駭客團體取的代號，該團體又稱Fancy Bear和APT28。博特的團隊想要在週二提起法律訴訟打擊Strontium。

聯邦調查局早已判斷，Strontium背後的主使者是俄羅斯軍事情報機構格魯烏（GRU）。博特表示，Strontium對微軟的服務進行欺騙攻擊（Spoofing），藉此侵入數名官員與候選人的帳戶，其中包含民主黨全國委員會及希拉蕊·柯林頓（Hillary Clinton）總統競選團隊的帳戶。微軟就這樣捲入其中。

微軟威脅情報中心自二〇一四年起就在監視Strontium，當時該團體發動所謂的「魚叉式網路釣魚攻擊」（spear-phishing attack），寄送精心撰寫的電子郵件，引誘目標點擊看似可靠的網站連結，而且有些連結中出現微軟的名字。接著，Strontium便在透過其他電腦使用數種先進工具，進行鍵盤側錄、電子郵件地址與文件蒐集，以及資訊蒐集，甚至使用工具感染連接電腦的USB儲存裝置，藉此侵入不連結網路的氣隙電腦（air-gapped computer），以竊取資料。

與犯罪駭客集團相比，Strontium不僅更先進，還更有耐心。他們挑選目標，並長期寄送釣魚郵件，若能成功侵入高價值目標，便能值回票價。

雖然該手段廣為電腦使用者所知，但卻很難防範。網絡安全公司RSA舊金山年會上就有人在推特（Twitter）上寫道：「每個組織裡都至少有一位看到任何連結就會點擊的員工。」釣魚郵件利用的就是人類的好奇心與粗心。我們分析駭客活動發現，駭客入侵電子郵件帳戶後，進行的第一件事通常是搜尋**密碼**這個關鍵字。人們使用的服務愈來愈多，累積的密碼也愈來愈多，因此許多人會寄送含有關鍵字**密碼**的電子郵件給自己，這類電子郵件便成為明顯的目標。

二〇一六年七月，微軟威脅情報中心發現Strontium企圖註冊新網域，並藉此竊取使用者資料。在此之前，Strontium早已開始在網域中使用微軟的名字，如microsoftdccenter.com，讓釣魚連結看來像是微軟的官方支援服務。博特在週日寄來的電子郵件中寫道，微軟數位犯罪防制單位於週末研擬法律策略處理這個問題，已準備採取行動，關閉這些網站。

本計畫的基礎是微軟數位犯罪防制單位以前發明的一套法律與技術策略，我們會向法院提起訴訟，主張Strontium侵犯微軟商標，並以此為依據，要求將新網域的控制權轉移到微軟數位犯罪防治單位。從某種程度看來，這部分的策略很創新，但其實也不難想到，畢竟商標法已行之有年，現行商標法禁止任何人在未經授權的情況下，在網域名稱中使用像是「微軟」的註冊商標。

接著，是技術措施。我們取得網域控制權後，會在數位犯罪防治單位的鑑識實驗室裡創造一個安全的「沉洞」（Sinkhole），並將之與微軟的其他網絡隔絕。當受感染電腦傳輸訊息至Strontium控制中心伺服器，該沉洞會全數攔截。這樣做的目的是掌控Strontium的網絡，找出受感染的電腦，並與使用者一一合作清理受感染的裝置。

我很喜歡這套策略，這就是微軟當初成立數位犯罪防治單位的原因，讓微軟的律師與工程師一同尋找創新方法，為客戶提供實質協助。儘管本案不一定會勝訴，但是博特認為贏面很大，並建議立刻在週二早上向維吉尼亞的聯邦法院提起訴訟，我同意進行。

這項新穎的策略有一個優點：勝訴輕而易舉。駭客不可能出庭為自己辯護。他們若出庭，便有可能面臨起訴。數位犯罪防治單位達成了向來難以達成的目標。駭客的優勢在於隱身，但我們的法律策略將這項優勢轉化為劣勢。

結果我們勝訴了，微軟獲得網域控制權，著手聯絡受害者，並給予協助。此案的法庭文件是公開的，而且有一份資安刊物報導此事[98]，但其他媒體完全沒有聞問。因此我們決定擴大使用本策略，向法院提起十四次訴訟，奪取九十個Strontium網域，並說服法院指派一位退休法官做為本案的特別主事官，加速審理訴訟。

◆層出不窮的全球駭客行動

到了二〇一七年初，我們發現駭客侵入法國總統候選人競選團隊的電腦。我們向競選團隊提出警示，也通知法國國家安全機構，好讓他們強化安全措施。我們使用資料分析能力掌握駭客現在的行動與行動的演變，開發人工智慧演算法來預測駭客接下來會使用的網域名稱。然而，這些措施都無法一勞永逸地解決問題，不過是貓捉老鼠罷了，但至少這隻貓擁有利爪。

可惜的是，在美國總統大選期間，這隻老鼠愈變愈聰明，聰明到無人能完全掌握。二〇一六年，俄羅斯透過電子郵件蒐集並洩露竊取的通訊紀錄，並以通訊內容公然羞辱希拉蕊的競選活動及民主黨全國委員會[99]。

二〇一七年，駭客在法國變本加厲，洩露候選人艾曼紐・馬克宏（Emmanuel Macron）競選團隊的電子郵件，還在真實的電子郵件中加入假造的電子郵件[100]。微軟數位犯罪防制單位與科技業其他團隊找到新方法來解決此問題，但不久後便發現，俄羅斯駭客應變的速度和我們一樣快。

我們追蹤Strontium，發現他們在全世界進行駭客活動，遭侵入的受害者遍布全球九十多個國家，其中攻擊活動最密集的國家與地區是中歐、東歐、伊拉克、以色列及南韓。

通常，美國與北大西洋公約組織（North Atlantic Treaty Organization, NATO）同盟國遇到這類情況時都會聯合以大動作因應，但是現在的局勢卻非比尋常。美國錯綜複雜的局勢牽動著二〇一六年總統大選在民眾心裡的正當性，因此兩黨協商的可能性完全消失。在華府與微軟的兩黨政治顧問開會時，我告訴他們，兩黨都讓我們很失望。許多共和黨人不願意與俄羅斯人作對，因為他們認為此舉背後的意涵就是危害共和黨總統；民主黨則似乎較喜歡罵川普，而不是採取有效行動來反制俄羅斯政府。就這樣，二戰後捍衛民主的首要支柱在眼前崩塌。美國大眾團結一心、兩黨合作，支持美國領導北大西洋公約組織盟友面對危機，這樣的景象已不復見，我說自己很灰心，顧問點點頭，並對我說：「歡迎來到華府。」

科技界憑藉自己的力量似乎無法力挽狂瀾。二〇一七年末，我造訪西班牙與葡萄牙時，就有政府官員請求我們做出反制行動，因為兩國愈來愈擔心俄羅斯駭客攻擊。然而，雖然我們感受到壓力，也知道必須做出更多的反制，但是若無法清楚明白、直截了當地討論所見的情況，便很難號召大眾的支持。

◆反制措施提供突破機會

我們遇到最大的挑戰之一，就是如何公開討論這些威脅。科技公司的主管都不想要指名道姓，微軟也是如此。我們是企業，不是政府，雖然之前承受過政府批評，但是仍不習慣指控外國政府不當使用我們的平台與服務。不過我們發現，若是保持沉默，非但無法阻止，更會助長威脅。

針對「俄羅斯問題」，微軟內部苦思對策。我們擔心，如果微軟公開討論俄羅斯政府與駭客攻擊的關聯，俄羅斯政府可能會進行報復，對境內的微軟員工與客戶做出不利舉動。為了讓微軟在俄羅斯的公私部門客戶放心，我們向他們解釋，微軟雖然和俄羅斯政府之間有衝突，但是不會因此背棄俄羅斯的客戶或他們的國家。畢竟，我們控告自己的政府五次，歐巴馬執政時控告過，川普執政時亦然。針對移民問題，我們直接槓上川普政府。即便發生這些情形，微軟仍持續為美國的客戶提供服務與支援。然而，難道全球大眾只要求我們批評美國政府的監控和移民政策，不批評俄羅斯破壞民主社會的行為嗎？

二〇一七年末，我們發現新一波使用微軟服務的電子郵件攻擊。目標是爭取二〇一八年期中選舉連任的現任參議員。我們即時向受攻擊的參議員辦公室提出警示，所幸後來沒有任何帳戶遭到入侵。當事人全都不願意對受阻的攻擊做出評論，因此我們也保持沉默。

二〇一八年七月，博特出席亞斯本安全論壇（Aspen Security Forum）並發表談話，他在座談時提到，微軟察覺到並協助阻止兩起針對尋求連任國會議員的釣魚郵件攻擊。他並未披露國會議員的姓名，而媒體也不怎麼關注。但是科技新聞網站*The Daily Beast*做了調查，並準確找出受攻擊的兩位目標之一是密蘇里州參議員克萊爾·麥卡斯吉爾（Claire McCaskill）[101]。媒體突然大肆報導，不久後就聽說白宮在戰情室進行簡報討論此事。麥卡斯吉爾立刻做出我們希望她一開始就能做出的事：發出強烈聲明。「雖然本起攻擊失敗，但是他們認為自己可以為所欲為，無須承擔後果，我為此感到極為憤怒，我不會屈服[102]。」

我們學到很重要的教訓，原來國會職員也和我們一樣，不習慣公開討論這類攻擊事件。尤其是如果我們先與組織的資訊科技人員接洽，接下來的決策過程可能會一直鬼打牆，拖延長達數個月，到了最後根本沒有人會做出任何聲明。但若是直接把問題丟到組織高層，大家就知道自己要發出什麼聲明了。

雖然公開討論很重要，但是我們知道，身為服務提供者的微軟必須採取更多措施。我們決定推出一套專案來加強保護候選人、競選團隊及相關團體免於網路干預。本專案稱為AccountGuard，該服務免費提供給使用微軟Office 365電子郵件與服務的政治團體和個人。微軟威脅情報中心會主動監控國家級駭客的活動，如果偵測到攻擊，便會向競選團隊提出警示，並提供詳細資訊[103]。

我很喜歡這項專案，但卻明白要解決該問題，不能只靠AccountGuard。若要促使全球民主國家領導人展現魄力，抵抗愈來愈猖獗的選舉干預手段，科技界就必須更公開討論自己所見之事。AccountGuard專案宣布提供突破的機會。我們近期觀察發現，Strontium新建六個網站，攻擊目標顯然是美國政治人物，其中三個網站的目標是美國參議院，以及兩個網站很值得注意，其中一個的目標是國際共和學會（International Republican Institute, IRI），該學會是共和黨重要組織，宗旨是在全世界推動民主價值；另一個網站的目標則似乎是哈德遜研究所（Hudson Institute），該研究所是保守派智庫，極力反對許多俄羅斯的政策與策略。由此可見，Strontium不只攻擊民主黨，而是兩黨都攻擊。

數位犯罪防制單位取得法院命令，將六個網站的控制權轉移到我們的沉洞，並判斷在任何人遭侵入前就採取行動了，現在的問題則是微軟究竟要多公開地討論這起攻擊事件。微軟內部對此必定會有各方爭論，但此刻是鼓勵擴大公開討論的好時機，因為現在發現駭客攻擊的目標不分黨派。

◆防範數位科技被當作駭客武器的風險因應

微軟內部針對該議題激烈爭辯一週。週五早上，我在辦公室裡進行通話，做出決定：我們要聯絡兩家民間機構的領導者與參議員官員，先告知微軟計畫於下週二發表聲明。

兩家機構的領導者立刻表達支持我們的行動，其中一位說道，這波攻擊有點像是「榮譽徽章」，對駭客來說是一個表揚，彰顯這一次行動的重要。我們發表AccountGuard聲明的同時，也公開本起攻擊事件的資訊，明白表示六個網站的建立者是「一個普遍認定與俄羅斯政府有關的團體，名叫Strontium，又稱Fancy Bear或APT28[104]。」這是微軟首次指認俄羅斯是攻擊的源頭。數日內，臉書與Google也跟進指認，並採取行動打擊網站上的假資訊和假帳號。

本次行動雖然並非路途終點，但仍是很重要的里程碑，標示著科技界自二〇一六年以來的長足進展。隨著業界採取新行動，媒體也開始敦促美國政府跟進。我們希望，如此發展能奠定基礎，促成範圍更廣、合作程度更深的行動。我在《美國公共電視網新聞時刻》(*PBS NewsHour*)上提出願景，主張我們必須「擱置爭議，相互合作，攜手採取行動對抗這類威脅，以捍衛我們的民主[105]。」

可想而知，對於科技界公開強硬立場，俄羅斯政府並不開心。二〇一八年十一月，雷德蒙德有一位微軟員工申請俄羅斯簽證，將赴莫斯科出席人工智慧會議。俄羅斯政府要求他長途跋涉兩千英里，到華府的俄羅斯大使館進行「簽證面談」。他走進面談室，俄羅斯領事人員遞給他一個信封，很有禮貌地請他閱讀信封內的兩份文件，並請他把這兩份文件帶回雷德蒙德轉交給微軟高層。簽證面談不到五分鐘便結束，該位員工的簽證申請核准了。

我很快就收到附帶兩份文件的電子郵件。這些文件是俄羅斯官方媒體的英文版新聞報導，內容是關於我在八月發表的聲明。報導指出，俄羅斯政府不同意我的描述，其中一篇報導表示：「俄羅斯政府一再否認干預外國選舉的指控，包含使用駭客攻擊在內[106]。」

俄羅斯給微軟的訊息，反映出許多美國科技公司遇到的難題。一方面，美國政治人物敦促我們採取強硬立場對抗外國駭客攻擊，這當然是合理的；但是另一方面，當我們採取措施時，就要面對來自外國的壓力。

隨著俄羅斯駭客活動的全貌愈來愈明顯，我們發現，能用來當作武器的數位科技不只有電子郵件。風險管理有一個很重要的觀念，就是除了防範發生率高的風險外，也要防範發生率低卻最糟糕的風險。數位科技為民主帶來的各類風險中，最糟的一類莫過於電子投票機遭到駭客入侵，或是開票遭到干擾，影響計票準確性。想像一下，國家舉行重要選舉，候選人得票相近，選後新聞爆發外國政府駭入美國投票系統，造成無法挽回的重大影響。借用富蘭克林的措辭，如果民眾對開票結果的準確性失去信任，我們何以「守住共和」？

世界上已有許多針對國家級駭客活動的調查，評估他們能否操控電子投票機。電子投票機使用的電腦軟體與硬體是二〇〇〇年代初開發的，其系統漏洞在學界也有文獻紀錄。雖然政府正挹注更多資金來解決這個問題，但是我們必須採取更多行動，修補這些老舊電腦系統中顯而易見且發現已久的漏洞。

科技公司必須協助解決這個問題。現在已經出現許多創新方法，例如微軟就進行研究，並於二〇一九年五月發表一套名叫ElectionGuard的加密投票系統，能為每張選票與總體計票提供保護[107]。

ElectionGuard是一套開源軟體，使用現成的硬體，並結合傳統科技和新興科技的精髓。在此系統中，選民透過電子螢幕選取候選人，系統接著把挑選結果列印在紙本選票上，然後選民將紙本選票交予投票所留存，以備選後驗票之用。此外，選民也會拿到一張個人紀錄聯單，上面載有電子追蹤代碼，該代碼使用加密演算法保存該選民的投票決定，選民日後可藉此上網查詢並確認自己的選票受到正確記錄。該解決方案提供可信度高、安全性高的計票機制，正是維護民主制度安全運作的重要系統。

十年前，幾乎無人想過駭入競選團隊或干預投票等網路威脅，但是現在這類風險真實存在，並且受到媒體廣泛報導。如同一九四〇年代民主國家的政府與企業攜手合作打贏世界大戰，今日我們也必須聯手因應新威脅，以守護和平。

現在專制政府開始有計畫地散布假消息，使我們面對更複雜的挑戰。

第六章

社群媒體：假消息如何讓社會分崩離析？

波羅的海國愛沙尼亞首都塔林（Tallinn）中心的一家博物館內，有對年輕男女雙手伸張，眼神對望，並且不停旋轉著，它們站在巨型翹翹板上，翹翹板在小小的支點上緩慢旋轉，旋轉的同時，這對男女努力保持平衡，也互相幫助對方保持平衡。這座奇特的雕像雖然古怪，但是目的在於表達一則非常嚴肅的訊息[108]。這座雕像象徵全世界自由社會現在面臨的脆弱平衡：在社群媒體時代保護民主，防止社群媒體帶來的自由造成人民分裂。

這家博物館訴說著愛沙尼亞這個國家的百年掙扎奮鬥史，從贏得主權、失去主權，到重新贏得主權，這座旋轉雕像便是故事的最終章，同時也象徵今日民主社會面臨的科技挑戰。語音導覽說道：「愛沙尼亞的自由化並非一夕之間就達成，我們直到今日都仍在尋求自由，時時刻刻都在追尋自由。」

華巴姆占領與自由博物館（Vabamu Museum of

Occupations and Freedom）高兩層樓，坐落在塔林的中古世紀城鎮中心，該城鎮中心於十三世紀建成，有城牆保護，城內古色古香的樓房蓋過低矮的小博物館，博物館則以玻璃與鋼材為建築材料，與四周古城形成強烈對比。該博物館象徵著愛沙尼亞的新時代，落地玻璃窗將北方的陽光引入這座當代建築物內部，照亮室內的現代舞台，舞台則講述著愛沙尼亞先後受到俄羅斯、納粹德國及蘇聯占領的歷史，這是一則則錯綜複雜，充滿憂患與哀愁的歷史篇章。然而，除了展示苦難、壓迫與謀殺外，這家博物館還迴盪著全世界人們渴望自由的聲音。最重要的是，這家博物館的展出探討自由與責任之間一直存在的拉扯關係，並由那對旋轉人像完美體現。

◆資訊光譜兩端代表的自由與壓迫對立

我們於二〇一八年秋天造訪愛沙尼亞，當時美國國會正在全力調查推特與臉書上的假消息散布行動。此時全世界已發覺這項新挑戰，並且正在探討各種問題。這些事情是如何發生的？為什麼會發生這樣的事？為什麼我們沒有及早發現？

我們在週六上午造訪華巴姆博物館時，便得到其中一個解答。這家博物館創辦人是一位移民到美國的愛沙尼亞人，名叫奧嘉・基斯勒—里索（Olga Kistler-Ritso）。一九二〇年，俄羅斯帝國才剛剛崩解，里索出生於烏克蘭基輔，並在一連串專制政權底下長大。青少年時期，她與哥哥逃離烏克蘭的動亂與饑荒，向北移民到愛沙尼亞。二戰末期，蘇聯紅軍準備將愛沙尼亞這個小國重新納入版圖，年輕的里索跟著撤退的德軍一起逃離，搭上離開愛沙尼亞的最後一班船。

一九四九年，里索來到美國，最終與丈夫定居在華盛頓州雷德蒙德，距離今日微軟企業總部只要數分鐘的車程。

雖然里索餘生都住在美國，但她仍時時惦記著愛沙尼亞，持續密切關注遭到蘇聯占領的童年家鄉[109]。一九九一年，局勢發生改變，遭到占領五十多年後，愛沙尼亞終於掙脫俄羅斯的控制，成為獨立國家，開始建構自己的未來。

里索想為愛沙尼亞的民主事業做出貢獻，因此捐出畢生積蓄，建立一座博物館，紀念一些她認為世界不該遺忘也不該重蹈覆轍的重要故事。博物館贊助人倫納特·梅里（Lennart Meri）於二〇〇三年博物館開幕時表示，這棟建築不只是一座博物館，「這是一個自由之家，隨時提醒我們自由及其對立面極權間的界線是多麼模糊而敏感[110]。」

每年有超過五萬名來自全世界的遊客造訪華巴姆博物館，聽它訴說愛沙尼亞從占領邁向自由的旅程，以及科技如何化為武器。

在網路的協助下，愛沙尼亞擺脫共產主義的陰影，轉型為生氣勃勃的民主國家，並自稱「數位民主」（e-democracy），日後Skype便在此誕生。然而在二〇〇七年，昔日占領愛沙尼亞的俄羅斯襲擊該國的數位軟肋，暴露出民主制度與生俱來的弱點，顯示網路既能做為自由的基石，亦能讓自由變得脆弱。

那年春天，愛沙尼亞遭受全球史上第一起國家層級的對外網路攻擊。攻擊者使用阻斷服務（Denial of Service, DOS）攻擊對愛沙尼亞進行數位圍攻，癱瘓該國大部分的網路，許多攸關政府服務與經濟活動的網站都遭受攻擊。全世界都懷疑是俄羅斯所為[111]。

「如果聽見狗吠，就代表有狗。」愛沙尼亞前外交部長瑪莉娜・卡尤蘭德（Marina Kaljurand）與我們在塔林共進午餐時，表示：「但我們的情況是什麼呢？是有一隻熊！」卡尤蘭德一定很清楚這一點，攻擊發生時，她正是愛沙尼亞駐俄羅斯大使。

二〇〇七年的攻擊事件，資安界開始關注這個有著一百三十萬人口的國家，北大西洋公約組織因此在塔林附近建設合作網路防禦卓越中心（Cooperative Cyber Defense Center of Excellence）。愛沙尼亞活在俄羅斯威脅的陰影下，因此該國及其領導人必須注重的不只是戰爭與和平，還有自由與壓迫。自由與壓迫正是今日資訊科技的兩個對立端。

里索建立的博物館展現科技與社會之間的衝突，很少有地方能將此衝突表現得如此淋漓盡致。人民若是受到壓迫，就會產生共同渴望，團結一致追求自由，但是一旦自由了，原有的凝聚力便會消逝。鐵幕瓦解後，愛沙尼亞人親身體會到，自由也有自由的挑戰，而且這些挑戰有時會讓人應接不暇。

「在某種層面上，這樣的情況真的很恐怖，因為大家都不知道自己真正想要什麼。」該展覽說道：「如果想做什麼都可以，人們究竟該做什麼？然後大家就朝著各個方向東奔西跑，搞得筋疲力盡。」

◆網路部落造成的實際人際疏離

臉書執行長馬克．祖克柏（Mark Zuckerberg）創立這個線上平台，是為了讓世界變得「更開放、更緊密連結」。一方面，這是對自由的最大肯定。然而，愛沙尼亞經歷過蘇聯情報機構KGB的統治，當時KGB情報人員為了嚇阻未經審核的通訊，規定全國每台打字機都必須登記註冊，留存打字樣本，並接受追蹤，因此愛沙尼亞人切身明白，一旦開放資訊與思想自由流通，將會對社會帶來重大衝擊。

所以有了自由網路後，人民做些什麼呢？根據博物館展覽的觀察，人民首先開始找尋自己的部落——網路部落，在線上找尋志同道合的人，形成線上社群，畢竟人類社會自古便是如此。這些社群內的連結愈來愈緊密，但也愈來愈封閉，只選擇自己喜歡的資訊管道，只和同溫層內的人交流，只從單一觀點分享資訊。如同真實世界，人們輕信他人之惡，對異己更是如此。人們的防衛機制啟動。總之，這是理想與人性之間的衝突。

是哪一群人率先發現這個現象，並且加以轉換成商機？正是愛沙尼亞的鄰國。這些國家也與俄羅斯接壤，人民就如同愛沙尼亞人一樣，曾歷經壓迫，也歷經自由，因此能比其他人更快意識到這樣的趨勢。又是哪一群人最後才警醒？就是居住在美國西岸、滿懷理想主義、終其一生都活在自由社會的美國人。

不過如果要真正了解這個現象，就必須回想科技還造成另一個現象，讓我們更容易分裂成各個網路部落：科技使我們一起孤獨。

我們與不在身邊的人進行數位對話，並且愈來愈深陷其中。有時候，我們交談的對象在地球另一端。數位科技讓世界變小，使人際溝通更容易，但是同時也在我們與身邊的人之間設下震耳欲聾的寧靜。這並不是新興現象，過去一百多年來，這種現象屢見不鮮：科技若是把遠方的人拉近，就必定會讓近在身邊的人疏遠。

現代科技中，改變我們生活最大的，莫過於汽車，而受到汽車影響最大的，莫過於美國鄉村。二十世紀初以前，鄉村人口通常使用馬車做為移動工具，無論是購物、工作、上教堂、上學、社交，全都在方圓二十英里內進行。城鎮中心即是市集，各年齡層的孩子就讀同一所單班或雙班學校，並且整個社區由一個村落小教會牧養。

汽車來到村莊後，一切都改變了。一九一一年至一九二〇年間，農場上的汽車從八萬五千輛爆增到一百萬輛[112]。汽車與現代道路開啟新的未來，使遠方的機會觸手可及，縮減城鄉落差。有位史學家寫道，汽車打破了「鄉村居民長久以來的地理與文化孤立，徹底改變鄉村生活[113]」。

然而，汽車帶來的移動力是有代價的[114]。人在外愈久，與家人、鄰居相處的時間就愈少，汽車永久抹去小鎮原有的緊密連結。

一九六〇年代開始，室內電話也對家庭產生類似的影響。青少年開始獨自在臥房裡和朋友通話，後來則變成使用電腦與朋友聊天。家人雖然同住一個屋簷下，卻獨自過著自己的生活。

四十年後，智慧型手機讓孩童重回父母身邊，但是人在不代表心在，許多家庭都曾爭論是否要請大家放下手機，尤其是在共進晚餐時。一次又一次，科技讓世界變小，但同時也使我們與身邊及同一屋簷下的人疏遠[115]。

◆假資訊對民主社會形成的潛在傷害

這樣的現象也對民主產生新挑戰。現代人花很多時間上網，有時和完全不認識的人交流，因此很容易受到假資訊影響。這些假資訊會迎合人們的喜好、渴望，有時甚至是偏見，並對真實世界造成影響。

過去幾十年來，世界上實行共和制的國家有一項優勢，就是能進行開放溝通與公眾討論，並藉此達成廣泛，甚至跨黨派的共識、凝聚對外交政策的支持，並鞏固對民主自由的信念。這絕非易事，但小羅斯福就證明了，新興通訊科技如當時的廣播收音機，能用來凝聚民眾支持，藉此推動艱難的政策措施，像是美國正式加入二戰前對英國提供支援的政策。此後數十年，美國持續使用廣播與傳真等各種工具在中歐和東歐的封閉國家散布資訊，滋養民主。

但現在局面扭轉了，自由開放社會的這項優勢反而遭到利用，或許駭入電子郵件不過是俄羅斯新型武器的一角。電視新聞與社群媒體使西方民主國家形成愈來愈多互相隔絕的資訊同溫層，美國尤其如此。會不會有人透過臉書與推特散布或真或假的資訊，藉此挑起對立，並打擊對抗俄羅斯利益的候選人？會不會有科技專家和社會科學家與俄方合作，聯手利用網路平台，以矽谷級的創新和速度來操弄美國的政治與社會論述？萬一美國無人注意到這些手段，會有什麼後果？

二〇一八年末，來自牛津大學（Oxford University）與美國分析公司Graphika的團隊，針對美國國會參議院情報特別委員會（Senate Intelligence Committee）從臉書、Instagram、推特、YouTube調取的資料進行分析。該團隊首次詳細記錄，俄羅斯網路研究機構（Internet Research Agency, IRA）「對美國發動長期攻擊，透過運算宣傳來散布假資訊，藉此分化美國民眾[116]。」造謠活動通常在美國重要政治活動前後達到高峰，該策略正好利用社群媒體互動性高、傳播速度快的本質。該團隊調查發現，二〇一五年至二〇一七年間，有超過三千萬名使用者「與家人、朋友分享網路研究機構的臉書和Instagram貼文，並且對這些貼文按讚，表達心情及留言[117]。」

美國人發明的科技遭到俄羅斯人操弄，並藉此干預美國政治。網路上外國勢力的操弄，甚至外溢到真實世界中，如二〇一六年網路研究機構成功在休士頓策劃兩場同步的遊行：一場是示威遊行；另一場則是反示威遊行[118]。正反雙方互相叫囂，殊不知自己都是受到俄羅斯聖彼得堡的人暗中動員的。

二〇一七年末，情況愈來愈明顯。然而，針對俄羅斯在臉書上散布假消息的報告剛剛出現時，科技界大多數人都抱持懷疑態度，包含祖克柏在內，他們不認為這類活動普遍，也不認為會產生重大影響[119]。但是到了二〇一七年秋天，臉書開始受到來自全球政府官員的壓力。現在臉書這個社群媒體巨頭受到的政府檢視比其他科技公司還多，上一次有公司受到這麼多的政府檢視，是近二十年前微軟的反壟斷官司。我在微軟親身經歷那些年，明白政府為何要對臉書提出更多重要的要求，同時也知道臉書面臨的艱難困境。臉書推出服務的初衷，不是要為外國政府提供平台來破壞民主，臉書內部、整個科技界，乃至於整個美國政府，都沒有人意料到會發生如此現象，直到俄羅斯利用臉書攻擊創造出臉書的國家為止。

◆社群媒體真正需要承擔的責任與規範

二〇一八年二月，我出席慕尼黑安全會議（Munich Security Conference），非常訝異全世界竟對臉書如此關注。該會議於一九六三年創立，現任主席是沃夫岡．伊申格（Wolfgang Ischinger）。會議每年召開，全世界的國防部長、軍方高層及政府高層都會出席討論國際安全政策。二〇一八年會議的出席名單上，列有一些我認識的資訊科技產業人士。

巴伐利亞霍夫飯店（Bayerischer Hof Hotel）大廳人山人海，我穿過重重高級軍官，實在覺得自己格格不入。擠進電梯後，我站在Google董事長施密特及其團隊身旁，頓時覺得像是回到家，在此地遇見矽谷人士，感覺真的很奇怪。

「你參加過這場會議嗎？」施密特問道。

「其實我以前從未想過有一天自己會需要參加這場會議。」我回答道。

但是時代改變了，二〇一八年我們都必須前往慕尼黑參加這場會議。

那週大部分的討論都著重在資訊科技武器化的議題。有次執行長共進午餐時，有人詢問國際貨幣基金（International Monetary Fund, IMF）總裁克莉絲汀・拉加德（Christine Lagarde）為何會出席國防會議。拉加德解釋，她想了解資訊科技如何被人用來傷害民主程序，藉此評估有心人會如何使用資訊科技攻擊金融市場。這番討論發人深省，但是拉加德很有遠見，讓我感到放心。

這一次會議的討論很嚴肅也很深入，但我還是忍不住為臉書資安長艾力克・史達摩（Alex Stamos）感到些許同情，他在整場會議中只有挨打的份。有一次會議進行座談，我和他都是與談人，結果有位新科荷蘭國會議員不斷詢問他各種尖銳的問題。那天晚上，我們與大西洋理事會（Atlantic Council）共進晚餐時，政府官員和其他憤慨的與會人員不斷挑戰他，詢問臉書為何「允許這樣的事情發生」。

儘管這些擔憂都是合理的，但這番談話卻讓我愈聽愈憤怒。大家都在指責臉書，卻無人指責真正的元凶，就如同一直責罵忘記鎖門的人，卻忽視闖入的竊賊。

對臉書、美國、全世界的民主國家及整個科技界來說，更重要的問題是究竟該採取哪些行動。

有些政府官員的因應方法就是指責臉書和其他社群媒體公司，並要求這些公司解決問題。的確，發明這些科技的公司必須負責，但是光要求科技公司做出因應卻無法解決問題。如果要解決問題，科技公司與政府都必須採取行動。

二〇一八年夏天，祖克柏出席國會聽證會作證，此時科技界已改變觀點，體認到這個問題非常嚴重，且需要更有效的因應措施。「我的立場不是反對規範。」祖克柏說道：「現在網路在人們的生活中愈來愈重要，我覺得真正的問題是『要有什麼樣的規範』，而不是『要不要有規範[120]』。」

祖克柏的發言反映出一個事實：我們察覺問題所在，並承認社群媒體需要規範，不代表我們知道社群媒體需要什麼樣的規範。

社群媒體究竟需要什麼樣的規範？帶領我們找到解答的人是維吉尼亞州參議員馬克·華納（Mark Warner）。華納以前是通訊業主管，二〇〇九年起擔任參議員。二〇一八年夏天，他公布一份白皮書，內含一系列提案，部分宗旨就是要透過制定新法規來對抗假消息[121]。他也承認這些議題涉及技術與隱私的議題，並呼籲各方展開交流和討論。

華納在白皮書中寫道，美國《通訊端正法案》（*Communications Decency Act*）規定，網路社群媒體享有豁免權。一九九六年，國會為了扶植網際網路成長，立法規定提供「互動式電腦服務」的媒體得以免負許多傳統出版事業應負之法律責任。例如，傳統出版事業必須為媒介中出現的非法內容負法律責任，但是根據各州與聯邦法規，社群媒體在美國無須為網站上出現的非法內容承擔法律責任[122]。

◆慘遭恐怖分子和國家級駭客利用的社群媒體平台

然而，今日的網際網路已不再是幼苗，其影響力擴及全球。國家、恐怖分子及罪犯利用社群媒體網站行不軌之事，因此愈來愈多政治領袖加入傳統媒體的行列，一同質疑社群媒體網站享有豁免權是否合理。此外，華納指出，現在網路上出現稱為「深偽」（Deepfake）的新技術，這是一種「能生成偽造影音檔案，捏造某人說出某些話或做出某些行為的先進影音合成工具」，這類技術在未來會愈來愈普及，因此我們更必須要求社群媒體負起新的法律責任，規範自己網站上出現的內容[123]。

全世界見證愈來愈多恐怖行為透過社群媒體擴大效應，政治壓力因此增加。或許十年後，我們回頭看，會發現二〇一九年三月是一個轉折點。三月十五日，紐西蘭基督城發生恐怖分子屠殺兩座清真寺內五十一名無辜穆斯林的慘案，凱文・魯塞（Kevin Roose）在《紐約時報》上寫道，從某些方面看來，這起慘案「感覺史無前例，這是一起網路原生的大規模槍擊事件，其構想與製造完全源於現代極端主義充滿諷刺的論述中[124]。」魯塞描述道：「該攻擊行動在推特上預告，在線上討論版 8chan 上宣告，並透過臉書直播。事後該影片在 YouTube、推特、Reddit 上不斷重播，這些平台急忙刪除影片，但是刪除後又有人重新上傳[125]。」

兩週後，我們造訪紐西蘭首都威靈頓，這趟旅程已經計畫好幾個月了。面對攻擊事件，紐西蘭總理賈辛達．阿爾登（Jacinda Ardern）以傑出的判斷力及得體的態度處理本次危機與衝擊。她的演講中反映世界對社群媒體的觀點有了顯著轉變。「我們不能繼續袖手旁觀，放任這些平台，默許平台不對平台上的內容負責。」她在演講中說道[126]，接著更是把焦點放在社群媒體網站：「它們是出版事業，不是郵差，不可以只顧賺錢，不負責任[127]。」

在紐西蘭拜會阿爾登及其內閣團隊時，我無法反駁她的這番論點。本起案件顯示科技公司必須採取更多行動，微軟的 Bing、Xbox Live、GitHub 與領英（LinkedIn）等各項服務也是如此。另外，從更廣泛的層面來說，現行法規體制是近四分之一世紀以前制定的，這樣的體制現在突然看來，並不足以應付來自敵對國家與恐怖分子對大眾的威脅。

恐怖分子和國家級駭客都會利用社群媒體平台來達成目的，兩者之間有明顯區別，但是也有相似之處。第一，兩者都企圖破壞社會穩定；第二，我們現在發現，如果在政治上對這兩種行為採取因應措施，可能只會產生強化兩者的行為，迫使政府只能轉而制定新法規範社群網站。

◆廣播曾引發的爭議歷史

政府規範社群媒體看似史無前例，但其實美國以前就曾發生這樣的事。我們現在看到的情況，與一九四〇年代政府規範廣播節目內容的措施多有雷同。

一九二〇年十一月，西屋電氣（Westinghouse）播放美國史上第一個無線電廣播節目，內容是總統候選人威廉・哈定（William Harding）在大選中擊敗伍德羅・威爾遜（Woodrow Wilson）的新聞報導[128]。廣播首次進入民眾家中時，大家都覺得這是一個現代奇蹟。廣播連結世界，提供共同體驗、現場活動直播與新聞快報。廣播在一九三〇年代快速普及，到了一九四〇年以前，全美八三％的家庭都在客廳裝有廣播收音機[129]。這是廣播的黃金年代，廣播科技的影響力廣大，形塑美國文化、美國政治及美國人的家庭生活[130]。

一九三〇年代後期，廣播在快速普及的同時，愈來愈多人開始擔憂廣播對社會造成的負面衝擊。新聞媒體*Slate*在二〇一〇年有篇文章寫道：「廣播普及時，人類已接受閱讀與上學是恰當且健康的行為，這時候則輪到廣播節目受到指責了，有人說廣播節目讓孩童無法專注閱讀，並且影響課業表現。一九三六年，音樂雜誌*The Gramophone*寫道，孩童『習慣把注意力分散在枯燥無味的課業與精彩刺激的收音機之間』，並說明廣播節目會如何干擾孩童浮躁心智的平衡[131]。」

根據學者文森・皮卡（Vincent Pickard）指出，二戰結束後，美國掀起「反廣播浪潮[132]」。皮卡寫道，廣播市場一開始的商業模式是播送免費節目，並藉此吸引消費者購買收音機，但是到了一九四〇年代，大部分的美國家庭都已經擁有收音機，因此廣播的商業模式轉向廣告，而在有些批評者眼裡（更準確來說應是耳裡），這樣的商業模式導致廣播節目充斥肥皂劇與無意義，甚至粗俗的內容。皮卡觀察發現，「對於廣播的批評從各方湧現，有人發起草根社會運動、有新聞報紙與社論期刊發表評論，也有許多普通聽眾寫了數百封信件給編輯、廣播電台及聯邦通訊委員會（Federal Communications Commission, FCC）表達對廣播的批評[133]。」

民眾對廣播的不耐達到高峰，因此聯邦通訊委員會於一九四六年公布一份報告，報告封面為藍色，因此得名藍皮書（Blue Book）。該報告提出，「符合實質公共利益標準者，才能持有廣播執照[134]」。商業廣播電台針對此份報告表達強烈反對，並成功阻擋報告中的提案，但是本事件仍改變廣播的歷史，促使主要廣播電台網絡開始贊助紀實性廣播節目，並提升符合公共利益節目的品質[135]。

有些人可能認為，反廣播浪潮的這段歷史告訴我們，現在大家對社群媒體的質疑與要求或許只是暫時的政治現象，並不會促成長久的法規變革。雖然預測未來不可能完全準確，但是我們有理由相信，未來的發展會與上述看法恰恰相反，社群媒體面臨的議題將會造成更重大衝擊。其中一個理由是，今日社群媒體面臨的是國家級假資訊散布行動，以及恐怖分子宣傳活動，這些情況遠比一九四〇年代廣播電台播放爛節目來得嚴重。第二個理由則是，今日的法規提案是全球性議題。雖然美國由於《憲法第一修正案》和其他因素的關係，傳統上不太願意針對內容進行規範，但是其他國家並不一定像美國一樣，那麼保護言論自由。

◆針對社群媒體制定的新法規提案

如果還有人懷疑第二個理由，可以看看澳洲在紐西蘭基督城攻擊事件後制定的法律。事件後不到一個月，澳洲政府就通過新法，規定社群媒體與類似網站必須「迅速地」刪除「令人憎惡的暴力資料」，否則將面臨刑事責任，科技公司高層最高可處三年有期徒刑，而科技公司最高可處該公司年度營業額一成的罰金[136]。儘管許多科技界人士都很擔心該法規的刑事責任重大，而且法律標準並不明確，但是這個發展反映出全世界政治領袖的不滿正在高漲，表明政治界有許多人都希望能撤銷線上服務的法律豁免權，並制定新的法規加以規範[137]。

然而，體認到必須制定新法規，不代表明確知道要有什麼樣的法規。社群媒體網站似乎不太可能像傳統平面出版商、廣播電台或電視媒體那樣，實行出版前編輯評審制度。想像一下，如果臉書上的每張照片或領英上每項條目都必須經過編輯人工審查才能公開，將會打破原有模式，讓全球數億甚至是數十億人難以上傳內容，並與親朋好友、同事分享。

這個問題不宜使用大剁刀解決，而是必須使用精準的手術刀。這是一項艱難的挑戰，尤其現在政治壓力高漲的情況下。二〇一八年，華納呼籲政府與社群媒體平台展開對話，部分原因就是希望能避免倉促立法，但是他的呼籲並未受到主要企業的重視。華納很擔心社群媒體平台會遭到俄羅斯利用，因此提出一套更加量身訂作的方案，其中一項是規定社群媒體平台必須阻止使用者重複上傳非法內容，這項要求實質加重社群媒體平台的法律責任，迫使平台必須在問題證實後採取行動[138]，本提案由澳洲採納並實施。另一方面，英國政府在澳洲政府採取行動兩週後，則提出一套較總體的方案，建議制定一套新的「法定注意義務，使公司負起更大的責任來保護使用者」，並由一個獨立監管機關實施監督[139]。此外，華納也提出另一條法規，要求社群媒體平台查出帳號或貼文的來源、辨識假帳號，而且遇到機器人散布資訊時，就必須告知使用者。

這些提案顯示，未來可能會出現一套互補的法規制度，結合具體措施與總體措施，制度中有部分是針對特定種類不當內容進行規範，也有部分是要求平台提供內容來源給使用者。要求提供內容來源這套措施有一項很重要的特色：該措施打擊假資訊的策略不是透過評估內容本身的真假，而是提供貼文帳號的準確身分資訊給社群媒體使用者。這是一套很符合常理的措施，現代政治廣告就這麼採用。正確標明資訊提供者的身分，並讓民眾以此為根據自行判斷資訊的真假。此外，現在是二十一世紀，所以平台也要標明發表內容的究竟是人類或機器人。

有趣的是，民間已經出現使用同樣方法的計畫，發起者是美國新聞媒體界的兩位重要人士，一位是保守派，另一位則是自由派。高登．柯維茲（Gordon Crovitz）是前《華爾街日報》發行人，而史蒂芬．布瑞爾（Steven Brill）則是前新聞記者、《美國律師》（*The American Lawyer*）雜誌及法庭電視台（Court TV）創辦人。柯維茲與布瑞爾共同創辦NewsGuard服務，該服務仰賴新聞記者為媒體建立所謂的「營養標籤」。

NewsGuard是一個免費的網路瀏覽器外掛程式，會在臉書、推特、Google、Bing等服務的搜尋結果或社群媒體動態消息連結旁，標註綠色或紅色標籤，顯示該網站「致力傳達準確訊息，還是背後有隱藏意圖，或是刻意散布假資訊與宣傳[140]。」除了對新聞報導與資訊網站給予評價外，NewsGuard也會給予網站不同的標籤：藍色標籤指的是該網站內容為使用者生成；橘色標籤則是用來標記假裝自己是真實新聞的搞笑網站或諷刺網站；灰色標籤則是未經評價的網站[141]。

NewsGuard現在正值推動初期，難免遇到一些挑戰，尤其是該團隊已將服務推廣到美國以外的地區，試著制定全世界通用的評價標準。不過柯維茲與布瑞爾的腳步比政府還快，在華納的提案開始舉行國會聽證會前，NewsGuard服務就已經發表並開始運作，而且該團隊還不斷改良與精進。此外，因為NewsGuard是民間計畫，不是政府計畫，所以可快速擴展到其他國家。然而，NewsGuard仰賴民間資金，依賴科技公司提供瀏覽器外掛程式支援，而且到頭來還是要看使用者願不願意主動使用這項服務。

◆數位科技對民主社會帶來的挑戰

從此案例中，可以學到兩件事：第一，政府與民間的計畫應一起推動且互補；第二，雖然這是新科技帶來的挑戰，但是我們仍能借鏡歷史。

這很有意思，其實外國勢力干擾民主的情形，自美國立國之初就有了。民主共和政府的本質就是易受國內外勢力侵擾，很容易遭到信心打擊或輿論操弄手段的影響。首次發現這個現象的人是早期法國駐美外交官艾德蒙・查理斯・熱內（Edmond Charles Genêt）。熱內於一七九三年四月初抵達美國，當時英法之間爆發戰爭，戰事不斷擴大。數週後，總統喬治・華盛頓（George Washington）正式宣布美國保持中立。熱內奉命遊說美國支持法國，嘗試說服美國加速償還積欠法國的債務，並以美國港口為基地使用武裝私掠船攻擊英國商船。若有必要，他也規劃好要如何煽動顛覆美國才建立不久的政府。

熱內抵達美國，引發華盛頓內閣中的緊張關係，因為湯瑪斯・傑佛遜（Thomas Jefferson）支持法國，而亞歷山大・漢米爾頓（Alexander Hamilton）則支持英國。熱內打算運用手段直接吸引美國民眾的支持，根據一位史學家描述，熱內此舉不只促成美國兩黨政治體系，更在美國引發軒然大波，「政治對話激烈萬分，街頭鬥毆時有所聞，長年老友反目成仇[142]」。一七九三年，華盛頓與內閣成員放下爭論，團結要求法國政府召喚熱內返國[143]。

該事件對我們這個時代有所啟示：如果想要反制外國勢力干預民主程序，唯有透過民主共和國家內部各方利害關係人擱置爭議並團結因應。現在或許很難想像，但是當時傑佛遜與漢米爾頓之間的分歧，以及兩派支持者之間的分歧，與今日共和黨與民主黨之間的分歧相比是有過之而無不及。看過百老匯音樂劇《漢米爾頓》（*Hamilton*）的人都知道，至少今日美國的政治人物不會再以槍械決鬥解決彼此之間的紛爭。現實就是激烈分歧和互相攻訐是民主國家與生俱來的風險，以及亙古不變的挑戰。

因為有著這樣的弱點，再加上法國持續插手干預美國政治，華盛頓總統於一七九六年發表告別演說時，特別向美國人提出忠告，警示外國勢力帶來的風險。「一個自由民族應當經常警覺，提防外國勢力的陰謀詭計，因為歷史和經驗證明，外國勢力乃是共和政府最致命的敵人之一[144]。」有時史學家在評估世界上國際干預的利弊時，會考量華盛頓這次演說的意涵。但是我們應當銘記，華盛頓這番話針對的，更是美國當下面臨的衝突與外國勢力對美國政治的干預，他主要想解決這些行為產生的風險。

當然，華盛頓提出這番忠告已是幾個世紀前的事了，數個世紀以來，世界歷經重大變遷。在華盛頓的年代，如果想要操弄輿論，必定會透過報紙、小冊子及書本。後來出現電報、廣播、電視、網路。今日一位坐在聖彼得堡某辦公室隔間的人，即可在數分鐘內對全世界任何地方的政治發展做出因應，散布針對性的假消息。

美國政府也使用資訊科技散布訊息給其他國家的民眾，說服他們支持特定理念，其中有些是祕密行動：中央情報局（Central Intelligence Agency, CIA）於一九五〇年代在歐洲與拉丁美洲採取的某些行動，如果放到今日，必定會受到許多美國人反對；但有些計畫則是眾所周知的，冷戰時期的自由歐洲電台（Radio Free Europe）與今日的美國之音（Voice of America）皆如此類。

美國一直都在用科技散布資訊，藉此散播民主的種子、推動民主的理念，並對此習以為常，但是現在科技卻被用來散布假資訊以干擾民主。從其中一個層面看來，我們可以將這些行為依照基本人權原則分門別類；然而，從另一個層面看來，今日的現實政治已歷經重大改變。直到最近，通訊科技似乎對民主有利，並且讓專制政府防不勝防，但是我們應當思索，網路是否產生不對稱的科技風險，造成富蘭克林當年提醒我們要保護的民主政府居於弱勢，而專制政府反而較能快速因應？

答案應該是肯定的，數位科技已創造一個不同的世界，而這個世界不一定比之前來得好。究竟要如何因應，我們尚未完全明白。但是正如華盛頓的年代一樣，民主共和國家的各方利害關係人必須團結一致，在政治上聯合各黨派、在產業上聯合各科技公司，以及在國際上聯合各國政府，才能克服這項挑戰。

第七章
數位外交：國家之間的科技疆界

二〇一八年二月，賈斯伯・柯律（Casper Klynge）造訪微軟雷德蒙德園區，他看起來就像科技創業家。此外，他西裝筆挺，富有加州氣質，還留著短鬚，也像是演員或音樂家。我和他握手時，差點忘記他的真實身分。

柯律不是一般的大使，肩負的職責也非比尋常，他是丹麥第一位科技大使，專門負責代表丹麥政府與世界各國的科技公司溝通。他的「大使館」有二十位員工，遍布三大洲，在美國、中國、丹麥都有據點。

去年春天，我在哥本哈根會見一群歐洲大使，當時柯律的新工作是要贏得人心。丹麥外交部長安諾斯・塞繆爾森（Anders Samuelsen）表示，科技大使這個職位是「舉世首創」且不可或缺的，因為科技公司對丹麥的影響力不亞於國家，「這些企業已成為一種新型態的國家，我們必須因應這方面的發展[145]。」

丹麥是第一個指派正式大使專門與科技公司聯絡

的國家，但是其實英國也有類似先例。二〇一四年，英國首相大衛．卡麥隆（David Cameron）在內閣辦公廳裡設置一個特殊外交職位，該職位一開始負責處理科技公司執法單位間的事務，後來演變為「負責與美國科技公司聯絡的特使」，第一位出任該職位的人是前英國駐美大使奈吉．申瓦德（Nigel Sheinwald）爵士。

之後，澳洲與法國等國的政府都跟進，設立類似的職位，這些改革顯示世界已變得不一樣。

◆日益擴大的網路攻擊議題與反制方法

自鍍金年代[146]商業帝國興起以來，大型企業便對經濟與社會產生舉足輕重的影響。各項產業中，對美國社會和法律產生最深遠影響的，莫過於十九世紀後期的鐵路產業。十九世紀末至二十世紀初發行的《普爾美國鐵路總覽手冊》（*Poor's Manual of the Railroads of the United States*）中，有一段話寫得很好，適切地描述鐵路對美國的影響，「沒有任何產業能像鐵路一樣具有如此魅力、賦予如此權力，並且給予如此希望[147]。」

鐵路是美國史上第一個出現大型企業的產業，鐵路公司以數千里的軌道連接各州，促使政府制定一連串規範商業、專利、財產及勞力的新法規。詹姆士．伊萊（James Ely）的著作《鐵路與美國法律》（*Railroads and American Law*）看起來不像是軟體公司主管會讀的書，但是我定期會參考本書，從中思考科技如何改變世界[148]。

有些人認為，從前的鐵路就和現在的網路一樣，但是其實今日的數位科技與鐵路之間有重大差異。與鐵路相較，今日的科技產品和科技公司更加全球化，而且今日的資訊與通訊科技無所不在，使得科技界成為外交政策的中心。

二〇一六年，「若無網路安全，便無國家安全[149]」這個口號在微軟內部傳開，而且漸漸擴散到外部。體認到這點的不只微軟。德國西門子（Siemens）做出一則言簡意賅的預言：「在未來，網路安全是最重要的安全議題[150]。」無疑，若科技安全是國家安全的基礎，科技公司更成為國際外交的焦點。

因此，科技公司應當公開說明清楚針對這些議題採取的措施。我們在改良網路安全措施的過程中，發現有三個策略必須採取並公開討論。第一個是最明顯的強化防禦技術，這項策略自然是由科技公司起頭，但在客戶部署這些新服務後，客戶與科技公司必須共同負起責任。為了開發新的安全功能，微軟每年花費超過十億美元，並且僱用三千五百多名資安專家與資安工程師。隨著這項計畫持續進行，我們會不斷推出新的安全功能，且發布間隔會愈來愈短，科技界都非常重視這項策略。

第二項策略是所謂的營運安全（operational security）。微軟比一些其他科技公司更注重這項策略。微軟的威脅情報團隊負責偵查新威脅；網路防禦營運中心（Cyber Defense Operations Center）負責把威脅資訊分享給客戶；數位犯罪防制單位負責干擾網路攻擊，並採取反制行動。

第三個策略使我們涉入傳統上只有政府在處理的領域，因而引發一些複雜的問題。企業該如何因應特定攻擊呢？當然，攻擊發生後，我們必須協助客戶善後復原，但是要如何才能在攻擊發生前就嚇阻攻擊呢？我們可以還擊嗎？

二〇一六年，科技界高層在白宮開會，有人詢問上述這些問題。大家的反應各有不同。有位出席會議的主管認為，科技公司應有權予以還擊，但是我擔心科技公司採取私刑正義會發生錯誤並造成混亂。因此，我很欣慰通常都要求數位犯罪防制單位訴諸法律來解決問題，尤其是涉及執法單位的案件。這樣的原則遵循法規制度，讓政府單位做該做的事，並讓科技公司受到政府的制約與法治的約束，我認為必須依循這項原則。

隨著民族主義興起，美國也受到這股浪潮影響，因此跨國企業也應該制定理念基礎，並以此為基礎在全球營運。我們向同業表示，科技公司要做「中立的數位瑞士」，致力保護全球客戶，承諾完全採取守勢且絕不採取攻勢。所有政府，包含民族主義情緒較濃厚的政府，都應該能信任科技。如果科技公司誓言不分國籍，保護所有客戶，並且拒絕協助任何政府攻擊無辜平民，這樣的措施對政府也會有好處。

但是即便結合這兩項策略，似乎仍不足以因應日益擴大的攻擊。網路安全工具需要第三根梁柱支撐：強化國際法規，並協調外交行動，藉此促使國際社會對政府施壓，要求政府停止無差別網路攻擊。現在國際究責機制尚未深化，我因而擔心政府要否認自己做壞事太容易了。

◆《數位日內瓦公約》的倡議

二〇一七年一月，湊巧在丹麥宣布設立科技大使一職的前一週，微軟內部正在討論要如何推動科技界，並團結國際社會，以因應網路安全議題。這讓我想到，一九四九年，紅十字國際委員會（International Committee of the Red Cross, ICRC）召集世界各國政府制定《日內瓦第四公約》（Fourth Geneva Convention），提升戰爭時期對平民的保護。「這不是很諷刺嗎？現在是承平時期，但平民卻遭受網路攻擊！」

微軟公共事務主管卡爾馬上回答：「或許現在我們應當制定《數位日內瓦公約》。」

此言善哉。如同一九四九年各國政府立約在戰爭時期保護平民，或許《數位日內瓦公約》能夠表達民眾的訴求，敦促政府在承平時期也要保護平民的網路安全。現在政府、外交官與科技專家已在推動建立所謂的國際網路安全規範，而《數位日內瓦公約》即可利用這個基礎更進一步發展。或許憑藉好的案例與品牌，能更有效地說服一般民眾，並獲得大眾的支持，畢竟唯有如此，這些想法才能真正落實。

我們呼籲持續強化國際法規，以遏止在承平時期發生針對平民、民間組織或重要基礎建設的攻擊；也呼籲擴大禁止使用網路攻擊來竊取智慧財產權。同樣地，我們呼籲用更強力的法規，要求政府協助私部門偵查與因應網路攻擊，並在攻擊發生後協助私部門善後復原。最後，呼籲建立一個獨立組織，負責調查國家級網路攻擊，並公開能證明特定國家發動攻擊的證據[151]。

二〇一七年，我們參加在舊金山舉辦的年度RSA資訊安全會議，並在會中分享上述想法。有些記者注意到我們的主張，並開始強烈關注《數位日內瓦公約》的呼籲[152]。媒體向來是很好的風向球，讓我們知道新想法接受度如何，但更大的考驗是各國政府的接受度，而測試大家是否在聽的好方法，就是觀察有無出現反對聲浪。畢竟世界上的議題這麼多，媒體這麼零碎，許多想法就如同野林中的大樹倒下一樣，沒有人聽到。在上位者非常忙碌，根本無暇聽取別人說的話，一天下來，只有少數議題得到關注。

我們通過測試了，聯邦政府中對《數位日內瓦公約》倡議最反感的一群人，是那些當初領導美國開發網路攻擊能力的官員。他們主張，如果訂定規範限制使用網路攻擊能力，便會阻礙像是美國這樣的政府。我們指出，美國政府已表明反對在承平時期針對平民使用網路攻擊，這就是我們要限制的地方。況且綜觀武器科技的歷史，即便美國現在擁有領導地位，不久後其他國家也會追上。

這些官員又表示，如果我們制定規範，美國會遵守，但是美國的敵人不會遵守。然而我們相信，國際法規仍能對各國施壓，因為法規能建立道德與思想基礎，讓各國深入合作，聯手因應網路攻擊。畢竟要先有法規，才較容易約束行為。

一如往常，我們從大家的討論中學到很多事。有些人指出，其實現在已經有國際規範存在，如果推動新規範，可能會讓大家覺得現行法規並不重要。這個論點有其道理，我們從一開始就表明，視《數位日內瓦公約》為長期目標，是未來願景的一部分，而這個願景或許要花費近十年才能實現，我們並不想破壞現行法規。針對這項議題，我們與各國政府和學界進行詳細討論，確認現行的網路法規，並坦承應加強落實現行法規，找出需要填補的漏洞[153]。

此外，還有人認為，跨國企業不會保護全球的平民，而是會幫助母國政府攻擊其他國家。我造訪華府時，有位川普政府官員問我：「微軟是美國企業，難道你們不會同意協助美國政府監控其他國家的人嗎？」

我回答，川普酒店（Trump Hotels）最近在中東及華府的賓夕法尼亞大道上開設新分店。「這些飯店會監控外國房客嗎？這樣似乎對這個家族企業不太好吧？」他點頭。

◆數位武器、網路漏洞對國家形成的威脅

至少我們成功引起新討論。二〇一七年，納德拉和我在白宮出席科技高峰會時，我參加一場分組會議，討論主題是網路安全。會前有位白宮幕僚轉告我：「請不要提及《數位日內瓦公約》，我們希望這一次的討論能專注在對美國政府最好的安全做法，而不是其他議題。」

走進富麗堂皇的會議室，等待會議開始時，我向對方保證知道他的意思。然而，討論開始後，有位根本不曾和我說過話的公司執行長突然向前傾身，並說：「聽著，我們真正需要的是《數位日

內瓦公約》。」

那位白宮幕僚與我對望，我也只能聳聳肩。

隨著我們與愈來愈多人討論《數位日內瓦公約》的想法，發現有許多人提出的議題都與各種形式的軍備控管有關。其實政府之間討論軍備管制法規已有長遠歷史，我們應引以為鑑。

冷戰最後十年間，軍備控管是地緣政治的核心，因為美國與蘇聯兩大世界強權正針對核子武器管制條約進行協商[154]。政策圈裡，軍備管制是大家再熟悉不過的議題。民眾心靈深處無不擔憂核子武器會造成人為末日，因此這類議題也大幅進入一九八〇年代初的流行文化中。

一九八三年六月四日，雷根總統搭乘直昇機前往馬里蘭州鄉下的大衛營（Camp David），手中帶著一疊機密軍備管制文件，心裡想著核武威脅議題。那夜，阿帕拉契山颳起暴風雨，雷根與妻子南西在屋內觀賞電影。雷根總統以前是電影明星，他在兩任總統任期內一共觀賞三百六十三部電影[155]。那晚，他與妻子看了一部前天才上映的電影，名叫《戰爭遊戲》（*WarGames*）[156]。本次觀影是該電影的編劇安排的。

這部驚悚片講述一名青少年駭客的故事。一開始，這名駭客只是侵入學校電腦竄改自己的成績，後來竟駭入北美空防司令部（North American Aerospace Defense Command, NORAD）的超級電腦，差點引發第三次世界大戰。雷根總統身為三軍統帥，看了這部電影後感到毛骨悚然。兩天後在白宮的高層會議上，總統詢問與會人員是否看過這部電影。大家一臉茫然，於是雷根開始鉅細靡遺地解釋電影劇情，然後詢問參謀首長聯席會議主席這樣的劇情是否合理[157]。這番對話引發一連串的決策，使聯邦政府初次涉足網路安全的領域。生活模仿藝術，這部電影部分促使美國通過《電腦詐欺及濫用法》（Computer Fraud and Abuse Act），讓電影中的駭客行為成為非法[158]。

在那個年代，《戰爭遊戲》引發民眾對核武與科技的不安。當時，個人電腦才剛出現，大部分都是業餘愛好者擺在自家後臥室中使用，因此這部電影引發大眾興趣。三十五年後的今天，這部電影看來簡直就是預言，電影主題呼應今日民眾對於電腦漏洞、戰爭威脅及機器失控的恐懼與擔憂，也探討伐交勝於伐兵的理念。電影中，北美空防司令部的超級電腦把玩井字遊戲所學的教訓套用到核武戰爭上，講出這部電影裡最經典的一句話：「這是一個奇怪的遊戲，唯一能贏的步數就是不要玩。」

冷戰結束後，大家不再關注軍備管制的議題。因此，一整個世代的軍備管制專家就這麼退場了，大家對軍備管制也不再了解。二〇一八年，我們再次展望未來。前美國駐俄羅斯大使麥克·麥福爾（Michael McFaul）曾說：冷戰結束，取而代之的是熱和平（Hot Peace）[159]。現在，我們應當復習以前學到的經驗。

◆軍備管制的歷史借鏡

從某些方面看來，二戰後與冷戰時期數十年核武協商後，世界做出的因應措施可做為今日建構網路安全規範的啟發。畢竟一九四五年日本遭兩枚原子彈攻擊後，世界已成功避免核武衝突近七十五年了。二戰與冷戰結束後，各國政府採取艱難且有時迂迴的措施，這些經驗很值得我們學習。

其中一則值得學習的經驗是《國際人道法》（International Humanitarian Law），以及一九四九年各國政府聯合制定《日內瓦第四公約》時所做的努力。這些措施的重點不在禁止或限制特定武器，而是在限制政府進行武裝衝突的模式。這些法規禁止政府刻意針對平民發動攻擊、採取可能導致不符比例的重大平民傷亡行動，或使用造成超越軍事價值之不必要傷亡的武器[160]。耐人尋味的是，一九四九年公約背後的推手不是政府，而是紅十字國際委員會。直到今日，紅十字國際委員會仍持續負責多項重要任務，協助落實公約[161]。

《日內瓦公約》（Geneva Convention）反映軍備管制領域中一個很重要的原則：與全面禁止使用特定武器相比，限制該武器的數量與特性，或控管使用該武器的方式，往往是較為務實的做法。誠如一本書所述：「如果某種武器很恐怖且用處小，全面禁止就很可能成功；但是倘若某種武器能在戰場上發揮決定性優勢，全面禁止則可能會失敗，無論該武器有多麼恐怖[162]。」

軍備管制當屬世上最困難的任務之一，但在冷戰剛結束時，有份研究的結論是：比起全面消滅某種武器，限制使用該武器的協議「到頭來或許比較好，即使原因只是成功率較高[163]」。或許是因為這個概念，再加上其他原因，促使國際法專家研擬制定國際規範，限制網路武器的使用方式[164]。

軍備管制歷史中，還有另一個不斷重複的教訓：政府有時會竭盡所能地規避國際協議，因此必須制定有效措施來監督政府是否遵守協議，並向違反協議的政府究責。這就直接反映管制網路武器最大的挑戰之一：政府覺得網路武器很有用，而且極容易暗中進行。如同《紐約時報》記者桑格所言，這項因素很遺憾地使得網路武器成為「完美的武器[165]」。

因此我們必須強化能力，找出發動網路攻擊的國家，並發展聯合因應能力，在網路攻擊發生時聯手因應。美國與他國政府日益密切合作制定因應策略，這些策略除了反制攻擊外，也包含制裁等傳統外交手段。但是無論因應措施為何，若要讓維護網路穩定的效益最大化，國際社會在發生攻擊時必須達成共識，確認該次攻擊違反哪些國際法規，並且確認發動攻擊的是哪個國家。此外，今日的新武器常被用來攻擊資料中心、光纖電纜及私人企業使用的裝置，因此私部門提供的資訊就更為重要，能協助找出發動攻擊的國家[166]。

◆新一代的科技外交挑戰

這些趨勢在在顯示國際外交有多麼重要，面對新一代的外交挑戰，我們有一些新工具可以使用。丹麥外交部長就指出我們擁有的新機會，表示科技公司已成為某種類型的「國家」。我們認為如此類比雖然有其限制，但卻凸顯一個關鍵機會：如果企業像國家，就可以簽訂自己的國際協議。

我提出「中立的數位瑞士」，就是想推動科技界朝著這個方向邁進。我們必須採取行動，結合各企業簽訂協議，承諾保護世界各地所有的合法客戶。儘管覺得自己的網路安全觀念受到廣泛支持，但卻明白要達成目標並不容易。科技界滿是精力充沛的人在為野心勃勃的公司工作，在這樣的環境下要團結各公司採取聯合行動，說得容易但做來困難。

建立日後所謂的《網路安全科技協議》（Cybersecurity Tech Accord）[167]是微軟數位外交團隊的完美任務。團隊主管凱特．奧蘇利文（Kate O'Sullivan）帶領微軟的「外交官」與全球各地的政府官員及業界夥伴合作，推動網路信任和網路安全。網路屬私部門所有，因此長久以來就認為，保護網路不只需要多邊協議，更需要多方協議。如同新的科技大使代表國家政府，科技界一樣需要精通外交觀念的使節團建立數位和平，並在這個新的戰爭次元裡保護我們的利益及客戶。

我們草擬科技協議的原則，然後交由數位外交團隊奔赴四海詢問業界的意願。簽署本協議的企業承諾秉持兩大基礎原則：保護各地使用者與客戶，以及反對任何人向各地的無辜平民和企業發動攻擊。我們認為，確立這些基本原則後，科技界才得以在全球推動並保護網路安全。在兩大原則下，本協議制定兩項務實承諾：第一項承諾要求企業採取新行動來強化科技環境，透過與使用者、客戶及軟體開發者合作，以實際措施強化完全保障；第二項承諾則要求企業之間透過更密切的合作推動網路安全，如共享資訊，並在攻擊發生時互相協助因應。

說服大家認同這些原則是一回事，而說服大家公開承諾支持這些原則又是另一回事。不久後，我們就凝聚一群企業，臉書是其中之一，隨著臉書著手處理自家隱私問題，也愈來愈支持我們的倡議。除了臉書以外，思科（Cisco）、甲骨文（Oracle）、賽門鐵克（Symantec）及惠普（Hewlett-Packard, HP）等大型且經驗豐富的資訊科技公司，也很快就表態支持我們的理念。

Google、亞馬遜及蘋果就較難被說服，在洽談過程中，有些人表示現在和臉書同台引發的爭議太大，因為臉書現正站在火線上，受到世界各國政府的抨擊。微軟在一九九〇年代也曾經歷身在火線的處境，因此我或許比大多數人都還要同情臉書。我也知道每家公司都有艱難時候，若是看到其他公司遇上麻煩時，第一個反應是避而遠之，在未來亟須聯合行動時，或許大家都只會袖手旁觀。

此外，這些企業裡有人表示，聽聞這項協議在美國政府遭到一些官員反彈，他們並不想支持一項受到批評的計畫；還有一些人表示，他們就是無法說服公司內部的人做出決定，因此也無法取得簽署核准。我們不斷以電子郵件溝通，也通過無數次電話，卻仍舊無法說服這些公司簽署。

好消息是，科技界的其他公司都開始紛紛響應。我們內部決定，若是公開簽署的企業達到二十家，便啟動這項科技協議。隨著二〇一八年舊金山RSA會議將近，顯然可望達成目標。

《網路安全科技協議》強化保護資安

在公開宣布《網路安全科技協議》的前幾週，因為並不想讓政府感到訝異，我們將這項計畫與白宮、其他美國政府重要官員及世界各國政府分享。白宮給予正面回饋，不過我們從小道消息得知，有些情報單位人士對科技公司承諾拒絕協助政府對「普通公民與私人企業」發動網路攻擊的條文用語有疑慮，他們擔心「普通公民」這個詞彙會涵蓋恐怖分子，這就意味如果發生這類緊急情況，情報單位無法向科技界尋求協助。這則回饋很有意義，我們因此決定將措辭修改成「無辜公民」，似乎便能解決這方面的疑慮。

我們在二〇一八年四月公開宣布《網路安全科技協議》，當時有三十四家公司簽署[168]，足以創造動能。到了二〇一九年五月，簽署企業達到一百多家，遍布二十多個國家。這些企業支持採取實際行動來強化保護網路安全，使得這項協議開始發揮效力。

更重要的是，世界各地開始出現響應私部門合作的行動。西門子很值得嘉許，因為它是最早一批採取行動的公司。西門子發起所謂的《信任章程》（Charter of Trust），專注保護無所不在的物聯網小型裝置，空中巴士（Airbus）、德國電信（Deutsche Telekom）、安聯（Allianz）及道達爾（Total）等重要歐洲企業很快就加入了[169]。

在亞洲，我們遇到在某些方面更有趣的反應。二〇一八年七月，我們前往東京拜會日立（Hitachi）高層，因為該公司想要成為第一家簽署協議的大型日本企業。我們造訪總部確認授權時，他們馬上就說：「我們曾遭受WannaCry攻擊，想過要保持沉默，但是發現若要解決問題，就必須聯手採取這類行動。」

這就是整個計畫的重點。我很訝異，日本的科技業向來比美國保守，但是這家老牌日本科技公司竟然願意挺身而出，與此同時，Google、蘋果及亞馬遜卻仍不願站出來。在東京，我們討論科技界需要採取積極行動，建立新型態的多邊同盟。

自二戰結束以降，多邊安全合作便扮演重要角色，現在我們希望看到政府發揮更多領導力，維持這樣的合作關係。然而，此時的美國政府對此興趣缺缺，許多國家的政府也不是很想參與國際合作。這很諷刺，甚至有點尷尬。傳統上，推動多邊合作應是政府職責，但現在卻變成私人企業在進行。然而，我們在推動過程中得到的支持多於批評。隨著取得進展，愈來愈多企業表態願意加入。

但是這一次外交行動若要成功，就必須踏出科技圈與商業圈，找到讓政府、企業及非營利團體互相合作的方法。於是我們進行評估，判斷最佳機會是二〇一八年十一月在巴黎舉行的一場國際會議。第一次世界大戰停戰一百週年之際，法國總統馬克宏決定舉辦巴黎和平論壇（Paris Peace Forum）。他上傳一段影片到YouTube，我們看了好幾遍[170]，影片講述第一次世界大戰停戰後的二十年間，民主制度衰弱，多邊合作關係崩潰，進而造成第二次世界大戰。馬克宏向大家徵求想法，請大家提出能強化民主制度與多邊合作的計畫。這完全符合我們的理念。

法國政府官員對我們的提案很感興趣。法國網路外交與數位經濟大使大衛・馬第農（David Martinon）的職位與丹麥科技大使柯律相似，負責維護網路治理、網路安全、言論自由及人權。在馬克宏的外交幕僚菲利普・艾蒂安（Philippe Étienne）的帶領下，馬第農和其他法國政府官員已開始著手建構未來。我們和他們討論能否透過草擬新宣言與提出新倡議來維護網路安全。

在法國強力領導下，並於全世界各地進行數個月的謹慎對話後，成果終於出爐。停戰一百週年紀念日的隔天，馬克宏總統公布《巴黎籲請網路空間信任與安全[171]》（Paris Call for Trust and Security in Cyberspace）。該倡議呼籲透過強化現行國際規範來保護公民與民間基礎建設不受系統性或無差別性的網路攻擊，也呼籲政府、科技公司及非政府組織共同合作，保衛民主與選舉制度抵抗國家級網路威脅——我們認為此領域需要國際法規的明確支持。

結果，《巴黎籲請》廣獲支持。馬克宏發表演說後的下午，法國政府宣布已獲得三百七十個簽署，其中包含全球五十一國政府。歐盟二十八個會員國全數簽署，北大西洋公約組織二十九個會員國中則有二十七國簽署。簽署國包含日本、南韓、墨西哥、哥倫比亞及紐西蘭等重要政府。到了二〇一九年初，簽署數量達到五百個，其中包含六十五國政府和大多數科技公司，Google與臉書都加入了，但亞馬遜和蘋果依然沒有動靜[172]。

◆獲得全球關注與響應的《巴黎籲請》

很諷刺也很可惜的是，《巴黎籲請》雖然廣獲支持，卻沒有得到美國政府簽署。我們原本希望美國政府能在巴黎簽署該倡議，但是在巴黎會議前一個月，就明顯發現美國政府並不願意以任何方式表明立場。白宮幕僚那邊的風向並不支持多邊倡議，無論是網路安全或其他議題都是如此。這讓微軟的處境特殊，因為我們的政府事務團隊在全世界各地說服各國政府加入。

然而，《巴黎籲請》仍是重要創舉。這項倡議將維護二十世紀和平的多邊合作機制轉變成多方合作機制，藉此處理今日世界面對的全球科技議題。這項倡議結合全球大多數民主國家、科技公司及非政府組織。隨著時間推進，也會有更多方加入該倡議。

《巴黎籲請》提出的模式也獲得全球關注。二〇一九年三月基督城慘案爆發後，我們拜會紐西蘭總理阿爾登和她的內閣團隊，會中一起思考這個世界要如何阻止恐怖分子利用網路做為舞台來攻擊平民，結果話題很快就觸及《巴黎籲請》，還有要如何以類似方法結合政府、科技界和民間社會。我們思考一整晚，第二天一早在與更多官員開會時，討論到《基督城籲請》（Christchurch Call）的可能。

在阿爾登的領導下，紐西蘭政府帶頭採取主動措施。在初次拜會時，我就告訴阿爾登，她為這項議題帶來道德權威感。她馬上回應，世界對於本起事件的義憤填膺終將消退，她不想要利用這起事件來塑造自己的形象，而是要利用這個事件達成更具有長遠影響力的建樹，於是派遣紐西蘭網路安全官員保羅．艾許（Paul Ash）到歐洲尋求願意合作的政府。艾許以《巴黎籲請》為基礎，很快就發現馬克宏團隊願意合作。

面對此議題，科技公司負有重要職責，必須找到實際方法來防止自己的服務，如基督城攻擊事件中遭到利用來擴大極端暴力。在微軟內部，我請戴芙．史塔克夫（Dev Stahlkopf）及其幕僚長法蘭克・馬洛（Frank Morrow）主導想法構思。微軟雖然沒有像臉書、推特及Google的YouTube那樣經歷使用者不斷上傳影片的危機，但是根據我們判斷，微軟有九項服務有受到如此濫用的可能，領英、Xbox Live、OneDrive、Bing搜尋、Azure雲端平台等服務，都可能被用來分享影片。

其他的科技公司不只已經準備好要站出來，更準備好要採取實際行動。Google、臉書及推特都體認到，它們的內容分享服務遭到基督城攻擊事件的恐怖分子利用，因此必須採取積極行動。亞馬遜值得嘉許，其服務雖沒有遭到利用，但卻體認到可以協助建構解決方案。

顯然不同的科技服務需要採取不同措施，而且必須做好各項拿捏以保持平衡。我們必須考量工程需求，也必須考量人權與言論自由。進行一連串視訊會議後，團隊討論出九項處理網路上極端暴力與恐怖主義內容的具體建議，並獲得業界支持。其中，各個網路服務可以採取五項措施：訂定更嚴格的服務條款、以更好的方法管理影音直播、對使用者舉報濫用做出因應、加強科技控制，以及公布透明報告。團隊也制定四項聯合措施：啟動危機因應協定、進行開源式科技開發、加強使用者教育、支持非政府組織的研究與業務，以推動網路上多元包容和相互尊重的風氣。

阿爾登敦促我們儘快做出決定，並且在下個月的巴黎會議上發表聲明。紐西蘭政府與法國政府的代表在北加州和公民團體及科技公司會面，並討論《基督城籲請》草案引發的特定議題，紐西蘭政府團隊幾乎是不分晝夜地工作，處理來自政府及各方利害關係人的回饋與意見。有一次深夜和納德拉與阿爾登通話時，我告訴阿爾登，紐西蘭政府辦事迅速讓我很吃驚。阿爾登回應道：「我們政府規模小，所以做事必須靈活敏捷！」

◆採取多方合作的科技外交

五月十五日，基督城攻擊事件發生過後剛好兩個月，阿爾登、馬克宏及其他八國政府聯合發表聲明，公布《基督城行動呼籲》（Christchurch Call to Action），內文籲請政府與科技公司承諾採取分頭和聯合行動，以解決網路上恐怖主義與極端內容的問題[173]。許多出席巴黎會議的科技公司領導者和國家元首都簽字同意，而我在代表微軟簽字的同時，由我們五家科技公司組成的團隊也公布為落實《基督城行動呼籲》將採取的九項具體行動。

《巴黎籲請》和《基督城呼籲》的發表只間隔不到六個月，這兩項倡議顯示，柯律所謂的「科技外交」（Techplomacy）能推動世界取得實質進展。這個新概念不再單單仰賴各國政府做出行動，而是採取多方合作，結合政府、公民社會及科技公司的力量解決問題。

但是其實這樣的概念早已行之有年，最近有一項研究發現，倡導團體、智庫、社運團體、教育團體等非政府組織，一直在軍備管制領域裡發揮重要影響力[174]。近年來，最成功的一項倡議就是一九九〇年代成立的國際反地雷組織（International Campaign to Ban Landmines）。早在一八六〇年代，紅十字會（Red Cross）的創辦團隊就在日內瓦發起反地雷運動，到了一九九二年，六個非政府組織共同成立國際反地雷組織，成立後組織規模不斷擴大，至今有來自六十個國家的約一千個非政府組織參與[175]。國際反地雷組織「把地雷從純粹軍事議題轉化為人道與道德議題」，並在加拿大政府的支持下，在一個專門討論地雷議題的論壇中推動工作，促使該論壇「於一九九七年十二月通過禁止地雷條約，當時國際反地雷組織才成立不到五年[176]。」

在這樣的脈絡下，《巴黎籲請》與《基督城呼籲》前所未見的是，參與這些倡議的各類非政府機構中有一個特殊類別：企業。這些倡議邀請企業參與新一代的人道主義和武器管制議題。有些人無疑對企業的疑心會比對非政府組織來得重，但由於網路世界有很大一部分都是被這些企業擁有和管理，因此很難找到不讓企業參與的理由。

此外，《巴黎籲請》與《基督城呼籲》還有另一項創舉。我們認為，這項創舉能推動世界進入數位外交的時代。一直以來，武器管制和人道保護必須獲得廣大民眾支持才得以成功。二十世紀時，新的想法由智庫提出，幸運的話便會受到非政府組織與政治圈的討論，最後才透過國際政治家發表重要演說，引發大眾關注。然而今日由於傳統媒體零碎，而且社群媒體興起，必須使用新方法與大眾溝通。

這些是我們從大眾對《數位日內瓦公約》討論中得到的體悟。雖然有些傳統外交官聽了會想翻白眼，但這個概念引起大眾的興趣。專家在討論另一個很重要但名字聽起來沒有那麼炫的國際網路安全《塔林手冊二・〇》（*Tallinn Manual 2.0*）時[177]，並未想到這個層面。這是我從柯律的新策略及頻繁推特發文中得到的部分心得[178]。因此，我們在推動《巴黎籲請》的同時，也進行公民外交，發起名為「Digital Peace Now[179]」的線上請願書，獲得全世界超過十萬人簽署。

同樣重要的是，我們秉持決心推動數位外交，不只是因為新情勢的需要或從前成功案例給予的希望，更是因為借鏡歷史上發人深省的失敗教訓，這是在二〇一七年十一月造訪日內瓦聯合國歐洲總部發表演說時學到的一課。現在做為聯合國歐洲總部的萬國宮，在一九三〇年代曾是國際聯盟（League of Nations）的總部。今日，萬國宮內仍有一些裝飾藝術風格的會議廳，反映第一次世界大戰後的時代風格。

萬國宮見證全球二十世紀最悲慘的年代，一九三一年日本入侵滿洲，不久後希特勒的納粹政權在歐洲張牙舞爪。三十一國政府齊聚萬國宮進行一連串長達五年多的會議，討論控管軍備擴張事宜。然而，就在國際間需要領導時，美國卻不願意承擔這份責任，因為認為這些事情屬於歐洲事務，再加上德國在希特勒的領導下先退出談判，進而退出國際聯盟，敲響國際和平的喪鐘。

在一九三二年外交會議召開前，那個年代最偉大的科學家亞伯特・愛因斯坦（Albert Einstein）提出警告，但世界卻置若罔聞。愛因斯坦警告：「科技進步本來可以讓人類生活無憂無慮且幸福美滿，但是人類組織能力的發展卻跟不上科技進展的腳步[180]。」因此，「機器時代辛苦取得的進展掌握在我們這個世代手中，就如同三歲小孩持有剃刀一樣危險。」日內瓦的會議以失敗收場，並於一九三〇年代末演變成前所未見的全球衝突。

愛因斯坦這番話反映出今日挑戰的關鍵，隨著科技持續進步，這個世界能在創造未來的同時控管好未來嗎？歷史上時常發生，人類無法跟上創新的腳步、無法及時採取適當行動管理新科技，進而導致戰爭爆發。現在網路武器與人工智慧等新興武器愈來愈強大，這個世代將再次接受考驗。

近一百年前的那個世代失敗了。如果要避免重蹈覆轍，就必須採取務實的嚇阻策略，並結合新型態的數位外交。二〇一九年四月，我在舊金山參加會議，看到柯律與來自二十多國政府的網路外交官進行更密切合作，實在令人振奮。

丹麥是蕞爾小國，人口不過五百七十萬，比華盛頓州還少；紐西蘭人口甚至比丹麥更少。然而，丹麥外交部長的觀念是正確的。在二十一世紀，處理國際議題所需的外交團隊，不只要能和外國政府合作，更要能與形塑科技未來的各方利害關係人合作。這些國家雖小，但是擁有好想法及堅持不懈的領導人，我們不可等閒視之，新型態的數位外交已然來臨。

第八章

消費者隱私：你我的所有資料都會穿越國界

二〇一三年十二月，科技界高層在白宮與歐巴馬總統開會，敦促總統實施監控改革。會議進行到一半，討論突然轉向。總統停頓片刻，然後做出一則預言。「我懷疑，槍口將會轉向。」總統這麼說，並解釋在座許多企業持有的個人資料比地球上任何政府都還多，科技界現在對政府提出的要求，有朝一日科技界自己也要面對。

從許多方面看來，那時候槍口還沒有轉向真是奇蹟。在歐洲，槍口也許早已轉向。早在一九九五年，歐盟就通過嚴格的資料隱私指令[181]，建立堅固的隱私權保護底線，比美國任何法規都還強。歐盟執委會以此指令為基礎，於二〇一二年提出更嚴格的隱私權規章。經過四年的漫長討論，歐盟於二〇一六年四月通過嚴格的《一般資料保護規則》（General Data Protection Regulation, GDPR）[182]。兩個月後，英國舉行脫歐（Brexit）公投，結果決議脫離歐盟，但是英國的資料保護機關立刻聲明支持在國內持續實行這些新規範。二〇一七年初，英國首相德蕾莎·梅伊（Theresa May）告訴科技界高層，英國政府明白脫歐後，英國經濟仍將仰賴歐洲大陸的資料流，因此資料隱私規範必須保持一致。

那麼美國呢？在各國實施資料隱私規範之際，美國卻無動於衷。歐洲各國的官員愈來愈苦惱，今日的世界裡，無遠弗屆的資料穿越國界進入美國，但是美國卻沒有國家層級的資料保護規範，這樣歐洲政府要如何保護公民的資料隱私呢？二〇〇五年，我在國會山莊發表演講，呼籲國會制定國家層級的隱私權法規[183]。然而，除了惠普及其他一些企業外，大部分的科技公司都對此不感興趣，甚至提出反對，國會也無動於衷。

◆直指立法缺失的隱私權官司

但是，在兩位意想不到的人士推動下，美國終於出現改變。第一位發難爭取隱私權的人是維也納大學（University of Vienna）法學院學生麥克斯·史瑞姆斯（Max Schrems）。我們在二〇一九年短暫停留歐洲時，史瑞姆斯帶我們品嚐奧地利燉牛肉，並分享他的奇幻故事。

史瑞姆斯在奧地利小有名氣，關注跨大西洋隱私權系列事件的人肯定聽過這號人物。「我因為隱私權官司而失去隱私。」他笑說。

史瑞姆斯向來就對隱私權很感興趣，包括美國的隱私權觀念。十七歲時，他前往「荒無人煙」的佛羅里達州做交換學生。佛州小鎮賽百靈（Sebring）無疑帶來文化衝擊，但不是由於一般人想到的原因，讓史瑞姆斯感到錯亂的，不是美國未來農民會（Future Farmers of America）或美南浸信會（Baptist）的聚會，而是美國學校監控學生的方式。

「那裡有一種金字塔結構的控制體系。」他說道：「學校裡有警察局，而且走廊上都裝著監視器。在校成績、大學入學考試成績、上課出席狀況等資訊全都紀錄，我們的學生證上有張小貼紙，有它才能使用網路。」

史瑞姆斯得意洋洋地回憶道，他幫助美國同學越過學校對Google搜尋的封鎖。「我展示給他們看，Google.it就完全沒問題，因為學校只封鎖.com」他說道：「交換學生在學校裡引進國際頂級域名！」

史瑞姆斯告訴我們，他回到維也納後有一種解脫的感覺，「這裡好自由。」

到了二〇一一年，史瑞姆斯仍然很關注隱私權議題。二十四歲的他回到美國，在加州的聖塔克拉拉大學（Santa Clara University）法學院就讀一學期。他修了一門隱私權課，某次課堂請來一位客座講師，這位講師正好是臉書的律師。史瑞姆斯詢問對方，根據歐洲隱私權法，臉書應履行什麼責任？結果講師回答：法律並未執行這些隱私權。「他說『我們想做什麼就做什麼』，因為歐洲的罰則很輕，幾乎等同沒有執法。」史瑞姆斯說道：「他顯然並不知道教室裡有一位歐洲人。」

這段對話促使史瑞姆斯進行更深入的研究，並且撰寫學期報告，以他的觀點探討臉書在履行歐洲法律義務上的不足之處。

大多數學生寫完學期報告就交差了事，但史瑞姆斯不是一般學生。不到一年後，他運用所學，並向愛爾蘭的資料保護機關提告，因為愛爾蘭是臉書歐洲資料中心所在地。他的控訴直截了當，但影響足以顛覆全球經濟。他主張，允許歐洲資料傳輸到美國的國際安全港隱私原則（International Safe Harbor Privacy Principles）必須廢止，因為美國法律不完善，無法妥善保障歐洲的資料。

安全港原則是跨大西洋經濟的一大支柱，但是除了隱私權專家外，一般大眾很少聽過。該原則來自歐盟一九九五年隱私指令。該指令規定，歐洲人民的個人資料不得傳輸到外國，除非傳輸目的國實行完善的隱私權保障制度。由於美國缺乏國家層級的隱私權法，所以需要發揮一些政治創意，才能允許資料持續橫跨大西洋。解決方案於二〇〇〇年通過，該方案是一項自願計畫，允許企業自我認證符合美國商務部認可的七項原則。這些原則與歐盟的規範相似，因此歐盟執委會認定美國實行完善的隱私權保障制度，符合一九九五年隱私指令[184]，這就是國際安全港隱私原則的由來。

十五年後，跨大西洋資料傳輸量激增，每年有超過四千多家企業利用該原則提供產值達兩千四百億美元的數位服務，包括保險服務、金融服務、書籍、音樂、電影等。不過商業資訊只是資訊冰山的小小一角，美國企業在歐洲有三百八十萬名員工，這些員工的給薪、健保、人事評估等事宜，全都仰賴安全港資料傳輸[185]。美國企業在歐洲的總銷售收入超過兩兆九千億美元，其中大多數都仰賴資料傳輸，以確保貨品準確送達目的地，並準確記錄營收[186]。由此可見，世界多麼仰賴資料。

◆史瑞姆斯案引爆跨大西洋隱私權監管措施

雖然政府官員與企業主管認為安全港是現代世界不可或缺的機制，但史瑞姆斯的觀點卻截然不同。如同安徒生（Hans Christian Andersen）童話裡的青年一般，史瑞姆斯看了安全港原則，然後肯定地說：「這個國王沒穿衣服。」

史瑞姆斯從二〇〇八年起就在使用臉書，並以此為基礎向愛爾蘭資料保護委員會（Irish Data Protection Commissioner）提告。他在二〇一一年已回到維也納。在與臉書進行「二十二回電子郵件溝通」後，史瑞姆斯收到裡一張載有他個人資料的光碟片，內有一千兩百頁PDF。「他們持有我的所有資料中，這不過是一半或三分之一，但其中有三百頁是我已刪除的東西──每則貼文上都有標注『已刪除』。」

史瑞姆斯認為，安全港協議允許臉書用這種方法蒐集並使用如此巨量資料，不可能符合歐盟法規對隱私權保護的要求。

史瑞姆斯公布指控，主張安全港原則應該廢止，吸引一些媒體報導，在歐洲創造一個小的新聞週期。臉書很快就派遣兩位資深歐洲主管前往維也納，說服史瑞姆斯改變立場。在機場旁的一家飯店會議室裡，他們花了六小時勸史瑞姆斯縮小指控範圍，但是史瑞姆斯不願意撤銷任何指控，堅持要愛爾蘭資料保護委員會處理他提出的疑慮[187]。

科技界人士與隱私權界的人持續關注此案，但是認為史瑞姆斯的案件並不會有太大的進展，畢竟當時史瑞姆斯花費太多時間草擬訴狀，忙到連聖塔克拉拉大學的學期報告都還沒有寫出來，只好請教授給予寬限期延遲繳交[188]。不久後，這個案件似乎走到盡頭了，愛爾蘭資料保護委員會判決史瑞姆斯敗訴，斷定委員會受到歐盟執委會二〇〇〇年一項研究的約束，該研究判斷安全港是完善的。看來史瑞姆斯要回去寫法學院的學期報告，然而他卻不願屈服。

他的案件最終上訴到歐洲法院，就在二〇一五年十月六日，危機徹底爆發。

當時我在佛羅里達州準備與拉丁美洲客戶參加活動，一大早就有人來電，說法院廢止國際安全港隱私原則[189]。法院判決，根據協議，歐洲國家的資料保護機關有權自行評估資料傳輸事宜；也就是說，法官賦予獨立監管機關更大的權力，而且法院知道這些監管機關會更嚴格地審查美國的隱私權措施。

大家立刻開始擔心是不是要回到數位黑暗時期，跨大西洋資料流會就此終止嗎？為了因應這樣的事情發生，我們採取一些其他的法律措施，確保客戶能繼續使用微軟的服務進行國際資料傳輸，極力使客戶安心。科技公司紛紛擺出不怕的樣子，但是歐洲法院的判決確實令人憂慮。有位曾參與安全港協商的律師說：「我們不能假定一切都是安全的，這個判決影響層面非常廣泛，所有用來把資料從歐洲傳輸出來的機制無一不受威脅[190]。」

◆新協議避免資料災難發生

法院的判決引發數個月如火如荼的討論。這幾乎是不可能的任務。美國商務部長潘妮・普利茨克（Penny Pritzker）與歐盟執委會執委薇拉・喬洛瓦（Věra Jourová）一同研擬策略，冀望能達到法院及歐洲各個監管機關的要求。二〇一六年一月，我前往歐盟執委會與喬洛瓦討論局勢，在樓下等待核發通行證時，她正好撞見我。她稍微笑了笑，告知她恰巧出來透透氣。此時有一位她從未見過的男士走過來，並說：「我們應該認識，我是史瑞姆斯。」

國際協商持續進行的同時，科技公司已經在做最壞的打算。微軟開始研究能否利用西雅圖鄰近加拿大的地利之便，將重要支援轉移到位於溫哥華的廠房。這麼一來，雷德蒙德這邊有些人員就必須時常往來兩地，但是至少能確保服務不受影響，因為法院的判決並未影響加拿大與歐洲之間的資料傳輸。

結果後來這項策略無須實行。二〇一六年二月初，普利茨克與喬洛瓦宣布新協議，藉此取代舊的安全港原則。新協議名為「隱私盾」（Privacy Shield），內容訂定更嚴格的隱私權規範及年度雙邊審查機制。微軟是第一個承諾遵守這些資料保護新規定的科技公司[191]。

新協議避免資料災難的發生，但是此次事件凸顯出世界已有多麼不同。

首先，此次事件顯示，世界上不存在所謂的隱私孤島，沒有任何人能假定自己的資料只會保存在單一國家境內，就連整個歐洲大陸或美國那麼大的經濟體，也不可能完全把自己的資料儲存在境內。任何數位互動中，個人資料都會穿越國界，而大多數人並不知道。

對美國來說，這形成新的外部政治槓桿，且可能會產生重大影響。歐洲法院賦予歐洲各國資料保護監管機關權力，與美國協商隱私權規範。眾所周知，這些監管機關非常注重隱私權，必定會要求美國實施更嚴格的隱私權標準。

如果對此目標還有懷疑，可以看看二〇一五年法院做出判決後，政府圈內默默傳開的可靠第一手消息。有位曾參與法院本次決策核心的成員親自拜會國家隱私權監管機關，向他們說明此次判決的細節，並教導如何使用本判決與白宮及商務部談判。這種行為違反美國的司法獨立原則，在歐洲也不常見，但是在其他國家卻時有所聞。

美國政治領袖當然可以發表演說，譴責歐洲隱私權監管機關逾越權責，不過有一個事實是無法改變的：美國經濟重度仰賴美國企業把資料傳輸到外國，並從外國接收資料的能力。在今日的世界，有人支持建築實體城牆阻擋移民，但是沒有一個國家受得了阻擋國際資料流的城牆。因此，影響美國企業隱私權措施的跨大西洋協商已經成為經濟命脈。

到最後，就連中國也會受到很大的衝擊。歐洲的政策會逐漸對中國施壓，使中國必須做出抉擇，在兩條路中選一條走。第一條路是中國境內持續缺乏資料保護制度；第二條路則是深化中國與歐洲的經濟連結，但是若走第二條路，必定會在兩個經濟體間產生更大量的資料流。在未來，要兼顧這兩條路將變得愈來愈困難。

然而，如同許多次驚險避開災難後的反應，大多數人看到隱私盾協商後立刻鬆了一口氣。資料流可以持續，企業得以繼續做生意，於是大多數科技公司與政府官員也不再思索判決造成的長遠地緣政治影響。

從許多重要方面看來，這是可以理解的，畢竟二〇一六年接下來有許多重大事件需要關注：英國將舉行脫歐公投，以及美國將舉行總統大選。再者，不到幾個月內，大家的注意力便轉移到歐洲的另一項隱私權措施：歐盟的《一般資料保護規則》即將生效。

◆《一般資料保護規則》構成衝擊

《一般資料保護規則》的縮寫GDPR，很快成為科技界家喻戶曉的名詞，雖然律師本來就很常使用縮寫來指稱政府法規，但是現在連工程師、行銷人員及業務的嘴裡也都在講。這是因為《一般資料保護規則》使得全世界許多科技平台都必須重新設計。儘管這不一定是歐盟計畫中的一部分，但是《一般資料保護規則》成為歐盟影響美國與全世界隱私權標準的第二個管道。

《一般資料保護規則》與許多一般政府法規不同。多數一般法規都是規定企業不能做出哪些行為，例如禁止行銷廣告中傳達誤導資訊，或是禁止使用石棉做為建築材料。自由市場經濟的精神就是鼓勵企業創新，法規會禁止某些行為，但會留給企業寬廣的空間自由發揮。

《一般資料保護規則》的一大特色就是隱私權利法案。權利法案賦予消費者某些權利，使得企業不只應該避免某些做法，更是必須制定新的商業程序。例如，持有個人資料的企業必須制定使用者索取個人資料機制，因為客戶有權知道企業持有自己的哪些資料、有權在一些情況下刪除個人資料，也有權把個人資料轉移到另一家服務提供者。

《一般資料保護規則》就像是為資料所制定的《大憲章》（Magna Carta）[192]，代表歐洲第二波隱私權保護重大浪潮。第一波浪潮發生於一九九五年，當時的隱私權指令規定，網站必須先通知客戶並取得同意，才得以蒐集與使用客戶的資料。然而，網路大爆發後，隱私權通知泛濫，使用者根本沒有時間閱讀，因此歐洲的《一般資料保護規則》規定企業設立機制，讓客戶能實質上網瀏覽，並控制自己遭到蒐集的資料。

可想而知，這會對科技帶來重大影響。首先，任何企業，無論擁有數百萬或數千名客戶，都必須制定一套程序處理這些新的客戶權利，要不然內部就會一團亂，員工必須自行追蹤客戶資料，而這樣的做法效率低落，幾乎不可能找出齊全的資料。但更重要的是，這套程序必須自動化。如果要有效率又低成本地遵守《一般資料保護規則》，企業必須以標準化方法從各個資料孤島中讀取客戶資料，因此科技必須改變。

對於像微軟這麼多元的科技公司，《一般資料保護規則》造成的影響甚鉅。微軟擁有兩百多項產品與服務，而且授權許多自家工程師團隊自行建構，並管理自己的後端資料基礎設施。因此，微軟各個部門的資訊架構雖有相似之處，但是也存在許多重大差異。

不久後，我們很快就發現，《一般資料保護規則》實行後，這些差異會造成問題。歐盟的消費者預期能透過單一程序，從微軟所有服務調取自己的資料並統一閱覽。若要有效滿足此需求，唯一辦法是微軟建立橫跨 Office 365、Outlook、Xbox Live、Bing、Azure、Dynamics 等所有服務的單一資訊架構。

◆微軟在隱私權議題獲得大眾信任的企圖

二〇一六年初，我們召集微軟內部最優秀的軟體架構師組成團隊。此時距離《一般資料保護規則》於二〇一八年五月二十五日生效尚有兩年，團隊必須抓緊時間。

首先，軟體架構師必須找律師諮詢，釐清《一般資料保護規則》的規範，接著擬訂計畫書，詳細記載所有要啟動科技功能，然後建構處理與儲存資料的新藍圖，套用到微軟所有的服務上，並且有效執行計畫書裡的科技功能。

八月的最後一週，團隊規劃完畢，交由納德拉與公司高層開會審核。大家都心知肚明，這份藍圖需要大量工程。我們動員三百多名工程師全職投入這項計畫至少十八個月，而到了《一般資料保護規則》生效的六個月前，參與計畫的工程師數以千計。為了這項計畫，微軟投入數億美元。每次開會都必須到齊，有些人甚至為了出席而縮短休假。

審核會議上，工程團隊與法務團隊逐項討論藍圖、時程及資源分配。大家都覺得很佩服，甚至感到些許驚訝。會議進行到一半，納德拉突然輕笑道：「這不是很好嗎？多年來，公司各個工程師團隊一直無法達成共識，建立單一隱私架構，結果現在監管機關和律師跟我們說該怎麼做，建立單一架構的任務就變得簡單多了。」

這份觀察很耐人尋味。電腦工程是發揮創意的過程，電腦工程師是創意工作者。面對同一個問題，如果兩位工程師採取不同的方式，便很難說服他們放下差異，開發統一方式。即使這些差異並非功能的重要核心，工程師仍會堅持己見。

微軟的工程師組織規模大、多元性高，權力下放程度也很高，因此上述這項挑戰有時會比其他科技公司都還艱難。在過去，這樣的情況曾讓微軟連續數年同時經營兩項重疊的服務，而且每次幾乎都沒有好下場。與微軟不同，蘋果的產品種類較集中，而且史蒂夫．賈伯斯（Steve Jobs）採行集權決策，因此有時可以仰賴這些特質來解決問題。說來有點諷刺，但歐洲的監管機關其實是在幫助我們，因為制定單一標準，迫使微軟的各個工程團隊進行協調。

納德拉核准這項計畫，但是又提出另一項要求，「既然我們要花這麼多時間與金錢執行改革，我希望做這些事不只是為了自己。」他說道：「我希望所有的新功能，除了自己當作第一方工具使用外，也要發布給客戶當作第三方工具使用。」

也就是說，微軟要創造能協助所有客戶遵守《一般資料保護規則》的科技。在資料主宰的世界中，這很合理，但也讓工作負擔更重了。納德拉此話一出，在場的工程師都倒吸一口氣，知道這項計畫必須加派人手。

遵守《一般資料保護規則》的技術要求非常高，因此另一項趨勢很快隨之浮現。一旦遵守《一般資料保護規則》的工程開始進行，就很難找到動力為其他國家建構另一個不同的技術架構，因為維護不同系統的成本與工程複雜度太高了。

因此，我們在二〇一八年初與加拿大總理賈斯汀．杜魯道（Justin Trudeau）進行很有趣的對話。納德拉和我拜會杜魯道與他的幕僚團隊時，我們討論到加拿大民眾也都很關注的隱私權議題。杜魯道提到，加拿大的隱私權法案有修改的可能，納德拉便建議杜魯道乾脆採用《一般資料保護規則》的條文。這項建議讓有些人感到驚訝，但是納德拉解釋，除非有根本上的差異，否則若要為每個國家制定不同程序或架構的成本會大於潛在利益。

我們對《一般資料保護規則》充滿熱誠，但是有些科技公司並非如此，它們有時較關注《一般資料保護規則》中認為很麻煩的部分。的確，我們對《一般資料保護規則》中的有些地方也覺得無所適從，有些地方甚至更糟糕，但是我們堅信，科技界若要維持長遠卓越，就必須在隱私權議題上取得大眾信任。這個概念是微軟在一九九〇年代歷經反壟斷風暴，付出巨大商譽代價後學到的另一個寶貴教訓。針對可能會造成爭議的法規議題採取較平衡的策略，在有些同業，甚至是微軟自家工程師眼裡看來，可能顯得過於圓滑，但我認為根據過去的經驗，這是較聰明的策略。

◆民眾對隱私權的矛盾心態造成猶疑

儘管如此，其他科技公司時常表示，美國民眾對隱私權抱持著矛盾心態，因此科技公司可以不理會美國的法規壓力。「隱私權已死。」他們如此說道：「大家該放下了。」

我認為，隱私權議題就是不鳴則已，一鳴驚人。如果沒有採行周到策略的政治基礎，危機很可能一下子大爆發。民眾對隱私權的矛盾心態，讓我想到數十年前核電產業的災難。

在一九七〇年代，核電產業並未與民眾進行有效溝通，釐清核電科技進步帶來的風險。因此，一九七九年賓州三哩島核電廠（Three Mile Island Nuclear Generating Station）發生爐心熔毀事件時，美國民眾與政治人物都沒有做好準備。與其他國家不同，三哩島事件產生的政治衝擊，迫使美國核電產業停止興建核電廠，直到三十四年後，才重新興建新的核電廠[193]。

他山之石，可以攻錯。

二〇一八年三月，科技業的三哩島事件[194]爆發了，劍橋分析（Cambridge Analytica）引爆爭議。臉書的使用者發現，個人資料遭到名為劍橋分析的政治顧問公司蒐集，該公司運用蒐集的資料建立資料庫，並藉此針對美國選民投放支持總統候選人川普的廣告宣傳。如此使用方法固然違反臉書的政策，但臉書的法遵系統並未偵測到這個問題。一如往常，這樣的事件引發批評，讓企業無從辯駁，唯一能做的就是道歉，祖克柏也這麼做了[195]。

不出數週，華府的看法就改變了。政治人物與科技主管終於決定不再忽略管制，而是開始認定管制無可避免，並開始討論這項議題。然而，卻沒有表明認為這些管制應該做什麼。

這個問題的答案，出現在美國另一端的矽谷，帶領我們找到答案的人，就和史瑞姆斯一樣，是一個意想不到的人物。

此人是名叫阿拉斯泰．麥克泰格（Alastair Mactaggart）的美國人，是舊金山灣區（Bay Area）房地產開發商。二〇一五年，麥克泰格在家裡舉辦晚宴。他家位於加州皮蒙特（Piedmont），是一個綠意盎然的郊區，坐落在矽谷灣區對面，望著矽谷默默買賣私人資訊。麥克泰格詢問一位客人在Google的工作情況，結果對方的回答讓他不僅感到不滿，更是覺得害怕。

科技公司在蒐集哪些私人資料？拿蒐集的資料做什麼？使用者如何選擇退出？那位工程師說，如果大家知道Google所知道的，「大家會嚇死。」

這番伴隨著雞尾酒的對話，啟動一場長達兩年、花費超過三百萬美元的聖戰。「我覺得這很重要，心裡想著：『必須有人採取行動處理這個情況。』」三年後，麥克泰格與我們在舊金山見面時說：「我後來想著，不如就由我來採取行動。」

育有三子的麥克泰格並不是要打擊科技業，畢竟他是成功的商人，相信自由開放的市場，況且他當初也是靠著科技業在這個地區提升房價而賺取財富的。然而，他堅決想要做出一些改變，冀望未來有天能告訴孩子，他曾協助保護一項很珍貴的東西：我們的個人資料。

在這個麥克泰格和其他人稱為「商業監控」的時代裡，我們的網路搜尋、線上通訊、數位位址、消費及社群媒體活動，揭露自身的一切，其中有許多是我們不願分享的資訊[196]。他表示，這賦予少數科技公司強大的權力。「你必須接受它們的隱私條款，不然就不能使用它們的服務。」他說道，是指許多線上工具雖然免費，但我們使用時卻在不經意地付費，只是支付的不是金錢，而是自己的資訊。「不過這些服務是現代生活不可或缺的一部分，根本不可能選擇退出。」

這個領域缺乏監督，於是麥克泰格號召志同道合的支持者，為加州草擬一份新的隱私權法案。「我的世界受到充分規範。」他說道，是指不動產業受到許多規章與建築法規的規範，而且業界都習以為常。「這樣很健全，法規必須跟上科技的進步，不然大家只會持續挑戰極限。」

因為有著不動產業的經驗，所以麥克泰格很了解政府的運作，他很懂政治，明白由於矽谷存在反對勢力，所以透過加州州議會通過此法案是很困難的事，就如同透過國會通過聯邦法律一樣。然而，如同美國西部某些州，加州還有另外一條路。這些州於十九世紀中後期成立，州憲法規定，只要連署達到門檻，倡議即可交付公投表決。

◆私人倡議獲得大眾支持

加州的公投程序曾改變美國歷史。四十年前，一九七八年，加州舉行公投通過《第十三號提案》（Proposition 13）限制政府收稅。該提案降低加州的房地產稅，但是影響力擴及全美，點燃一場全國群眾運動，助長一九八〇年雷根競選總統的氣勢，並引發大眾壓力，要求限縮政府規模與減稅。

如果劍橋分析事件可能成為科技業的三哩島，麥克泰格能否創造隱私權版的《第十三號提案》呢？

不久後，答案似乎是肯定的。麥克泰格取得的連署人數達到公投門檻的兩倍，而且民調顯示有八〇%的選民開始支持這項提案。看到有二〇%的人反對，麥克泰格起初覺得失望，直到後來民調公司告訴他，從未看過這麼高的支持度。雖然資金充足的公投倡議行動最後開票結果幾乎總是會比民調中的差距小，但是如果麥克泰格願意花費更多從房地產賺來的錢進行有效宣傳，十一月公投通過的機率極高。

微軟對麥克泰格的提案感到喜憂參半。一方面，我們長久以來都支持美國立法保障隱私權，這也包含聯邦層級的法律。前聯邦貿易委員會委員茱莉．布瑞爾（Julie Brill）現在是微軟的隱私權與法規事務主管，在她的帶領下，微軟決定在二〇一八年五月《一般資料保護規則》生效後，採取和其他科技公司不同的策略。《一般資料保護規則》確立的消費者權利，微軟不只讓歐盟公民享有，更讓全球客戶都享有同樣的權利，而且從中得到一些意想不到的洞見。我們很快就發現，美國的消費者比歐洲人更踴躍地行使這些權利，證實我們的觀點：美國歷史的弧線終將轉向通過隱私權法案[197]。

然而，我們發現麥克泰格倡議草案的內文很複雜，有些方面很混亂，因此擔心倡議中有些地方會無緣無故產生與《一般資料保護規則》不同的技術需求。如果法案是透過立法機構提出，州議會嚴謹的起草過程可以解決這些問題，然而公投結果不是全有，就是全無，所以現在要做的就是說服大家把原訂十一月要公投表決的提案移到州議會進行審議，而且中途不可扼殺法案。

其他科技公司發起募資行動反對這項倡議，矽谷明白，反對宣傳若要成功，大概需要五千萬美元以上的資金。微軟捐助十五萬美元，這個數目足以讓我們與業界保持連結，但是對反對宣傳不會有什麼實質幫助。

最終，因為加州倡議宣傳的資金需求龐大，雙方同意進行協商。麥克泰格願意與民選官員一同討論擬訂法案細節。有些科技公司遲遲無法做出決策，但微軟派遣兩位隱私權專家到沙加緬度（Sacramento），他們在那裡幾乎是日夜趕工，與州議會議員及麥克泰格的團隊討論法案細節。

就在最後一刻，州議會通過《二〇一八年加州消費者隱私法案》（California Consumer Privacy Act of 2018），加州州長傑瑞・布朗（Jerry Brown）很快就簽署法案。這是美國史上最嚴格的隱私權法，如同《一般資料保護規則》，該法案讓加州州民有權知道自己被企業蒐集哪些資料、拒絕企業販售自己的資料，而且若是企業未善盡保護資料的責任，有權向企業究責。

這項法案幾乎馬上衝擊全美。不出幾週，就連長久以來一直反對立聯邦隱私權法的人都開始探究這件新的大事。因為接下來其他州可能會跟進立法，所以與其面對州州各異的法規，企業寧願遊說國會通過聯邦層級的隱私權法，以聯邦法先占——也就是推翻加州法案及其他州的措施。儘管未來的路還很長，但是麥克泰格已經改變美國對隱私議題的態度，這是一項重大成就。

◆確保隱私權獲得保障的希望

我們與麥克泰格在舊金山會面時，不禁深感欽佩，科技業的人很容易把他想成是一個威脅——一名社運分子企圖箝制過於強大的產業，但其實我們發現麥克泰格是討喜、務實又富有宏觀遠見的人。

「這尚未結束。」他說道：「接下來一百年，我們會持續討論科技與隱私權的議題，就像標準石油（Standard Oil）案件後一百年的今天，仍在討論反壟斷法一樣。」

微軟在司法部分拆標準石油公司八十年後歷經反壟斷風暴，所以很能了解麥克泰格這番引人深思的比喻。

史瑞姆斯與麥克泰格的行動為未來提供一些重要教誨。首先，隱私權不可能像一、二十年前科技界有些人預測得那樣默默平息，民眾已經覺醒，並意識到生活中任何舉動都會留下某種數位足跡。隱私權需要保護，嚴格的隱私權法規已成為不可或缺的規範。有朝一日，美國會和歐盟及其他國家一樣實施類似《一般資料保護規則》的法規。

此外，接下來幾年或許會出現第三波隱私權保護浪潮，尤其是在歐洲。當初，因為使用者沒有時間閱讀一大堆隱私權通知，所以有了《一般資料保護規則》，而現在已經聽到有人在說使用者沒有時間審閱所有《一般資料保護規則》要求公布在線上的資料，因此未來或許會有新一波的政府法規，用以規範蒐集資料與使用資料的方式。

這也意味著，科技界必須把技術創意發揮在研發保護隱私權的科技上，同時也要善用資料。有些新興技術已經出現，如使用加密資料來發展人工智慧，這樣即可強化隱私權的保障。不過，這些都只是開始。

最後，史瑞姆斯與麥克泰格的經驗反映民主國家的優勢和機會。一位法學院學生與一位房地產開發商能扭轉規範現代強大科技的法規，專制政府對這種難以掌控的能力會感到戒慎恐懼。但是，可以從另一個角度來看這件事——總體而言，這個角度會較好：史瑞姆斯與麥克泰格運用現行司法和倡議程序修正自己發現的問題，他們的成功反映民主社會的能力。若是運作良好，民主社會能因應人民需求變革，並依照需求，調整國家法律，而且改革的過程平和，較不會引發動盪。

由於全球經濟高度整合，而且歐洲隱私權法規影響範圍大，甚至就連中國這樣的國家都會感受到壓力，必須制定嚴格的隱私權措施；換句話說，歐洲不僅是民主的誕生地與隱私權保障的搖籃，更是世界隱私權未來的最佳希望。

第九章

偏鄉寬頻：網路是二十一世紀的電力

松節餐廳（Knotty Pine Restaurant & Lounge）位於華盛頓州共和城（Republic）的主要街道上。進入這家餐廳，便會感受到共和城曾是舊西部的新興城鎮。雪松木製的假立面建築象徵著過去破舊挖礦伐木小鎮倉促建成的年代。然而，餐廳門上的掛牌寫著「歡迎摩托車」，表示這個小鎮已進入新的時代。

來到松節餐廳前，我們整個上午都在迷路，該左轉時右轉，該右轉時左轉，開著租來的車在農場與牧場道路間迂迴繞行。這裡的風景優美，所以我們不在乎繞路，但卻有一場重要的會面，而GPS在華盛頓州東北角根本毫無用處。最後，我們放棄用智慧型手機找路，直接看著紙本地圖，沿著二十號州道朝費里郡（Ferry County）行駛。在市中心，有一小群當地人等著在午餐前與我們見面。

費里郡的失業率一直是全華盛頓州最高，冬季農業工作減少時，失業率更是達到一六％。我們所在的金郡（King County）有微軟、亞馬遜、星巴克（Starbucks）、好市多（Costco）及波音（Boeing）等企業入駐，失業率低於四%，帶動華盛頓州經濟成長，使得華盛頓州的經濟成長率高達全美兩倍。金郡與費里郡中間隔著喀斯喀特山脈，山脈一端享有二十一世紀經濟發展帶來的繁榮，我們思索要如何讓山脈另一端的費里郡也能雨露均霑。

松節餐廳全天供應早餐，我們點了炒蛋、培根與大到盤子裝不下的楓糖漿鬆餅，總共五·九五美元。長途駕駛後吃到這樣的餐點，我們覺得非常溫暖，但是受到的熱情款待馬上就把餐點比了下去。

共和城於十九世紀末由淘金者建立，原名尤里卡峽谷（Eureka Gulch），是坐落在沃康達隘口（Wauconda Pass）與薛曼隘口（Sherman Pass）之間的峽谷。薛曼隘口得名於南北戰爭時，威廉·特庫姆賽·薛曼（William Tecumseh Sherman）將軍在一八八三年跋涉通過此隘口。此地山明水秀，非常適合戶外運動。

金礦就是這座城鎮的過去，此地的金脈蜿蜒穿越四周的花崗岩，深入河谷。金礦吸引礦工進駐，隨後伐木工也前來此地，不久後銀行、交通運輸及其他支援服務產業也陸續進駐。今日礦場已經關閉，獨留此地掙扎尋找未來的路。

共和城市長亞伯特·康茲（Elbert Koontz）以前是伐木工人，在安排見面時，他表示會「穿上最好的運動褲」出席午餐會，結果他當天穿著燙平的西裝褲，我實在有點失望。康茲談吐幽默，很願意分享所知。然而，我詢問他費里郡的高速寬頻網路狀況時，他笑不出來，只能翻白眼。

「這裡幾乎沒人有寬頻。」他說道：「承諾好幾年了，卻從未實現。」但是，根據聯邦通訊委員會的資料，費里郡的每位居民都有寬頻網路。

拜薛曼隘口有光纖電纜穿越所賜，所以城鎮中心約一千位居民有一些寬頻網路可用，但是顯然本區的其他居民並沒有。「問題就在於，我們住在森林中。」康茲告訴我們：「我的意思是，大家一出市區就真的是在荒郊野外了。」

這時候現場氣氛改變了，在場的居民紛紛點頭同意，然後訴說寬頻甘苦談。有些人仰賴時好時壞的衛星網路，有些人為了下載筆記型電腦軟體更新，還要特地跑到市中心使用熱點，有些人冀望第五代行動通訊系統（5G）能挽救。無論如何，在場居民的共識就是費里郡大部分居民並沒有穩定的高速寬頻可用。

「去向聯邦通訊委員會報告啊！」有人譏笑道。

結果我們照做了。

◆錯誤資訊造成的實際城鄉寬頻差距

數個月後，我們在華府沿著第十二街前進，路上不斷躲車、避雨，最終抵達聯邦通訊委員會總部。我們前來拜會聯邦通訊委員會主席阿吉特．派（Ajit Pai）。完成訪客登記，並通過安檢門後，接待人員便帶我們進入主席辦公室。

派主席面帶微笑迎接我們，「歡迎光臨！請問有何貴幹？」辦公室的櫃子與窗台上擺滿主席家人的照片，透過窗戶可以俯瞰陰雨綿綿的首都。派是第一代印度裔美國人，雙親都是醫生，在他出生前兩年才移民到美國，並在堪薩斯被扶養長大。

我向派報告參訪費里郡之行，並說明當地的第一線情形。聯邦通訊委員會的全國地圖顯示費里郡的每位居民都有寬頻可用，是每一位。

在派的帶領下，聯邦通訊委員會致力推動寬頻網路建設，目標是讓每位美國人都有寬頻網路可用，但是推動過程艱難且花費驚人，特別是在沒有真正了解規模有多大時。「造成這個問題的聯邦通訊委員會主席不是你。」我就資料錯誤一事說道：「但是你可以成為解決這個問題的出席。」這項議題必須列為國家施政重點。

如同共和城市長所述，聯邦政府關於費里郡的資料，乃至於全美鄉村的資料都是錯誤的。費里郡居民知道資料有誤，所以對政府沒有什麼信心。對當地居民而言，資料錯誤造成的影響很大，因為聯邦政府如果判斷一個地區已設置寬頻網路，便不會再分配寬頻建設資金到該地區。此外，缺乏寬頻網路也會影響其他重要的公共資源，如每年夏天美國西部經常發生野火肆虐，若無寬頻便難以控制情況。

「這裡是西部荒野。」康茲說道：「我們的警局很小，消防局也很小，所有的消防員都是義消。」每當野火肆虐時，這些義消都身處險境。

二〇一六年八月，熱風吹垮電線，造成火苗滋生，火苗在風勢的助長下快速蔓延，肆虐費里郡北部。短短五小時內，火焰吞噬超過兩千五百畝地，並且持續延燒[198]。受災地區實施三級撤離，意思是「現在就撤離」。

行動通訊不穩，寬頻網路缺乏，火線上的重要資料難以傳回有關當局，因此當局無法掌握火勢蔓延的方向，也難以判斷需要撤離的範圍。當時，第一線消防人員、國家森林局及執法單位互相傳輸重要資訊的唯一方法是，第一線人員將資料載入隨身碟，把隨身碟交給卡車司機，卡車司機開四十分鐘的車進入共和城，將隨身碟交給有關當局，當局再使用寬頻與無線電對外傳輸資料。

野火能在一分鐘內將每小時二十英里的風，轉變為每小時五十英里的強風。康茲表示這種現象「非常危險」。

除了費里郡外，許多美國人也仍停留在撥接網路時代，每一州都有這樣的情形。根據聯邦通訊委員會的二〇一八年寬頻報告，全美超過兩千四百萬人沒有固定寬頻網路可用，其中有一千九百萬人住在鄉村[199]，相當於整個紐約州的人口。

鄉村缺乏寬頻並不是因為居民負擔不起，而是即使居民想要購買寬頻服務也買不到，因此仍仰賴撥接科技透過銅纜傳輸資料，無法以最基本的下載與上傳速度，使用多數人習以為常的網路服務[200]；也就是說，今日的鄉村地區仍有很大一部分無法享有城市地區在十幾年前就有的網速[201]。

儘管這項統計數據發人深省，但是明顯證明，全美缺乏寬頻的人口比例比聯邦通訊委員會的統計數據還高。進行資料分析後，我們發現聯邦通訊委員會資料錯誤是因為統計方法有瑕疵。根據聯邦通訊委員會的定義，如果當地的網路服務供應商報告能在「無須投注過量資源下」提供寬頻服務[202]，則該地區的居民就算享有。然而，許多供應商並不會實際提供服務。聯邦通訊委員會如此定義，就像在說某地居民享有免費午餐，因為當地餐廳表示如果自己願意即可提供免費餐點，但問題就是餐廳如此表示，並不代表一定會提供免費餐點[203]。

◆協助鄉村地區打造更具前景的未來

事實上，其他來源資料顯示的狀況與聯邦通訊委員會迥然不同。例如，皮尤研究中心（Pew Research Center）自二〇〇〇年以來就定期調查美國人網路使用狀況。根據該研究中心的最新資料指出，全美三十五%，也就是一億一千三百萬人表示自己在家不使用寬頻[204]。就連聯邦通訊委員會的用戶資料也顯示，四六%的美國家戶網速未達寬頻標準[205]。

儘管寬頻網路的普及率與使用率本來就是兩回事，但這兩者之間差異懸殊，讓人不禁懷疑其中一方是完全錯誤的。於是，我們請微軟的資料科學團隊利用公共資料與微軟內部資料進行更詳盡的研究。研究發現，皮尤研究中心的統計數據比聯邦通訊委員會更貼近現實[206]。但更重要的是，這得出一項無法逃避的事實：今日我們無法準確估計美國寬頻的普及率。

這有關係嗎？當然，關係可大了。

寬頻已成為二十一世紀的電力，是人類工作、生活、學習的基礎。醫療的未來是遠距醫療（Telemedicine）、教育的未來是線上教育，而農業的未來則是精準農業。即使未來更多的運算智慧將會部署在「邊緣」，利用隨處可見的小型強大裝置自行處理更多資料，但世界還是需要高速連結雲端的管道，因此寬頻仍然不可或缺。

今日缺乏寬頻的鄉村地區仍活在二十世紀，並且更反映在經濟指標上。微軟的資料科學團隊證實全世界大學與研究機構的發現：美國失業率最高的地區通常都是寬頻普及率最低的地區，凸顯寬頻普及率和經濟成長之間密不可分的關係[207]。

企業主管在考量拓展據點、增僱員工時，寬頻即是重要考量。請企業主在沒有寬頻的地方設立據點，就像請他們在莫哈韋沙漠（Mojave Desert）中央開店一樣。在仰賴高速存取資料的現代世界裡，缺乏寬頻的地區便是通訊沙漠。

因為缺乏工作機會成長，鄉村地區的各個面向都受到很大影響。二〇一六年十一月美國總統大選中，鄉村地區人民覺得自己遭到遺忘，從事後看來，這一點也不令人意外。在鄉村地區許多居民的感受中，美國的經濟繁榮只有都市與城郊享受得到。

如同費里郡這樣的鄉村地區，導致美國選出一位民粹總統。微軟所在的金郡也是西雅圖的所在地，全郡只有二二%的選民投票給川普，但是在費里郡，只有三〇%的選民投給希拉蕊[208]。金郡與費里郡站在美國政治立場的兩個極端，那天在一日內往返兩郡時，讓我更明瞭美國的分裂。

這也讓我們了解，如何才能協助鄉村地區打造更具前途的未來。

◆發展鄉間寬頻的三大挑戰

針對這項挑戰，鄉村事務中心（Center for Rural Affairs）再熟悉不過了，該組織的三個據點分布愛荷華州與內布拉斯加州，宗旨便是以美國中部的直白語言表達：「我們是坦蕩蕩的鄉村組織，支持小農牧戶、新業主及鄉村社群[209]。」

我們發現，鄉村事務中心的統計數據也顯示普及寬頻能促進經濟發展。該中心的二〇一八年《繁榮指路圖》（*Map to Prosperity*）報告指出，寬頻用戶每增加一千人，就會產生八十個新工作機會[210]；家戶寬頻網速每增加四 Mbps，家戶收入每年就會增加兩千一百美元；使用網路搜尋工作機會的求職者，找到工作的速度會比使用傳統管道的人快二五%[211]。

今日美國鄉間寬頻的慘況是一些原因造成的。首先，設置傳統寬頻與固網替代設施的花費驚人。傳統上，寬頻網路黃金標準就是光纖電纜，但是根據業界估計，光纖電纜的鋪設成本每英里要價三萬美元[212]；也就是說，偏鄉地區設置寬頻網路的成本高達數十億美元，因此民間企業目前不願意承擔[213]。然而，聯邦通訊委員會每年透過普及服務機制與舊有補助計畫補助固網業者的經費，比透過行動基金（Mobility Fund）和舊有補助計畫補助行動業者的經費高出八倍之多[214]。

不過，這就指向第二個問題。直到最近，光纖電纜的替代方案發展緩慢且不均。雖然第四代行動通訊系統（4G）長期演進技術（Long Term Evolution, LTE）等行動通訊技術，讓客戶使用智慧型手機等行動裝置即可享有類寬頻的網速，但是這項科技較適合部署在人口密度較高的地區。針對地廣人稀的地區，衛星寬頻或許是好方案，但是卻有高延遲、低頻寬、高資料成本等問題。

美國鄉間寬頻發展的第三個挑戰，就是複雜的法規。業者設置網路設施時，如須申請重要的路權，就要面對雜亂的聯邦法規、州法規及郡市法規，造成時間成本與經費成本提高[215]。

最後一個問題，就是業界普遍認為鄉村地區對寬頻的需求疲弱，無法支撐民間投資。以每英里三萬美元的光纖電纜鋪設成本計算，這個判斷是準確的，企業的確無法回本，但並不是非得鋪設每英里三萬美元的光纖電纜才能取得進展。鄉村對寬頻的需求真實存在，而提供寬頻還有另一個成本較低、符合市場機制的方法。

歷史與科技在此交會，指引我們未來重要的路。

◆消弭數位落差的因應之道

縱觀歷史，在鄉村地區，有線電視、電力、市內電話等有線科技的普及速度，總是比廣播、電視、手機等無線科技還要緩慢，市內電話花了四十年，滲透率才達到九〇％，但是手機只花了十年就達到了。世界上不存在廣播落差或電視落差，因為這些無線科技的普及速度快，插電即可播放，調對頻率即可運作[216]。歷史的經驗告訴我們：如果能以無線科技取代光纖電纜來提供寬頻服務，便能在美國與全世界以較低成本，快速提高鄉村地區的寬頻覆蓋率。

過去十年，有一項新興無線科技正在開發，稱為電視空白頻段（TV White Spaces, TVWS）[217]，是使用電視頻段中的空白頻道進行遠距訊號傳輸。在有線電視時代以前長大的人都知道，以前家裡要看電視，就必須在屋頂上裝設大型天線，或是花時間調整客廳電視機上長得像兔耳朵的小型天線，來接收特高頻（Very High Frequency, VHF）與超高頻（Ultra High Frequency, UHF）訊號，這類高強度地面訊號能涵蓋數英里，翻山越嶺、穿越森林，並穿透居家牆壁。現在有許多特高頻與超高頻頻道都處於閒置狀態，能做為其他用途。若是使用新開發的資料庫科技、天線及終端裝置，便能利用這些頻段：將光纖電纜連接到電視空白頻段基地台，然後用基地台發射無線訊號至方圓十英里內的各個城鎮、家戶及農場。

很湊巧，我正好曾協助啟動非洲首次電視空白頻段科技現場示範。二〇一一年在肯亞奈洛比

（Nairobi）的聯合國會議上，我們邀請與會代表使用Xbox，並利用一英里外發送的電視空白頻段訊號為Xbox提供寬頻網路連線。肯亞政府官員馬上就發現這項科技的潛力，於是我們便與肯亞政府及其他國家的政府展開合作。二〇一五年，我再次造訪肯亞的一個小村落，這個村落位於赤道上，只有一二%的居民有電力可用，但是我們與一家新創企業合作，利用電視空白頻段提供當地居民寬頻網路。我與當地居民進行訪談時，教師表示學生的成績提升了，有些人則說現在能在本地找到一年前完全無法想像的工作。

到了二〇一七年，我們斷定電視空白頻段已能大規模推廣，可以在美國鄉村地區設置。經過數個月規劃後，七月就在華府威拉德洲際酒店（Willard InterContinental Hotel）發表微軟鄉村波段計畫（Microsoft Rural Airband Initiative）。

我們承諾要在五年內，也就是二〇二二年七月四日前，讓兩百萬美國鄉村居民能有寬頻網路使用。我們並不打算跨足通訊業，但是會與通訊業者合作，部署能接收電視空白頻段的新式無線裝置等各類無線科技。承諾接下來五年內會將本計畫的所有利潤進行再投資，以持續拓展覆蓋率，並且呼籲政府制定國家政策，以推動鄉村寬頻網路的普及，我們宣布將在十二個月內在十二個州推動十二項計畫，並以此為基礎持續擴張。

我們選擇威拉德洲際酒店做為發表地點是有原因的，除了為求吸引國會議員關注外，也是在向一九一六年三月七日在同一地點舉辦的一場特殊活動致敬。亞歷山大・格拉漢姆・貝爾（Alexander

Graham Bell）、AT&T公司主管及全國各地的專家，齊聚威拉德洲際酒店參加國家地理學會（National Geographic Society）舉辦的奢華晚宴，慶祝貝爾發明電話四十週年。然而，AT&T的主管不只是要慶祝過去的成就，更是制定計畫利用這場晚宴勾勒出未來的宏偉願景[218]。

AT&T總裁西奧多．魏爾（Theodore Vail）提出願景，將遠距電話普及到全美的各個角落，無論多麼遙遠。這個理念引發全國熱烈迴響。那晚以前，大家都認為商業電信服務只會局限於大都會之間的城際傳輸，頂多連結到一些小型電話局。「在不久的將來，任何人在任何地點都能與全世界任何地方的任何人進行即時通訊，這樣的願景會太過分嗎？」魏爾向與會貴賓問道[219]。

身處今日的我們都知道這個願景是可以達成的，後來美國也實現這個願景。我們想表達的是，美國曾克服這樣的挑戰，因此相信有能力再次克服同類型的挑戰。

在宣布微軟鄉村波段計畫要把寬頻普及到兩百萬美國的人的同時，我們也表明真正的目標更為遠大，我們想利用科技駕馭自由企業的力量，推動新的市場機制，加速縮減城鄉寬頻落差。微軟會將部分資金用來投入加速晶片廠與終端裝置製造商的硬體創新，這些終端裝置會把訊號傳輸到居家、辦公室及農場，並轉換成Wi-Fi訊號，同時也會動員小型電信業者組成採購聯盟，以獲得大型業者才享有的數量折扣，能以較低單價購入終端裝置。

不久後就發現，比政府更能採取因地制宜、靈活敏捷的措施，因此進度超前。微軟鄉村波段計畫宣布後十七個月，就與十六個州組成商業聯盟，預估能讓一百萬原本沒有寬頻網路可用的居民享有這項服務。我們原本目標是要在二〇二二年前把寬頻普及到兩百萬人，但是因為進度超前，在二〇一八年底將目標上修至三百萬人。若是採取更多行動，這項科技的普及仍有加速空間。

◆民間與企業攜手推動鄉村寬頻網路普及化

可想而知，微軟的計畫獲得熱烈迴響，鄉村地區的談話廣播節目與媒體社論紛紛表達支持，州長和國會議員踴躍來電，表示希望自己的州與選區能夠納入計畫。

這項計畫執行的關鍵是要能因地制宜，在各地部署合適的科技。我們認為電視空白頻段和其他固定無線網路科技能覆蓋八〇％的偏鄉弱勢居民，尤其是人口密度介於每平方英里兩人至兩百人的地區，但是其他地區還需要電纜與衛星等科技。我們估計，若是採取混合策略，初期資本與營運成本大約會比全光纖電纜方案低八〇％，比現行固定無線網路科技長期演進技術低五〇％。

有人覺得很不可思議，聽見微軟鄉村波段計畫竟然要把與電信業者合作產生的收入進行再投資，為什麼企業會這樣花自己的錢？我們表示，若是更多人能連線到雲端，包括微軟在內的整個科技業都將受益。此外，我們正在開發新的應用程式，讓鄉村居民一旦連上網路便能使用。其中我們最喜歡的程式名為FarmBeats，該程式利用電視空白頻段連結農地上的小型感測器，協助農民落實精準農業技術，提升農業產能，並降低農地逕流。如果能找到新技術，用對的方法做好的事，便能吸引更多投資，進而讓鄉村經濟成長復甦。

然而，若要縮減寬頻落差，除了市場機制外，政府部門的作用也很重要。首先，我們需要明確穩定的法規，確保持續有電視空白頻段可用。雖然有些電視頻譜會開放行動電信業者競標，並釋出證照給業者，但是一定要確保每個市場至少都有兩個可用頻道供電視空白頻段科技使用，而且鄉村地區必須有更多的頻道。好消息是公部門已展開多項行動，未來也會持續努力。

我們也希望政府資金能挹注新科技，而不是單純在地上鋪設昂貴的光纖電纜。政府若能與電信業者配合投資，為特定地區提撥金額匹配的資金，便能以低廉的成本發揮重大影響，加速計畫推動，將寬頻網路普及至民間企業憑藉自身力量較難到達的地區。

此外，需要整個國家一同關注並縮減寬頻落差。我們必須體認到，寬頻就如同電力一樣，若是一個國家有人有寬頻，有人沒有，人民就會持續分裂。

事實上，美國從前就曾採取措施將電力普及到都會外，直到最後全國所有地區都享有電力。一九三五年，小羅斯福總統因為同情鄉村農民的困境，承諾要將電力帶進農村。他明白在美國步入新科技時代的同時，不能拋下農村的居民。

當時，小羅斯福總統正推動「新政」（New Deal），讓美國從經濟大蕭條中復甦，配合這項政策，總統簽署命令設立農村電氣化署（Rural Electrification Administration, REA），授權該單位協助農民組成地方電力合作社，以支付最後一哩電線架設費用。合作社這個概念在農村很常見，許多農民都習慣透過合作社購買種子與設備。農村電氣化署提供低利貸款建設地方電力系統，電力系統的所有權和經營權則屬電力合作社擁有。

該計畫始於華府，但是若要成功推動，就必須有人將電力的承諾帶到全國各個角落讓大家知道。當時就如同今日，想改變國家的人必須實際前往愛荷華州，不是要競選總統，而是要散播新科技的承諾。

◆推廣鄉村電力的歷史過程

八十多年前，愛荷華州瓊斯郡（Jones County）的農民疲憊不堪，他們面臨的困境與我們在松節餐廳會見的鄉親類似，但是一九三八年夏天帶來了希望。愛荷華鄉村的居民聚集在該州東部阿納莫薩（Anamosa）小鎮，在大帳篷裡觀看馬戲團開幕夜表演，暫獲喘息，甩開整日勞動的疲憊，暫時忘卻近十年的經濟蕭條。

馬戲團演出沒有小丑、特技，也沒有動物表演，但是同樣精彩，這是農村電氣化署的巡迴電力馬戲團。帳篷內展示電燈、電爐、冰箱、養雞設備、榨乳機等現代科技，全部由當年的凡娜・懷特（Vanna White）這位農村電氣化署第一夫人路易姍・麻美（Louisan Mamer）展示[220]。

麻美按下開關或轉動把手，便能照亮房間、清潔並整燙衣物、播放音樂、清理灰塵、冷凍食物。在沒有電力的時代，煮菜是一項艱難的任務，但是麻美讓廚房工作看起來很容易，她使用西屋電氣的電爐快速製作燉牛肉、烤火雞、水果糕點，讓觀眾驚呼連連。最後，邀請在場兩位觀眾進行烹飪比賽，將展示節目帶到最高潮[221]。

麻美剛加入農村電氣化署時，九〇%的美國城市居民都有電可用，但卻只有一〇%的農村居民可用電[222]，這麼大的城鄉差距在西方國家絕無僅有，當時九五%的法國農村都有電力可用，多數農村的居家與穀倉都已通電[223]。

如同今日的大型電信業者，從前的美國民間電力公司只在主要幹道附近的城鎮架設電力系統，略過人口密度低的農村地區。這些企業認為，將電纜延伸至廣大偏鄉地區的成本無法回收，就算這些農村通電了，美國農民也永遠無法支付每月電費，因為受到經濟大蕭條重擊。

缺乏電力使得農民無法享有現代生活的方便與舒適，也造成農村無法享受國家的經濟復甦。連接電力就是連接到美國的新經濟，但是農村居民若要連接電力，就必須支付離譜的費用，請私人電力公司將電線延長到當地。當時賓州有位名叫約翰．埃爾．喬治（John Earl George）的農村居民，家住德瑞鎮（Derry Township）的他想請賓夕法尼亞電力公司（Pennsylvania Electric Company）延長一千一百呎電線到家中，結果電力公司報價四百七十一美元。一九三九年的四百七十一美元相當於賓州農村的平均年收入[224]。

最後，農村電氣化署在美國一共輔導四百一十七家合作社，支援二十八萬八千家戶[225]，派遣麻美與電力馬戲團展開為期四年的全國巡迴演出，教導農民如何有效使用這項新科技。愛荷華州馬科基塔谷農村電力合作社（Maquoketa Valley Rural Electric Cooperative）是馬戲團的第一站[226]，到了第四年，吸引超過一萬名農村居民前來觀看[227]。

一九三〇年代末，四分之一的農村家戶都通電了[228]。在賓州，喬治支付五美元會費，加入西南中央農村電力合作社（Southwest Central Rural Electric Cooperative），之後收到的第一張電費帳單只要三．四美元[229]。小羅斯福總統於一九四五年逝世時，九成的美國農場都有電力[230]。透過公私協力與些許巧思，美國在十年內就縮減八〇％的城鄉電力差距，而且這項成就是在辛苦的經濟復甦和二戰時期達成的。

麻美認為，將現代科技引進農村不只是出於經濟需求，更是一項社會理念。她小時候在伊利諾州農村長大，沒有自來水與電力，因此切身明白農民工作的辛勞。欠缺電力不只是傷害農村家庭的生計，更傷害他們的生活。「我認為，每個農村家庭都明白，必須減輕家庭主婦的辛苦工作。」麻美年過八旬時，在訪談中表示：「家庭主婦必須以辛苦的勞力進行所有工作，又生了很多小孩，因此壽命遠比今日來得短[231]。」

麻美的故事印證，散播新科技不只是出於經濟需求，我們必須把散布科技當作一項社會理念。

◆網路連線讓人得以看見生命中更多的可能

駛離華盛頓州費里郡的路上，我們七嘴八舌地討論在當地的所見所聞，其中一個討論到的問題是，我們能提供什麼具有實質效果的協助？

我們並不想像許多人一樣，對農村居民開出一堆空頭支票。我們明白，微軟波段計畫能將二十一世紀科技引進費里郡，讓康茲與當地居民享有寬頻網路，於是請微軟波段計畫主管保羅・嘉內（Paul Garnett）開始找尋適合的合作夥伴。

嘉內的團隊成功了，我們在該年年底宣布與Declaration Networks Group簽署協議，於往後三年使用電視空白頻段，提供寬頻網路連線給費里郡與旁邊的史蒂芬郡（Stevens County），雖然這只是一個開端，但是已達成實質成效。

二〇一九年夏天，首次參訪費里郡後一年，我們回到共和城視察Declaration Networks Group及其他合作夥伴的執行進度。這一次我們就沒有迷路了。

當晚駛離共和城前，我們造訪主要街道上的共和城釀酒公司（Republic Brewing Company），這裡也是該鎮的社交中心，店面有大型鐵捲門，白天時鐵捲門會打開，在人行道上擺放桌椅。

我們上一次造訪時，有一位店主就在吧檯服務，當時她聽到我們是微軟的人員還很訝異，我們和她聊天時，她向我們提出一項機會與一項挑戰。「我堅信，五年後這裡的網路連線狀況會與今日完全不同。」她說道：「這裡有很多人才，一旦有更好的網路連線，他們就會發現自己的人生有好多不同的機會。」

這項挑戰便成為我們接下來數個月的工作重點。往後數年，這項挑戰必須憑藉全國之力才得以達成。

第十章

人才落差：靠企業增稅創造教育基金

大多數人都認為科技業是產品導向的產業，畢竟吸引大眾目光、形塑人類工作與生活方式的是科技業生產的產品。然而，現在的世界中，產品的熱潮稍縱即逝，今日的熱門產品很快就變成昨日的記憶，科技公司的實力取決於下一項產品，而下一項產品的實力則取決於製作產品的人才；也就是說，科技業在根本上是人文導向的產業。

第四波工業革命的主軸是數位轉型，每家企業或多或少都在變成科技公司，政府與非營利組織也是如此，因此科技的人文面對經濟的各個層面至關重要。

這個現象的影響廣泛而深遠，若要在數位時代成功，企業就必須招攬國內外的世界級人才，地方社群必須培養公民使用新科技的能力，國家必須制定能吸引世界頂尖人才的移民政策，雇主培養的團隊必須反映並了解客戶與民眾的多元性。因此，不只應招募多元人才，更應培養文化、設立機制，以鼓勵員工不斷互相學習。此外，科技加速重點都會區成長的同時，這些地區必須因應該成長對於個人，乃至於整個社群產生的挑戰。

在每個地區，科技公司都仰賴當地社群，乃至於整個國家的支援。在每個地區，科技公司都有機會也有責任做出更多的貢獻。這是一項艱難的挑戰，如同魔術方塊一樣，必須同時轉動數個部位才能解決。

◆移民創新貢獻造就領先全球的優勢

我們要如何有效培養科技人才？

我們在二〇一八年造訪微軟年度科技節（TechFest），學到寶貴的一課。微軟年度科技節是每年為了軟體開發者舉辦的科學展，舉辦地點是微軟會議中心，舉辦單位則是微軟研究院（Microsoft Research）。

微軟研究院普遍稱為MSR，是全球最大的基礎研究中心。該機構非比尋常，是由菁英中的菁英組成的科技研發單位，不過卻是讓我們一窺科技世界的很好窗口。

微軟研究院有超過一千兩百名博士，其中八百名擁有電腦科學學位。相較之下，一流大學的電腦科學系通常只聘用六十至一百名博士教職員與博士後研究員。論素質，微軟研究院能與任何一所頂尖大學相提並論，相當於規模乘以十倍的世界級頂尖大學電腦科學系。數十年前，AT&T在貝爾實驗室（Bell Labs）組成菁英科學研究團隊，微軟研究院就是今日的貝爾實驗室[232]。

微軟研究院的年度科技節就像貿易展，但是通常僅限微軟員工參加。會場上，研究團隊設立攤位展示最新的成果，展覽的目的是讓微軟各個團隊的工程師了解新科技進展，並儘速結合到自己的產品裡。

我們必看的其中一個攤位是隱私人工智慧（Private AI），這是近期一項技術突破，能以加密資料集訓練人工智慧演算法，藉此強化保護使用者的隱私。隱私人工智慧的團隊站在攤位前，熱情地回答我們的問題。可以看出，該團隊緊密團結，人員彼此熟識，但是對話結束前，我發現該團隊另一個了不起的地方，就是團隊有八名成員，分別來自七個國家，有兩名美國人、一名芬蘭人、一名以色列人、一名亞美尼亞人、一名印度人、一名伊朗人、一名中國人。八位成員現居西雅圖地區，並在雷德蒙德園區上班。

該研究團隊背後的象徵意義，遠比團隊本身還要宏大。當代科技產生的艱難挑戰，必須仰賴世界頂尖人才來解決，而美國的移民制度讓我們能網羅這類人才。

對美國科技業來說，移民一直是艱難議題。一方面，美國就是靠移民才得以成為全球科技領導大國，若是未能吸引全球頂尖人才到國內頂尖大學工作，或到各個科技核心地帶居住，美國根本不可能在資訊科技領域成為世界第一強權。

從前在西岸仍是農業為主、矽還只是沙子的年代，移民的創新就對美國非常重要。在經濟大蕭條最嚴重的期間，美國吸引愛因斯坦自德國移民過來，讓小羅斯福總統意識到必須推動曼哈頓計畫（Manhattan Project）[233]。二戰後，美國開放德國火箭專家移民，促成人類登月計畫成功。聯邦資金挹注頂尖大學基礎研究，德懷特・艾森豪（Dwight Eisenhower）總統在公立學校推動數學與科學教育[234]，在這樣的政策下，美國形成一套研究、教育及移民制度，成為全球經濟與學術大國，並維持長達數十年的領導地位。

◆日益分歧的移民議題，造成科技創新受阻

全世界其他國家無不學習美國模式，並推動政策加以模仿，但是隨著時間過去，美國卻忘了當初這套模式成功的原因。在美國，這套模式原有的政治支持正在瓦解。

二十一世紀剛開始，美國對移民議題的分歧日益嚴重，科技業對此非常頭疼。年復一年，共和黨都會支持高技術移民，但卻拒絕推動整體移民制度改革；民主黨也支持高技術移民，但條件是要實施整體移民制度改革。每年，科技業都與兩黨領袖協商，但幾乎都以失敗告終。二〇一六年總統大選後，情況更是惡化。

二〇一六年十二月，納德拉與我搭機前往紐約的川普大廈出席總統當選人川普與科技業領導

者的會議。在飛機上，我們決定在會中提起移民議題。會議開始不久，納德拉就表示移民對他的人生很重要，對今日的美國也很重要。沒有人回應，直到川普親切有禮地詢問是否願意表達自己的看法，大家才開始提出評論。川普告訴我們可以暢所欲言。「只有壞人才需要離開。」川普說道：「所有的好人都可以留下來，也都可以持續進來。」這句話實在無從反駁，不過誰知道真正實行又會是什麼情況？

我們在會議上抽空與進來的白宮幕僚討論移民和教育議題。起初，我們以為有一絲希望，但是到了二〇一七年二月，川普總統上任一個月後，這份希望破滅了。川普總統簽署命令，完全禁止七個穆斯林國家的公民進入美國，全美各地都有人聚集在機場，抗議總統以宗教為基準針對特定國家執行禁令。微軟有一百四十名員工與家屬受到禁令影響，還有十幾位正好人在國外，因此無法回到美國。

科技業的立場很明顯，肯定支持自己人，既然員工與家屬受影響，就會協助他們度過危機。不出數小時，華盛頓州檢察長鮑伯．佛格森（Bob Ferguson）決定提起訴訟。我們也著手制定策略，亞馬遜思慮周全的法務長大衛．札波斯基（David Zapolsky）在一開始數日也提供重要協助[235]。我安排下週日下午進行視訊會議，並且與蘋果、亞馬遜、臉書、Google決定一起合作撰寫案件摘要，集結科技業的支援。

儘管穆斯林入境禁令引發軒然大波，我們仍希望事情能緩和，並找到妥協的餘地。二〇一七年六月，納德拉和我再度前往白宮參與科技業領導者的會議。本系列會議是由微軟前財務長克里斯．利德爾（Chris Liddell）規劃，他現在正於傑瑞德．庫許納（Jared Kushner）的領導下，推動一系列聯邦政府現代化計畫。我在會議期間參與一場直話直說且討論範圍廣泛的小組會議，探討能否提出更宏觀的移民政策。儘管白宮幕僚顯然有派系分歧，但是我們重拾些許希望。

然而，到了九月初，白宮與政府顯然準備推動新一波的限縮移民政策。川普總統可能終止《童年入境者暫緩驅逐計畫》（Deferred Action for Childhood Arrivals, DACA），使得超過八十萬個年輕的「夢想家」（DREAMer）[236]面對未知命運，其中就包含微軟的員工，於是我們呼籲制定妥協方案，在維護邊界安全的同時，也能保留《童年入境者暫緩驅逐計畫》和其他重要移民措施。

但是，一切都徒勞無功。在決策宣布的數小時前，我與白宮人員談話時，就發現情勢愈來愈不樂觀。我和微軟財務長艾米．胡德（Amy Hood）一同腦力激盪，思考該如何保護依靠《童年入境者暫緩驅逐計畫》居留美國的微軟員工。我們制定計畫，並經過納德拉核准，當總統宣布廢止《童年入境者暫緩驅逐計畫》時，已經準備妥當。微軟是第一家承諾為受影響員工提供法律辯護的公司。與全國公共廣播電台（National Public Radio, NPR）記者訪談時，我表示聯邦政府如果要遣返微軟任何一位依靠《童年入境者暫緩驅逐計畫》居留美國的員工，「就必須先面對我們[237]。」我們與普林斯頓大學及該校的一名學生聯合提起訴訟，挑戰總統撤銷《童年入境者暫緩驅逐計畫》的決定[238]。

在許多方面看來，撤銷《童年入境者暫緩驅逐計畫》的決定為接下來的移民議題討論定調。

大家會進行協商討論妥協方案，但是最後都以失敗告終。這個規律已經持續十幾年了，喬治・布希（George W. Bush）總統就曾在續任時提出全面性法案，以解開移民問題的死結；歐巴馬總統在第二任任期內也嘗試過，促使參議院在二〇一三年通過一套全面性法案。然而，最終獲勝的仍是僵局。

◆人才培育化解移民與本國公民的就業衝突

現在的情勢更嚴峻，兩黨都退回自己的政治舒適圈，鞏固自己的支持群體，畢竟這樣比較輕鬆。因此，到頭來兩黨一事無成，毫無建樹。

除了政治外，我們有時候也會遇到類似情況。商業界或法律界也會時常因為單一議題而產生拉鋸戰，而這樣的拉鋸戰必定形成一方贏家、一方輸家，造成持續的僵局，最終導致一事無成。

弔詭的是，有時要化解僵局，就必須擴大討論範圍。進行協商時，我總是秉持一項原則：千萬不要將協商範圍縮小到單一議題，因為這樣只會產生一個贏家，因此必要時應拓展其他有機會達成共識的議題。我們應擴大討論範圍，涵蓋更多議題，創造更多互換條件、妥協讓步的機會，讓各方到最後階段都能宣稱自己獲勝。微軟當初與全世界政府和企業發生反壟斷與智慧財產權糾紛，最後成功度過難關，這個策略功不可沒。

因此，我們認為移民議題也能藉由這個策略解決，畢竟必須取得實質且公正的平衡，在吸引移民來到美國填補科技業新職缺的同時，也要為美國公民創造更多的工作機會。

這既是原則政治，也是務實政治。我們面對移民議題已久，因此明白移民議題的最大政治難題就是，有些人認為移民會威脅美國原生公民的機會。除了美國外，我們發現許多微軟聘僱員工的國家也面臨同樣的難題。如同貿易，有些人認為開放移民會威脅本地人的工作機會。然而，移民之所以會引發這麼大的政治爭議，更是因為有些人認為移民帶來的外國習俗可能會顛覆本地文化。

二〇一〇年，我們提出自認為最好的想法，呼籲美國推動「國家人才計畫[239]」，冀望能擴大討論範圍、促進移民，但是同時為美國人創造更多機會。我們提出有限度增加簽證與綠卡核發，但是大幅提升移民費用，並利用增加收入擴大教育和訓練機會，培養新工作最需要的能力。

這個方案自然有許多細節尚待擬定。二〇一三年，有一群參議員著手處理這項挑戰。歐林·海契（Orrin Hatch）與艾米·克羅布查（Amy Klobuchar）主導兩黨合作，提出所謂的《移民創新法案》（Immigration Innovation Act）[240]，俗稱I平方（I-Squared）法案。該法案採納我們之前提出的方案，同時解決特定重點國家綠卡嚴重短缺的問題，並實施其他遲來的改革。法案多數條文都成功納入全面性移民法案，並由參議院於二〇一三年通過，但是卻在眾議院卡關。二〇一六年十二月，在川普大廈討論移民問題時，我再次提出本方案，大部分的科技業領導者都表示支持，但是總統當選人川普的幕僚卻明顯出現分歧。

I平方法案有個重點：籌措經費資助一項愈來愈重要的理念。現在世界各國都應協助人民培養技能，提升勞動力在人工智慧經濟與科技經濟中的就業力。身為科技公司，微軟對此責無旁貸，畢竟這也攸關微軟的人才招募。一九九〇年代反壟斷訴訟風波，讓微軟深入人才培育的領域，也因而看見一些更深層的議題。

◆微軟反壟斷案和解金讓科技師資培訓問題浮上檯面

二〇〇三年一月初，長假剛結束，微軟就遇上轉折點。華府聯邦上訴法院判決我們的反壟斷案敗訴後，許多消費者向微軟提出集體訴訟，其中加州居民提出的集體訴訟是規模最大的。我們的訴訟團隊制定原則性協議，準備針對加州的集體訴訟達成和解，和解金額高達十一億美元，是公司史上最高金額的和解案。我寄了一封電子郵件給時任執行長的巴爾默，向他告知決定和解。郵件寄出後，我緊張萬分地等待回覆。

當天早上，巴爾默走進我的辦公室討論和解一事。如同幾乎所有的企業主管，他明白提起集體訴訟的律師總是會確保自己能從和解協議中大撈一筆。然而，巴爾默在思考此案是否有其他的可能。他如同往常一般，在辦公室裡來回踱步，然後坐下，但卻不是坐在椅子上，而是翹著腿坐在辦公桌上，我還是第一次看到他這樣。他直視我的雙眼，並說：「既然我們要花這麼多錢，我要求你必須確保真正的人能得到真正的好處。」我向他保證一定會做到。

最終的和解協議滿足巴爾默的要求。微軟同意發行折價券給學校，學校就能藉此購買新的電腦科技，並且不只能購買**微軟的**產品，而是能購買任何品牌的軟體、硬體及服務，就連微軟競爭對手的產品都能購買。後來，我們在全美各地執行該方案，總計發行三十億美元的折價券給全國學校。

然而，後來該和解方案讓我們看見一個整個國家也都發現的問題：儘管花費數十億美元，但學校面對的最大挑戰不是添購電腦硬體設備，而是培養教師使用科技的能力。當時我們還不知道，但之後必須面對最大的教師技能挑戰：提供機會讓教師學習電腦科學，畢竟許多教師在就讀高中或大學時，電腦科學領域才剛萌芽。教師學成後，才能教授程式編寫與電腦科學課程，以培養下一代學生未來所需的能力。

電腦科學已成為二十一世紀的主導領域。現代工作愈來愈數位化，而布魯金斯學會（Brookings Institution）於二〇一七年的研究發現[241]，數位化程度高的工作，薪水會比數位化程度低的工作來得優渥[242]。華盛頓大學（University of Washington）頂尖教授艾華・拉佐夫斯卡（Ed Lazowska）表示，電腦科學已成為「任何領域的核心」。他解釋道：「不只是軟體，連生物也是，任何你想得到的領域，電腦科學都是核心[243]。」

然而，能教授電腦科學的老師嚴重缺乏。全美不到二〇%的高中開設電腦科學進階先修課程[244]（Advanced Placement, AP）。二〇一七年，修習電腦科學進階先修課程的學生人數比其他十五個學科都來得少，包括歐洲史，其中一大挑戰是電腦科學課程的師資培訓成本高昂[245]。

◆慈善組織協助培育數位化人才

政府解決這個問題的速度緩慢，但是慈善組織的動作較快，其中一位做出貢獻的是王寬，他擁有電腦科學與教育學位，先在高中任教，後來才成為軟體工程師。加入微軟三年後，一所西雅圖高中發現他的背景，便邀請他志願開設電腦科學課程。他同意了，不久後當地的其他學校也紛紛詢問能否前來授課。

王寬表示，他在白天有全職工作，顯然不可能同時在五所學校授課，如果學校願意，他可以請微軟的其他軟體工程師與學校的數學老師共同授課。志願工程師能提供電腦科學專業，數學老師則懂得教學方法、教室管理及師生互動。與工程師合作的過程中，數學老師也可以學習電腦科學，往後便能自己教授電腦科學課程。就這樣，新的教師培訓機制產生了。

於是，微軟慈善（Microsoft Philanthropies）開始推動「學校科技教育與科技素養」（Technology Education and Literacy in Schools, TEALS）計畫，並將該計畫定為該單位的教育使命基石。微軟慈善每年從微軟和其他企業與組織招募一千四百五十名工程師，在全美二十七州、華府及加拿大英屬哥倫比亞省的五百所學校教授電腦科學課程。

另一位哈迪．帕托維（Hadi Partovi）做出的貢獻更大，他的父母是伊朗人，在伊朗伊斯蘭革命期間逃出母國，移民美國。帕托維曾在美國西岸各地創辦並資助各類科技新創公司，儘管他的事業很成功，父親卻希望他能達成更重要的成就，於是帕托維便自掏腰包創辦名叫Code.org的新組織，這個組織改變電腦科學教育的面貌[246]。

以傳統非營利組織來說，Code.org的觸及範圍實在令人敬佩。為了讓下一代接觸程式撰寫，帕托維建立名為Hour of Code的年度計畫，以一小時線上課程啟發學生撰寫程式。他利用自己強大的行銷技能，至今已吸引全球數億學生參與[247]。後來，微軟成為Code.org的最大贊助者，支持該組織在全美各地開設師資培訓與教師支援計畫。

現在，我們需要更多支援才能將電腦科學教育推廣到各種背景的學生。如果說每個學生都必須修習電腦科學，可能會有人不太同意，但是若說每位學生都應有機會修習此課程，我想並不會有人反對。因此每所高中都必須引進電腦科學課程，並且向下扎根。要落實這麼大規模的教師訓練，就一定要仰賴聯邦政府的經費。

◆政府與民間企業致力推動電腦科學教育

經過數年遊說後，聯邦政府終於在二〇一六年展現興趣。該年一月，歐巴馬總統宣布一項大膽的提案，要投入四十億美元聯邦預算將電腦科學引進全美的學校。然而，儘管此提案引發大家的興趣，最後國會卻沒有編列任何新經費[248]。

隔年，伊凡卡．川普（Ivanka Trump）取得較大的進展。在父親入主白宮前，她就開始想辦法運用聯邦資金將電腦科學引進美國的學校。她認為自己能說服總統支持這個想法，但也認為政府資金的關鍵就是要說服主要科技公司提供大筆民間資金。她表示，如果科技業承諾投入三億美元，就會想辦法讓聯邦政府撥出十億美元的預算支援。

一如既往，現在的問題是誰要率先響應。白宮正在徵求企業承諾五年五千萬美元的資金。由於微軟長久以來都參與該領域並提供資助，並且在歐巴馬總統任期內也曾提倡這類計畫，因此成為首選。我們同意投入資金，接著其他企業也跟進。二〇一七年九月，微軟慈善負責人瑪麗．史奈普（Mary Snapp）與伊凡卡在底特律共同宣布計畫。

學校提供電腦科學教育，下一代才能在不斷演進的經濟中獲取機會。然而，學生只是趨勢的一部分，現在有愈來愈多非營利組織與州政府都在推動創新計畫，強化地方學校，資助社區大學，推廣終身學習，並為已經出社會的勞動人口提供轉換跑道的機會。美國許多團體都會出國考察，探討瑞士的師徒制或新加坡的終身學習帳戶制度能否在美國推動。這是整個國家都必須面對的挑戰，儘管華府陷入僵局，但全國仍在進展。

科技業也投資人才培育與求職工具，微軟的領英即屬此例。領英推出「經濟圖表」（Economic Graph）[249]，整理出各個國家與地區之企業創造的工作類型，以及這些職缺要求的專業技能。經濟圖表整合領英全球超過六億會員的數據，協助政府制定合適的教育與人才培育政策。從科羅拉多州、澳洲到世界銀行（World Bank），全球各地的政府單位和非政府組織都在使用經濟圖表做為政策制定之參考[250]。

領英的資料顯示，電腦科學與資料科學技能對新進求職者愈來愈重要。二〇一九年五月，領英學習（LinkedIn Learning）上，大學畢業新鮮人進修的前四大技能為資料視覺化、資料建模、程式語言、網站分析，此資料在在凸顯這股趨勢的走向[251]。微軟兩位銷售主管尚—菲力普．古德華（Jean-Philippe Courtois）與賈德生．艾瑟夫（Judson Althoff）體認到，隨著新科技散播，微軟必須投資技能發展課程，但不只是為自家員工提供培訓，還有客戶的員工。因此，微軟制定計畫，將人工智慧和其他科技技能帶給全世界的客戶。

隨著我們取得進展，新課程與新挑戰持續出現，其中一項挑戰是要確保大家能以平實的價格培養新技能。如果學生在高中修習電腦科學課程，且畢業後想進入大學攻讀電腦科學學位或其他與電腦科學有關的高等文憑，應提供平價的管道。面對這項挑戰，科技業與政府可採取新的合作模式來解決。

◆利用企業增稅提供教育基金，發揮實質正向影響

在華盛頓州就有這樣的方案，州議會設置華盛頓州機會獎學金（Washington State Opportunity Scholarship）計畫，與私部門一起提供適切資金，資助當地學生攻讀醫療、科學、科技、工程、數學等大學學位[252]。自二〇一一年以來，該計畫已募資超過兩億美元，資助約五千名大學生，提供為期一年的獎學金，每位學生最高能得到兩萬兩千五百美元獎學金。這項計畫讓更多人能接受大學教育，有三分之二的受領人是全家第一位上大學的，而且大部分的受領學生都是女性與少數族裔[253]。

這對微軟與波音等主要民間贊助單位當然是好消息，但更好的消息是本計畫採取綜合策略，因此也產生更全面的影響。該計畫的常務董事納莉亞．聖露西亞（Naria Santa Lucia）於五年前加入，她致力為學生提供顧問諮詢服務、找尋實習機會、連結潛在雇主，讓企業與個人能發揮作用。這個配套策略不只提升受領學生的畢業率，更讓學生在畢業後能找到薪資優渥的工作。近期調查發現，畢業五年後，受領人的收入中位數竟然比整個原生家庭在受領人開始大學學業時高出近五〇％。同時在全美，三十歲青年收入高於父母以前同年齡收入的機率「從四十年前的八六％降至今日的五一％[254]」。

由於該計畫的成功，我們決定在當地推動更多計畫，讓更多人培養新技能與接受高等教育。二〇一九年初，地方領導人詢問我能否與華盛頓大學校長安娜．瑪麗．考斯（Ana Mari Cauce）合作，共同推動建立一個新的教育基金，政府將對仰賴高等教育體系的企業加稅，並以增加的稅收做為基金的資金來源。

儘管這個想法很吸引人，但是也有挑戰。我想確保這些資金不只應用資助就讀四年制大學的學生，也能用來資助就讀專科學校與社區大學的學生，並想確保該獎學金設置獨立董事會監督經費使用，同時制定條文，保護資金不會在經濟蕭條時遭到挪用。

雖然上述這些提議相對來說不難達成，但要提倡讓其他企業繳更多稅還是有點為難，於是胡德與我坐下來討論，微軟的倡議對公司財務與商譽的影響。我們的結論是，如果要冒著公司商譽風險提倡對地方企業加稅，在提出的架構中，微軟與亞馬遜這兩家華盛頓州最大的科技公司應負擔最高稅率。

我們的提案就是如此，而州議會也通過了。我們在《西雅圖時報》（*Seattle Times*）發表社論[255]，開始進行公共倡議，提議增加華盛頓州的服務營業稅。如同我們在社論中寫道：「我們應請科技巨頭做出更多貢獻，畢竟這些企業也是高技能發展人才的最大雇主[256]。」雖然這項提案一開始造成微軟和其他企業之間發生些許摩擦[257]，但是州議員仍找到方法達成妥協，將每家企業每年新增稅額的上限訂在七百萬美元。六週後，州議會通過新的預算案，其中包含每年為高等教育籌措兩億五千萬美元資金。

華盛頓州新通過的《勞動力教育投資法》（Workforce Education Investment Act）承諾，「為就讀社區大學與公立學術機構的中低收入學生提供全額或部分學費補助，為經費窘迫的社區大學提供新資金，並自二〇二〇年起讓助學金候補名單上的學生都能接受補助[258]」，因此受到全州乃至全國的肯定。天普大學（Temple University）有位教授表示，這項法案是近年來「最進步的州級高等教育資金法案[259]」。對我來說，這項法案證明若是科技公司願意採取社會導向的策略，並付出一些超額貢獻，便能發揮實質的正向影響。

◆消弭技能落差，避免日益分歧

可惜這類進展仍是沙漠中的綠洲。在美國，培養科技技能的機會分布極度不均，如同寬頻落差，技能落差對特定族群造成更大的影響，讓美國內部的各種分歧更加惡化。

技能落差對不同族群的影響不一，從電腦科學課程的學生資料即可看出。現在的科技業缺乏女性，而二〇一八年報名電腦科學進階先修課程考試的學生中，只有二八％為女性[260]。除性別差距外，弱勢少數族裔的比例也偏低，這些族群占了全美學生總數的四三％，但是只占應試學生總數二一％[261]。此外，現在的美國鄉村缺乏經濟機會，而二〇一八年報名電腦科學進階先修課程考試的學生只有一〇％來自鄉村[262]。

總而言之，與全國平均相比，修習電腦科學先修課程的學生有更多比例是男性、白人、家庭經濟狀況較好，並且居住在都市。造成這個問題的原因有很多，但是科技業必須負起部分責任，因為在科技業，女性與少數族裔的職涯發展向來較困難。

縱觀歷史，科學與科技領域不乏傑出的女性先驅。目前，瑪麗亞・居里（Marie Curie）是唯一兩次獲得同一諾貝爾獎項的人；貝莎・賓士（Bertha Benz）首先向世界展示個人汽車的潛力[263]。然而，儘管男人都願意肯定這些個別女性做出的貢獻，但是科技業卻遲遲不願體認，也不願為整體女性族群創造更多機會。在大多數的科技公司，女性只占總員工人數不到三〇%，而且占技術職位的比例更低。同樣地，非裔美國人、西班牙裔與拉丁裔在科技業的比例也不到全美人口的一半。

所幸過去幾年這樣的觀點終於開始轉變。科技公司紛紛啟動新計畫，以僱用更多元的員工，並培養更包容的職場文化。科技業開始採用其他產業行之有年的基本政策，如將高階主管的部分薪資與多元化推動實質成效掛鉤，鼓勵主管拿出實質作為，而不是紙上談兵；或是設置招募團隊，協助挖掘優秀的多元人才，並多加造訪傳統黑人大學與擁有優秀西班牙裔學生的大學。

這不是電腦科學，更不是火箭科學，只是常識罷了。現在至少有了起步，但是科技業的多元包容之路，無疑還有很長一段路要走。

或許科技業若是多向外看一點，便能以更宏觀角度來思考人文因素的最後一個面向：科技公司高速成長，為社區帶來的衝擊。

高速成長的科技公司能帶給當地社區薪資優渥的工作，因此各地都想要爭取科技公司進駐，如許多地區都極力爭取亞馬遜第二總部在此設立。一座又一座城市極力想要討好科技公司，迎合科技公司提出的減稅與各種獎勵要求。

◆科技公司入駐衍生的居住問題

然而，成長也會帶來挑戰。雖然出現這些問題代表這座城市很優渥，但是這些問題仍須獲得解決，而且在許多城市中，這些問題愈來愈嚴重。

第一個問題就是高速公路塞車。交通堵塞，通勤時間延長，科技公司開始為員工提供接駁巴士服務。多數週間下午，矽谷的高速公路簡直就是停車場，唯一的差別是停車場內的行車速度還比較快。然而，高速公路塞車只是問題的冰山一角。塞車顯而易見，但是科技公司的成長為城市各項基礎建設造成極大壓力，無論是交通運輸系統或學校都會受到影響。

過去幾年來，問題達到更深的層面。工作機會成長，但是住房供給卻跟不上腳步。根據基本經濟原理，如果薪資優渥的工作吸引人才湧入，然而住房建設無法跟上腳步，房價就會攀升，造成中低收入家庭被迫搬離。社區的教師、護士、警消、急救人員及科技公司的支援人常常被外推到更遠的地區居住，忍受更長的通勤時間。

二〇一八年六月，納德拉和我在西雅圖參與一場小型會議，會中便討論到這個議題。數年來，我們一直在鼓勵地方企業領導者把教育與交通當成整個地區最重要的基礎議題。我們與地方領導人創辦名為挑戰西雅圖（Challenge Seattle）的公民與商業團體，該團體執行長為前華盛頓州長克莉絲汀・格雷瓜爾（Christine Gregoire）。那天早上，我們與挑戰西雅圖中的十位地方領導人進行早餐會議，討論這個組織未來的工作重點。

這場早餐會議讓我頓悟。與會人員輪流發表意見，結果每位出席者都表示，本區域的發展不全然是正面的。在西雅圖，我們向來很自豪自己能避免舊金山與北加州面臨的住房問題，但是現在卻發現西雅圖也無從倖免。隨著亞馬遜與微軟等企業不斷成長，超過八十家矽谷的企業相繼在西雅圖地區設立工程據點。西雅圖原本是翡翠之城（Emerald City），如今一夕變成雲端之城（Cloud City）。二〇一一年至二〇一八年間，房價中位數飆升九六％，同時家戶收入中位數只增加三四％[264]。

當年年初，西雅圖市區的人體認到事態嚴重，無家可歸的人愈來愈多，於是西雅圖市議會提案加徵員工人頭稅，藉此每年籌措七千五百萬美元經費來解決問題[265]。企業界一片哀鴻遍野，亞馬遜終止西雅圖大廈的建設規劃，要脅若是不撤回該決策，將會放慢工作機會成長速度[266]。微軟總部位在雷德蒙德，隔著華盛頓湖與西雅圖對望，在湖的另一端觀看情勢演變。雖然並未參與西雅圖的爭論，但身為旁觀者的我們也是五味雜陳。我們對加徵員工人頭稅同樣抱持懷疑態度，然而同時又認為企業界除了提出批評外，應該做出更有建設性的事，必須站出來採取行動。後來，西雅圖市長與市議會撤銷員工人頭稅，但也未能提出更好的替代方案[267]。

早餐會議上，納德拉提出住房問題，並獲得許多與會者迴響。我提到最近某個星期天上午和西雅圖周邊最大城市貝爾維尤（Bellevue）的警察局長史蒂夫．米列（Steve Mylett）一起喝咖啡。我邀請他見面，原本是為了討論微軟員工在當地遇到的種族問題與對當地警方的看法。米列以開放態度聽取我的觀點，然後告知一件我從未想過的事：由於貝爾維尤的房價高漲，新進的貝爾維尤警察買不起自己巡邏區域的房屋，就連局長也要住在通勤時間一小時外的地區。我們的論點有一個重要關係：如果警察無法住在當地社區附近，就很難與社區建立深度連結。

我與挑戰西雅圖的成員分享這個經歷，並且表示已委請微軟團隊制定計畫，提出新的倡議。散會後，我在走出會議室時向納德拉說明詳情，等走到電梯時，我們已經決定要優先推動這項倡議。

◆與地方社區共榮，創造雙贏

回到雷德蒙德，我們請資料科學團隊進行分析，藉此深入了解問題的樣貌。我們的資料團隊與房地產資料庫Zillow合作，將不動產資料納入分析，建立規模前所未有的資料集。分析結果讓我們與整個區域的人都大開眼界，資料顯示，這個區域不只面臨無家可歸的問題，更面臨總體平價住房危機，而且危機正不斷擴散。這個區域的工作機會成長率為二一％，但是住房建設成長率只有一三％[268]。這樣的落差在西雅圖周邊的小城市更明顯，在這些小城市裡，中低收入住房的建設持續停滯。中低收入家庭被迫住進距離工作地點更遙遠的城鎮與郊區，現在西雅圖地區每日通勤時間超過九十分鐘的人口比例高居全國之冠[269]。

我們認為，一定要採取措施來增加中低收入住房供給，於是花費數個月諮詢這個區域的人士與團體，並向全美和全世界各地學習。在納德拉的支援下，胡德與我決定資助一個更大的內部計畫，胡德委請財務團隊開始制定方案。我們很快就發現，如同其他的大型科技公司，微軟的財務健全，有流動性資產可以動用。二〇一九年一月，胡德與我宣布微軟將投入五億美元資金，提供貸款、投資及慈善捐款來解決該問題[270]。

推動這個重要的計畫，讓我們學到兩件事。第一，光是仰賴金錢無法解決問題，我們針對世界各地的調查發現，有效取得進展唯一的方式是，把更多的資本與公共政策倡議結合。微軟提供的資金很重要，但是政府推動的政策也同樣重要：九個地方城市市長同時宣布考慮制定改革方案，以提高中低收入住房的供給。微軟宣布計畫後，格雷瓜爾就與市長研擬一連串的詳細政策建議，提出捐獻公有土地、調整區域劃分規範，並進行各項改革以加速新建設。這些議題很棘手，需要很大的政治勇氣才能推動[271]。我們希望微軟的資金與各方措施能促進更廣泛行動，如此才能讓整個社區團結在一起[272]。

我們學到的第二件事，則是來自各方對這項計畫的響應。該議題受到當地關注，更受到全國乃至於國際的迴響。二〇一六年總統大選的結果，反映出鄉村地區居民的不滿，這些族群普遍認為科技業雖然帶來繁榮，但是鄉村的人民卻被拋下。然而，現在這項不滿也蔓延到都會區。走在都市的街道上，隨處可見閃亮的大樓，裡面住著科技業員工，但是有許多人卻住不起鄰近的地區。

這些可以理解的不滿情緒，正影響著美國政治。紐約市當初透過租稅優惠與補貼吸引亞馬遜進駐，但是現在有些政治人物已展現出深深的買家懊悔現象。我們能理解這個問題，因為所在區域的住房需求也受到企業成長的影響。

平價住房議題凸顯科技業各個人文層面環環相扣的本質。如果要打造健全企業，就必須招募多元的員工團隊，並與地方社區共榮。科技公司尋求社群的貢獻是很合理的，但現在科技業必須詢問自己一個更大的問題。成功不只帶來規模，更帶來責任，因此科技業必須捫心自問，自己可以為地方社區做出什麼貢獻？我們需要傑出的當地人才與外國人才，但是更應為身邊的人培養更多機會。

我們必須付出實際行動才得以解決這些挑戰，微軟內部發起新計畫時，我有時候會告訴大家：冠軍是做大事，亞軍是做點事。

什麼事都不做的人難以成功。

第十一章

人工智慧倫理：別問電腦可以做什麼，要問電腦應該做什麼

二〇一七年一月，我前往瑞士達沃斯（Davos）參加世界經濟論壇（World Economic Forum）。該論壇為期近一週，是專門討論全球趨勢的年度指標性活動。那年，人工智慧是會議的主軸，每家科技公司都自稱人工智慧企業。有一天晚餐後，我秉持威斯康辛州西北部人的精神，在寒風冰雪中行走在達沃斯主要街道上，走完整整兩英里長的大道，四周的景色看起來不像山城，反而像是拉斯維加斯大道。除了些許銀行外，這個滑雪小鎮隨處可見發光的商標與科技公司犀利的廣告，每個廣告（微軟也有）都在向前來瑞士阿爾卑斯山開會的企業、政府及思想領袖宣傳自家公司的人工智慧策略。有兩件事情很明顯：其一，人工智慧已成為新趨勢；其二，科技公司的行銷預算真的很多。

參與無數場討論人工智慧好處的座談會後，我發現大家都先入為主地假定所有聽眾明白人工智慧的

基礎知識，根本沒有人花時間解釋到底什麼是人工智慧、人工智慧的原理究竟為何。然而，根據我在達沃斯和人交談的經驗，知道其實有很多人根本不明白人工智慧的基礎，只不過不好意思舉手發問。這樣的心態可以理解，畢竟不會有人想要率先承認自己（以及恐怕有一大半聽眾），其實無法真正了解另一半的聽眾到底在說什麼。

除了對人工智慧普遍含糊其辭外，我還發現另一個現象：沒有人想討論人工智慧是否需要規範監管。

我曾參與大衛・柯克派崔克（David Kirkpatrick）主持的網路直播，討論主題是科技經濟，過程中有人問我，微軟是否認為人工智慧在未來會受到政府監管，我回答或許五年後就會開始討論相關提案，結果有位IBM的主管提出反對意見，表示：「未來是無法預測的。我不確定能否制訂出準確的政策，我擔心這會有負面影響[273]。」

達沃斯的會議反映出科技業的主要趨勢，這些趨勢不全然是正面的。如同多數產業，科技業時常倉促推出創新的科技，但卻並未協助民眾真正了解這項科技的本質與原理。業界普遍認為新科技帶來的影響必定是完全正面的，這樣的觀念幾乎成為科技業的信仰，許多矽谷人士一直認為政府的監管無法跟上科技的腳步。

這種科技理想主義儘管通常立意良善，但是卻與現實嚴重脫節。歷史上，即便是最棒的科技也會產生意料之外的後果，而且科技帶來的好處通常都分配不均。此外，新科技出現後必定會遭有心濫用。

十八世紀，富蘭克林在美國建立郵政系統後不久，詐騙郵件便出現了；十九世紀，電報與電話的發明也帶來通訊詐騙興起；二十一世紀，網路的發明更是催生新型詐騙手法，讀過歷史的人都明白這是必然現象。

科技業總是向前看，這固然是好事，但問題是幾乎沒有人願意花時間好好看看後照鏡，或是體認這麼做的好處。若是能好好觀看後照鏡，就能利用過去累積的知識，來預測現在即將面對的挑戰。

◆人工智慧引發更廣泛的討論議題

達沃斯人工智慧派對後不到一年，人類社會便開始討論人工智慧引發的廣泛問題。提到民眾對科技的信任，以前的重點都是隱私與安全，但是現在人工智慧也開始讓民眾感到擔心，並且很快就成為大眾討論的焦點。

人類賦予電腦學習與決策的能力，而且愈來愈少干預電腦的運作。然而，電腦是如何做決策的？電腦會反映出人性最好的一面嗎？或是會反映出不那麼好的一面？人工智慧科技必須遵守嚴格的倫理原則，如此才能為人類社會帶來益處。

一九五六年夏天，達特茅斯學院（Dartmouth College）的研究人員舉行暑期研究會，探討開發有學習能力的電腦之可能——有些人認為這場會議是人工智慧學術討論的濫觴。然而，會議召開的幾年前，以撒・艾西莫夫（Isaac Asimov）在短篇小說《轉圈圈》（*Runaround*）中寫下著名的「機器人三定律[274]」。《轉圈圈》是一本科幻小說，講述人類試著建立倫理規則，以規範自動人工智慧機器人的決策。然而，二〇〇四年威爾・史密斯（Will Smith）主演的電影《機械公敵》（*I, Robot*）卻精彩地講述三定律導致機器人失控的故事。

自一九五〇年代末開始，人工智慧就在斷斷續續發展，尤其是一九八〇年代中掀起人工智慧熱潮，許多投資人、新創公司、新聞媒體都在關注「專家系統」（Expert System）[275]。然而，為何人工智慧在六十年後的二〇一七年突然浮上檯面，成為萬眾矚目的焦點？這並不是曇花一現的熱潮，而是這股浪潮背後有著更宏觀又長期匯流的趨勢與議題。

在科技業裡，人工智慧並無統一的定義，因此科技專家普遍堅持自己的版本。二〇一六年，我與微軟員工戴夫・海納（Dave Heiner）討論新興人工智慧議題，當時海納和長期主導微軟人工智慧基礎研究的專家霍維茲・霍維茲（Eric Horvitz）共事。我問海納人工智慧的定義，他的回答至今仍是我認為最實用的版本：「人工智慧是一台能在數據中辨識模式，從經驗中學習，並藉此下決策的電腦。」艾瑞克的版本較宏觀：「人工智慧是一個探究思想與智慧行為背後之運算機制的研究領域。」這通常涉及資料，但是也可以使用玩遊戲、理解自然語言等經驗做為基礎。這些定義的精髓就是電腦能從數據與經驗中學習，並藉此做決策，而該能力的基礎是兩種基本的科技能力：人類感知（perception）與人類認知（cognition）。

人類感知指的是電能像人類一樣用聽覺與視覺**知覺**周遭世界。其實，自一八三〇年代照相機發明後，機器就可以「看見」世界，但是終究只有人類才能理解照片的內容；同理，自一八七七年湯瑪士・愛迪生（Thomas Edison）發明留聲機以來，機器便能聽見世界，但是機器理解語言與轉寫逐字稿的能力就不如人類。

長久以來，圖像辨識和語音辨識是電腦科學研究的聖盃。蓋茲於一九九五年創立微軟研究院時，研究院主管內森・梅爾福德（Nathan Myhrvold）的首要目標便是招募頂尖的圖像辨識與語音辨識學者。我還記得，微軟的基礎研究團隊在一九九〇年代樂觀預測，不久後電腦的口語理解能力即將達到人類水準。

◆深度學習讓人工智慧系統獲得突破

當時，學術界與科技業專家普遍和微軟研究人員一樣抱持樂觀態度。然而在現實中，語音辨識技術進步的腳步比專家預測得緩慢。圖像辨識與語音辨識技術的目的是，要讓電腦能以人類水準的準確率感知周遭世界。人類水準的準確率並非一〇〇%，畢竟我們不可能不犯錯，在辨識別人說話內容時難免會出錯。根據專家估計，人類理解口語的準確率是九六%，但是大腦會快速填補漏洞，因此並不會意識到錯誤[276]。然而，在人工智慧達到這樣的水準前，人類依然會因為電腦犯錯感到不耐煩，而不是佩服電腦竟然能達到九〇%左右的準確率。

二〇〇〇年，電腦在圖像辨識與語音辨識領域達到九〇%的門檻，但是之後十年卻發展停滯，直到二〇一〇年後才又重新有了進展。一百年後的人類回頭看今日，應該會認為二〇一〇年至二〇二〇年間是人工智慧起飛的十年。

有三項科技進步提供發射台，讓人工智慧得以起飛。第一，電腦的運算能力終於提升到一定水準，能進行人工智慧所需的大規模運算。第二，雲端運算興起，民眾與組織無須投入龐大資本建設硬體，便能大幅使用強大的運算能力和儲存空間。第三，數位資料爆炸性成長，讓我們能建構大規模資料集來訓練人工智慧系統。如果缺乏上述基礎，人工智慧應該無法進步得如此神速。

除了上述三項基礎外，還有第四個元素讓電腦科學家與資料科學家得以提升人工智慧的效率，就是人工智慧所需的第二項，甚至是更基本的科技能力：認知，也就是電腦的推理和學習能力。

數十年來，專家一直在激烈爭辯要採取什麼技術，才能最有效賦予電腦思考的能力。一九七〇年代末與一九八〇年代有一項技術尤其熱門，就是「專家系統」，蒐集大量事實並編寫規則，讓電腦在邏輯推理鏈中運用，並藉此做決策。有位科技專家寫道，這種規則式策略難以擴展規模，無法處理真實世界的複雜問題。「在複雜的領域中，規則的數量非常龐大，而且新的事實是以人工輸入，因此追蹤規則的例外與規則之間的互動根本就不切實際[277]。」在許多層面上，人類過生活不是靠著透過規則來推理，而是根據經驗來辨認模式[278]。現在看來，含有如此大量詳細規則的系統，恐怕只有律師會喜歡。

自一九八〇年代起，又有另一項人工智慧技術出現，效能比專家系統更好。這項技術使用統計方法進行模式辨認、預測及推理，也就是編寫能從資料中學習的演算法，並利用這些演算法建構系統。過去十年來，隨著電腦科學與資料科學領域的進展，所謂的深度學習（Deep Learning）愈來愈普及。深度學習是指使用神經網絡來學習的系統。人類的大腦有神經元與突觸連結，讓我們能辨認周遭世界的模式[279]；電腦的神經網絡則由運算單元組成，這些運算單元也叫做神經元，以人造連結組成網絡，讓人工智慧系統能進行推理[280]。本質上，深度學習技術是使用巨量的相關資料，訓練電腦透過多層人工神經元來辨認模式。這種過程需要強大的運算能力，也需要龐大的資料量，因此深度學習的進步仰賴本章稍早提到的科技進展。此外，深度學習也仰賴多層神經網絡訓練技術的突破[281]，而這些技術大約在十年前開始實現[282]。

◆數位歧視與機器偏見的隱憂

這些改變發揮綜效，使得人工智慧系統快速發展。二〇一六年，微軟研究院的團隊使用圖像辨識系統在ImageNet資料庫中辨認大量物體，結果準確率成功達到人類水準。接著，該團隊又進行語音辨識測試，讓系統接受電話對話語料庫（Switchboard data set）挑戰，結果準確率達九四・一%[283]；也就是說，電腦感知周遭世界的能力已達人類水準。此外，機器翻譯技術也同樣獲得進展，電腦必須理解各種字詞的意義，辨別字詞之間的微妙差異，並理解俚語的意思。

很快地，民眾就開始擔心，因為有人開始撰寫文章探討人工智慧電腦會不會發展出完全自行思考的能力，並以超越人類的速度進行推理，導致機器統治世界，科技專家稱為超級智慧（Superintelligence），或是所謂的「奇點」（Singularity）[284]。我在二〇一六年與海納討論這個問題時，海納表示他認為這些問題占用太多的時間，奪走太多的關注，讓大家忽略更重要也更迫切的議題。「這當然非常科幻，而且讓大家忽略人工智慧現在已經開始產生的問題，這些問題才是更迫切需要關注的。」他說道。

同年，這些更迫切的議題在白宮舉辦的會議中浮現。該會議的討論內容記錄在*ProPublica*的一篇報導中，標題是「機器的偏見」（Machine Bias）[285]，報導的內容在副標題就一覽無遺：「美國使用軟體預測潛在罪犯，結果軟體歧視黑人」。現在有愈來愈多人工智慧系統被運用在各類情境中進行預測，因此許多人開始擔心，這些系統是否會在特定情境下歧視少數族裔等特定族群[286]。

*ProPublia*於二〇一六年報導的偏見是真實存在的問題，反映出背後兩個現實世界中的肇因。我們必須解決這些問題，才能讓人工智慧的運作符合民眾的正確期待。第一個原因是訓練用的資料集本身就有偏差。例如，臉部辨識資料集可能擁有足夠的白人男性照片，因此訓練的系統辨認白人男

性的準確率較高，但是若資料集中女性或少數族裔的照片較少，則訓練的系統在辨認這些族群時就會有較高的錯誤率。

有兩位博士生發起「Gender Shades」研究計畫[287]，發現這種現象確實存在。麻省理工學院（Massachusetts Institute of Technology, MIT）研究人員喬伊・布奧拉姆維尼（Joy Buolamwini）是羅德學者，也是詩人，她與史丹佛大學（Stanford University）研究人員提姆妮特・傑布魯（Timnit Gebru）合作，使用臉部辨識系統辨認不同性別、不同種族的人臉，並比較準確率，藉此讓民眾更了解人工智慧的偏見。兩位學者發現，同樣是以臉部辨認性別，當辨認對象是非洲政治人物時，系統錯誤率就會比辨認對象是北歐政治人物時來得高。布奧拉姆維尼是非裔美國人，她把自己的臉拿來做辨認，結果發現有些系統把她認成男性。

布奧拉姆維尼與傑布魯的研究反映出人工智慧偏見的第二個面向，若要打造服務世界的科技，便有必先組成能反映多元世界的團隊。兩位學者發現，團隊如果有多元背景的研究人員與工程師，便有更高機率注意到人工智慧的偏見問題，並且想辦法處理，畢竟這些問題可能會影響研發人員自身。

如果人工智慧賦予電腦從經驗中學習，並做出決策的能力，我們要給予電腦何種經驗？讓電腦進行何種決策？

◆電腦運算的倫理準則

二〇一五年，霍維茲在微軟向整個電腦科學界提出這些問題。他與人共同撰寫一篇學術期刊論文，承認大多數電腦科學家都認為奇點出現，造成世界毀滅的風險即使存在，也很遙遠，但他主張人工智慧還有愈來愈多議題是必須加強關注的[288]。隔年，納德拉接棒，在*Slate*上撰文主張：「我們應把討論焦點放在要灌輸什麼價值給研發這類科技的人員與機構[289]」，並提出一些我們應秉持的基本價值，包括隱私、透明及負責。

二〇一七年末，我們認為必須制定全面的人工智慧倫理原則。這項提案絕非易事，現在的電腦有能力做出以前只有人類能做的決策，因此幾乎所有人類遇過的倫理議題都會成為電腦運算的倫理議題。經過數千年的辯論，人類哲學家尚未找到明確又普世的解答，也不會因為我們現在必須把原則套用到電腦上，而突然出現共識。

二〇一八年，微軟與Google等人工智慧領導企業便開始正視這個挑戰。聯合學術界和各界專家，我們體認到有必要制定倫理原則來引導人工智慧的發展。最終，微軟研擬六項倫理準則。

第一項原則是**公平**，就是要解決偏見的問題，接著是另外兩個大家至少有些共識的領域——**可靠與人身安全**和**隱私與資料安全**。其實這些概念早就寫入法規，以因應之前的科技革命。鐵路和汽車出現後，人類制定產品責任法與相關法規，訂定可靠度與安全標準；通訊科技和資訊科技出現後，人類也制定隱私權與資料安全法規，以因應新科技產生的議題。儘管人工智慧為這些領域帶來新挑戰，但是我們能以原有的法律概念為基礎來面對這些挑戰。

第四項原則是**包容**，二〇一四年納德拉接任執行長以來，微軟員工便開始著重這項原則。我們必須打造包容性科技，協助身障人士的生活。微軟對於包容性科技的重視自然而然會涉及人工智慧，畢竟若是電腦能看見，便能用電腦幫助視障人士；若是電腦能聽見，就能用以幫助聽障人士。我們無須研發全新的裝置，便能掌握這些機會，因為現在大家人手一支智慧型手機，手機都配備相機與麥克風，相機能看，麥克風能聽。如果將包容做為第四項原則，向前的道路昭然若揭。

最後的兩項原則是上述這些重要原則的基礎，其中一項是**透明**。對微軟來說，透明的意思是人工智慧系統進行具有影響力決策的方式必須公開透明，並以民眾能理解的語言來表達。畢竟，如果人工智慧是黑箱運作，民眾何以信賴人工智慧，政府何以判斷人工智慧是否遵守前述四項原則？有人主張，人工智慧開發者應公開使用的演算法，但是我們認為這種方法在多數情況下效果不佳，而且可能會揭露商業祕密，破壞科技業的競爭，因此微軟正透過人工智慧夥伴聯盟（Partnership on AI）與學者及其他科技公司合作研擬更好的策略。現在我們的新焦點是要讓人工智慧變得可解釋，包括能描述人工智慧下決策使用的關鍵元素。

最後一項人工智慧倫理原則是一切的基石：**責任**。在我們打造的未來世界中，電腦是否會向人類負責，而設計機器的人是否會向所有人負責？這或許是我們世代的關鍵課題。

最後一項原則要求人類必須參與人工智慧的運作，防止人工智慧在沒有人類評估、判斷與介入之下發生失控情形；也就是說，人工智慧的決策若會實質影響人的權益，就必須接受有意義的人類監督與管控。因此，我們需要專業人士來評估人工智慧的決策。

我們判斷這意味需要更宏觀的治理程序。每個研發人工智慧的組織都需要新政策、新程序、新教育訓練計畫、新法遵系統，並應聘請人員負責評估人工智慧系統的開發與部署，提供相關建議。

◆自主武器仍應受人類控制的共識

微軟於二〇一八年一月公開發表這些原則，立刻引起共鳴[290]。客戶請我們舉辦說明會，解釋微軟的人工智慧科技及倫理策略與實務。這很合理，因為微軟的整體策略就是要「民主化人工智慧」，開放大眾使用人工智慧科技的基石——圖像辨識、語音辨識與機器學習工具，讓客戶創造自己的客製化人工智慧服務。然而，這也代表我們必須制定並推廣人工智慧倫理，讓倫理與科技本身一樣普及。

人工智慧普及，也代表未來不只是可能會出現法規規範，而是有必要以法規進行規範。推廣人工智慧倫理能鼓勵正直的人遵守倫理，但畢竟不是每個人都那麼堂堂正正，因此若要確保所有的人工智慧系統都遵守特定倫理準則，唯一的方法就是強制約束，也就是社會採納的倫理準則背後必須有法規支撐。

前一年我在達沃斯預測法規會在五年內出現，但現在看來顯然必須加快腳步，這是我在二〇一八年四月造訪新加坡後的心得。在拜會新加坡政府負責人工智慧事務的官員時，他們說道：「這些事情等不得，必須超前科技進展的腳步，我們公開首份提案的時間是幾個月內，而不是幾年內。」

現在人工智慧倫理議題的討論普遍停留在籠統對話，但是未來必定會開始討論具體議題。雖然不可能準確預測五年或十年後會討論什麼特定議題，卻可以從現在已浮現的議題略知一二。

二〇一八年，第一項爭議便浮現了，就是使用人工智慧的軍事武器，也就是大眾辯論時常提到的「殺手機器人」（Killer Robot）。這個詞彙讓人聯想到科幻電影裡的畫面，民眾一聽就能理解，因為《魔鬼終結者》（*Terminator*）系列電影自一九八四年首部問世以來，每十年至少會拍攝一部續集，至今已有五部續集，只要是青少年以上的人幾乎都曾在大銀幕上見識自主武器的危險。

從這些政策討論中，首先學到必須更深入了解相關科技的類別，並進行更細部的分類。我與世界各國軍事領導人對話，發現他們都有一個共通點：沒有人希望有一天早上醒來，發現機器趁人類睡覺時發動戰爭，宣戰與議和的決策必須留在人類手中。

然而，這不代表世界各地的軍事領導人對其他議題就有共識。在各種議題上，開始出現意見分歧。保羅．夏爾（Paul Scharre）是前國防部官員，現在替智庫工作，他的著作《無人軍隊：自主武器與未來的戰爭》（*Army of None: Autonomous Weapons and the Future of War*）[291]探討的就是這些愈來愈重要的問題。作者提到，若是授權電腦在沒有人類評估的情況下啟動武器，我們該探討的核心問題就不只是授權的情景，還有授權的方式。一方面，雖然配備電腦視覺與臉部辨識系統的無人機辨認地面恐怖分子的準確度或許比人類高，但是軍方仍應保持人員參與，並運用常識進行監督；另一方面，若是海軍艦隊偵測有十幾枚導彈襲來，神盾戰鬥系統就必須根據電腦決策執行導彈防禦。然而即便如此，這類情景變化多端，且武器系統的使用彈性靈活[292]，因此最初的啟動決策通常應由人類進行，但人類卻沒有時間針對各個單一目標進行授權。

由於擔心自主武器出現，有人主張科技公司應全面拒絕與軍方進行人工智慧方面的合作。例如，Google遭到自家員工抗議後，便退出國防部的人工智慧合約標案[293]。微軟也面臨同樣的問題，員工也提出類似的擔憂。微軟長期為美國與各國軍方提供服務，我在幾年前到西雅圖北部的艾弗里特（Everett）參觀停靠港口的尼米茲號航空母艦（USS Nimitz），艦上有四千多台電腦使用微軟Windows作業系統執行軍艦各項功能。

◆提供軍方頂尖科技的公司內部爭議

然而，在許多人心中，這類平台科技與人工智慧不屬於同一類別。我們明白新科技引發新一代的複雜問題，因此在考慮是否要與美國陸軍簽訂合約提供擴增實境科技與HoloLens裝置給士兵時，內部便進行一番討論。

有別於Google，我們後來判斷微軟應持續提供最頂尖的科技給美國軍方，以及其他具有民主程序和尊重基本人權的盟友。美國與北大西洋公約組織的軍事國防向來仰賴尖端科技，微軟曾私下與公開表態：「我們堅信美國應該維持堅強的國防實力，希望保護美國的人能使用國內最尖端的科技，包含微軟的科技[294]。」

但是，同時也知道微軟內部有些員工對執行美軍或其他軍方的合約有所顧忌，有些人是其他國家的公民，有些人抱持不同的道德觀，有些人是和平主義者，有些人則想把精力放在其他的科技應用上。我們尊重這些觀點，因此馬上宣布會想辦法讓這些人員進行其他計畫，畢竟微軟的規模龐大，科技組合豐富多元，能夠容納這些請求。

不過我們也明白，即便如此，微軟仍應思考並面對人工智慧結合武器產生的複雜倫理議題。與內部高層討論此議題時，我指出十九世紀戰場上出現空尖彈與矽藻土炸藥時，人類便開始注意到武器開發的倫理議題，然後納德拉提醒我，其實戰爭倫理議題早在羅馬時期西塞羅（Cicero）的文章中就有提及。當晚納德拉又寄了一封電子郵件給我，表示母親應該很失望他只記得羅馬的西塞羅，而不記得印度的史詩《摩訶婆羅多》（*The Mahabharata*）〔幸好他在信中附上維基百科（Wikipedia）的連結給我參考[295]。〕

幾經討論後，我們的結論是微軟必須持續關注倫理議題，當積極參與的企業公民。我們認為，微軟的參與能對新興公共政策議題發揮影響力[296]。我告訴微軟員工，微軟應該是有史以來最積極參與解決新科技產生政策議題的企業，尤其是在政府監控和網路武器的領域[297]。我們認為，最好的策略就是針對人工智慧與軍事制定負責任的政策和法規。

我們真正深入學習這項議題，發展更完善的觀點。微軟的六項人工智慧倫理原則也適用於人工智慧武器領域。我們判斷，其中三項是最關鍵的——可靠與人身安全、透明，以及最重要的責任。唯有融入這三項原則，才能讓民眾有信心，相信人工智慧的部署方式能讓人類維持控制權。

我們也發現，這個領域裡有些議題與之前處理的資訊安全和國家級網路攻擊有著相似之處，這些領域現行的國內與國際法規能適用致命自主武器等新型科技。

人工智慧武器領域裡，許多情勢都與網路武器類似。聯合國秘書長安東尼歐．古特瑞斯（António Guterres）於二〇一八年直接呼籲禁止「殺手機器人」，並說：「我們直話直說：機器擁有奪取人命的權力和能力，這與道德不容[298]。」然而，如同網路武器議題，世界各大軍事強權一直在抵擋新的國際法規，因為這些法規會阻礙自己的科技發展[299]。

因此必須挑出特定情景來討論，直搗潛在擔憂的核心，冀望能藉此打破僵局。例如，人權觀察（Human Rights Watch）呼籲政府「禁止能在缺乏有意義的人類控制之情況下，選擇並攻擊目標的武器系統[300]」。儘管未來仍有細節需要處理，這類國際倡議聚焦在「有意義的人類控制」等特定用語，或許是世界面對新一代倫理挑戰所需的必要元素。

這項工作必須以現有的倫理與人權傳統為基礎。美軍長期以來注重倫理決策，讓我感到佩服。

雖然美軍仍不免出現倫理過失，或甚至犯下重大錯誤，但是我從高階將領到西點軍校（U.S. Military Academy at West Point）學生等各類人士得知，倫理學在美國軍校裡是必修課程[301]。然而，許多美國大學的電腦科學學系仍未將倫理學納入必修課程中。

◆將人權、哲學思維與倫理教育融入科技中

與世界各國領導人討論這些和其他相關議題後，我們體認到倫理觀念最根本的基礎是總體人權與哲學思維，因此在處理這些議題時，必須了解各國的文化，以及不同文化產生的不同法規。

如同所有資訊科技，人工智慧在設計本質上就是全球性的。創造人工智慧的科技專家希望人工智慧能在四海之內皆以相同模式運作，但是各國法規相異，為政府外交官與科技專家帶來挑戰。各國差異是我們一直以來不斷遇到的情況，從起初的智慧財產權法，到後來的競爭法，直至最近的隱私權法都受到這種情況的影響，但是在某些層面上，這些差異相較之下還算是容易克服的，更困難的是處理倫理議題的複雜法規，因為倫理議題的基礎是哲學。

今日人工智慧前所未有地迫使世界面對各國文化中哲學傳統的異同，人工智慧引發的議題，包括個人責任、向大眾公開透明、個人隱私的觀念，以及基本公平的概念。如果世界無法針對人文倫理達成共識，又要如何制定統一的電腦倫理？這是未來的根本難題。

更甚以往的是，現在創造科技的團隊必須由來自不同領域的人組成，除了需要電腦科學和資料科學背景的專家外，還需要社會科學、自然科學及人文領域背景的人參與。如果要讓人工智慧以人類最優良的一面為基礎做決策，人工智慧的開發過程就必須結合各個學科領域。高等教育的未來必須反映這樣的需求，學電腦科學與資料科學的人必須接觸人文學科，就如同學人文學科的人必須略懂電腦科學與資料科學。

此外，電腦科學與資料科學課程本身就應該融入倫理教育，可能是以專題課程的形式呈現、可能是將倫理教育融入所有的課程，也可能是雙管齊下。

我們有理由相信，這個理念將會獲得新一代學生的積極響應。二〇一八年初，我與微軟執行副總裁、機器人學博士，同時也主導微軟大部分人工智慧研發工作的沈向洋，一起公布一個問題：「醫師都要承諾謹守希波克拉底醫師誓詞（Hippocratic Oath），未來是否會有程式設計師誓詞呢？」我們呼應其他人的倡議，主張這樣的誓詞是合理的[302]。不出數週，華盛頓大學有位電腦科學教授就開始著手修改傳統的醫師誓詞，為人工智慧的研發人員訂定新準則[303]。沈向洋與我到全世界的大學演講時，發現新一代的學生都很關注這項議題。

◆促成全球對話，達成共同展望

最終，人工智慧倫理的全球對話需要更多元參與，除了需要科技界、政府及非政府組織人士外，還需要哲學家和世界各宗教代表參與討論。

為了促進全球對話，我們造訪一個我原本以為最不可能討論科技的地方：梵蒂岡。這趟造訪有諸多巧合之處。二〇一九年二月，我們來到羅馬，並前往梵蒂岡與教廷的領導人討論電腦倫理，數日後即將前往德國參加慕尼黑安全會議，與世界軍事領導人討論安全議題，而梵蒂岡也將在數週後召開內部會議，討論神父倫理和孩童在教會遭猥褻議題。這個時機點凸顯人類懷有的抱負與面對的挑戰。

驅車駛入梵蒂岡時，迎接我們的是笑容燦爛，和藹可親的白髮老先生，他是義大利天主教會的大主教文欽左·帕格里亞（Vincenzo Paglia）閣下。大主教閣下寫過許多書，在梵蒂岡負責主導各類倫理議題事務，包括人工智慧帶來的新挑戰。微軟與梵蒂岡已決定要共同贊助一項博士論文獎，鼓勵學術界探討新興人工智慧科技和歷史悠久的倫理問題之間的交織。

那天下午，我見證歷史上科技與科學和哲學與宗教之間的碰撞。帕格里亞閣下帶領我們參觀西斯汀圖書館，我們小心翼翼地翻閱約一本古老的聖經，這本聖經是古騰堡於一四五〇年代使用金屬活字印刷術印製的首批聖經之一，這項科技進步徹底改變人類溝通的方式，影響歐洲社會各個層面，教會也包括在內。

接著，我們看到一百五十年後伽利略・伽利萊（Galileo Galilei）與教宗的通信集，內容是他和教會爭辯地球與太陽在天空中的位置。書信顯示，他在十七世紀初用望遠鏡觀察太陽黑子位置的變化，證明太陽會自轉。這些信件反映出他與教會之間就聖經詮釋展開的激烈爭辯，最終導致他在羅馬接受宗教法庭審判，遭判處居家監禁，直到過世。

這兩本書闡明科學與科技和信仰、宗教與哲學之間有時會產生連結，有時會發生碰撞。如同印刷術和望遠鏡，人工智慧不可能不影響宗教信仰的領域，因此必須鼓勵思慮周到、互相尊重、多元包容的全球對話。

我們在梵蒂岡與教宗方濟各（Pope Francis）和帕格里亞閣下討論這個議題，談到科技發展的同時，世界各國卻愈來愈不願意進行國際合作，有時甚至在鄰國或其他國家需要幫助時冷漠以對。我提到愛因斯坦在一九三〇年代就針對科技的危險向人類提出警告，教宗接著提醒我，愛因斯坦在二戰後曾說：「我不知道第三次世界大戰會用什麼武器開打，但很確定第四次世界大戰用的會是木棍與石頭[304]。」愛因斯坦的意思是，科技——尤其是核武科技，已經發展到能夠毀滅一切的程度了。

拜會結束後，教宗方濟各伸出右手與我握手，伸出左手握著我的手腕，並說：「願你長存人文關懷的精神。」

所有思索人工智慧未來的人都應將教宗的叮嚀銘記在心。

第十二章 臉部辨識：保護臉和保護手機一樣重要嗎？

◇◆◇

二〇〇二年六月，史蒂芬．史匹柏（Steven Spielberg）執導的電影《關鍵報告》（*Minority Report*）上映，這部電影改編自菲利普．狄克（Philip K. Dick）於一九五六年所寫的一篇科幻小說，背景設定在二〇五四年的華府，湯姆．克魯斯（Tom Cruise）飾演的主角是預防犯罪部（Precrime）部長。預防犯罪部是菁英警察單位，有權根據三位先知預見的未來景象逮捕嫌犯，負責在殺人犯犯下罪行前逮捕歸案，在他們的努力下，華府達到零犯罪。然而，先知在不久後卻預見克魯斯將犯下謀殺罪，因此克魯斯便開始躲避自己的單位，但在這個城市裡任何人、任何事都受到追蹤[305]。

幸好，十五年後的今日，這樣的執法方式並未實現。然而，綜觀今日發展趨勢，《關鍵報告》裡有一個場景似乎將在二〇五四年以前就早早實現。在逃跑時，克魯斯走進一家Gap店面，店內的科技能辨識來客，並判斷每位來客的穿著喜好，客人一走進店裡，螢幕機台就會即刻顯示客人喜愛的服飾照片。有些人可能會覺得這項科技魅力十足，但是有些人可能會覺得不堪其擾，甚至感到毛骨悚然。總而言之，進入實體店面就有點像是瀏覽網頁後進入社群網站，結果看到動態消息出現新廣告，促銷剛才看過的內容。

透過《關鍵報告》，史匹柏請觀眾思考科技的使用與濫用——科技可以在犯罪發生前就消滅犯罪，但出差錯時也會危害人民的權利。電影中，Gap店裡的科技仰賴克魯斯體內植入的晶片來辨識他的身分，但在現實世界中，二十一世紀前二十年的發展早就超越史匹柏從前的想像，因為今日的科技無須晶片即可辨識人的身分。現在的臉部辨識科技能運用人工智慧電腦視覺，透過攝影機與雲端數據辨識出一週或一小時內再訪客人的臉。對科技業和政府來說，這項科技是契機，讓我們首度有機會能以聚焦又具體的方式處理人工智慧倫理議題：我們應該決定如何規範臉部辨識技術。

◆人臉辨識的利與弊

原本很簡單的事，如整理照片或搜尋照片，現在變得愈來愈複雜。今日大家已習慣不輸入密碼，直接使用臉部辨識來解鎖iPhone或Windows筆記型電腦。然而，臉部辨識的應用場景遠遠不只如此。

現在的電腦具有多數人類幾乎從出生以來便有的能力——辨識人臉。對大多數人來說，人臉辨識的能力始於辨識母親的臉。為人父母的喜悅之一，就是一回到家，家裡的小孩就會突然興奮不已。這種反應通常會持續到青少年時期之初，仰賴的就是人類與生俱來的臉部辨識能力。然而，雖然臉部辨識是日常生活的基礎能力，我們似乎從未想過這種能力背後的原理。

其實每個人的臉就如同指紋一樣獨一無二，我們的臉部具有各種特徵，如瞳孔間距、鼻子大小、微笑弧度、下顎輪廓等。電腦利用照片記錄這些特徵，並加以整理，藉此創造能以演算法讀取的數學方程式基礎。

世界各地都在使用臉部辨識科技來提升生活品質，有時候臉部辨識可以為消費者提供便利。例如，澳洲國民銀行（National Australia Bank）正利用微軟的臉部辨識科技開發安全無卡提款服務，客戶走到自動櫃員機前，自動櫃員機就能辨識客戶的臉，客戶輸入密碼後即可進行交易[306]。

在其他情境中，臉部辨識帶來的好處更深遠。華府的國家人類基因體研究院（National Human Genome Research Institute）正利用臉部辨識技術，協助醫師診斷狄喬治症候群（DiGeorge Syndrome），也就是染色體22q11.2缺失症候群。該疾病在非裔、亞裔、拉丁裔人種的發病率較高，可能會導致心臟與腎臟受損等嚴重健康問題。病患的臉部時常會出現一些特徵，因此可以利用電腦臉部辨識系統來辨識這些特徵，協助醫師診斷需要治療的病患[307]。

這些情境顯示臉部辨識技術能夠造福社會，是二十一世紀的新工具。

然而，如同許多其他的工具，臉部辨識也能變成武器。政府可能會利用臉部辨識技術辨認所有參與和平示威的人士，並藉此壓制言論自由和集會自由。就連在民主社會裡，警方也可能會過度仰賴臉部辨識技術來辨認嫌疑犯，卻同時忘記臉部辨識技術就如同所有科技一樣難免會出錯。

因此臉部辨識與更廣泛的政治和社會議題息息相關，並引發一個重要的問題：臉部辨識這種人工智慧科技應在社會中扮演什麼角色？

◆拆散非法移民家庭的衍生爭議

二〇一八年夏天突然發生的事，讓我們一窺未來的挑戰。這件事與當季最激烈爭吵的政治議題有關。維吉尼亞州有位自稱「免費軟體修補師」（free software tinkerer）的男性，他顯然很關注各類政治議題，六月在推特上推文講述微軟和美國移民與海關執法局（US Immigration and Customs Enforcement, ICE）之間的合約，推文的根據是取自微軟於一月在自家行銷部落格的貼文[308]。對該篇行銷貼文，微軟員工早就忘了，但內容表示微軟為美國移民與海關執法局開發的科技已通過高度安全門檻，將為執法局採用，並說微軟很榮幸能支援執法局的任務，還有一句話提到這些進展在未來或許能讓執法局使用臉部辨識技術[309]。

二〇一八年六月，川普政府決定在美國南方邊界拆散孩童與父母，引發軒然大波。微軟數個月前撰寫公布的行銷文案現在具有不同意涵，有人擔心臉部辨識系統等科技會被執法局和其他移民機關利用，這是否代表連接雲端的攝影機會被用來辨識走在街上的移民？既然臉部辨識技術目前尚有出現偏見的風險，是否代表該技術會誤判身分，導致冤情？除了這兩個問題外，還有許多問題必須納入考量。

到了西雅圖的晚餐時間，那則關於微軟行銷部落格的推文在網路上傳開，而我們的溝通團隊正在研擬因應策略。有些工程團隊與行銷團隊的人表示，應撤下那篇部落格文章。「文章很舊了，撤下並不會對公司造成影響。」

微軟公關團隊主管法蘭克・蕭（Frank Shaw），再三勸告不可以撤下文章，「這只會火上加油。」他說道。儘管如此，還是有人受不了誘惑，刪除部分文章，結果此舉真的是火上加油，引發新一波負面報導。隔天早上，大家學到教訓，把文章恢復原狀。

一如往常，我們必須先釐清微軟和美國移民與海關執法局的合約具體內容。

釐清真相後，我們發現合約根本與臉部辨識無關，而且謝天謝地，微軟並未執行任何在邊界拆散孩童與父母的計畫。合約內容是協助執法局將內部電子郵件、行事曆、訊息及文件管理遷移到雲端，而微軟與美國和全球各地包含政府機關在內的許多客戶都在進行類似計畫。

即便如此，新一波的爭議還是爆發了。

有人提議，微軟應撤銷合約，並終止與執法局的所有合作，而政府使用科技的議題也在那年夏天開始受到關注。微軟有一群員工提出請願，希望公司能終止與執法局的合作。除了微軟外，整個科技業都受到這起風波的影響。雲端軟體公司Salesforce和美國海關與邊境保護局（US Customs and Border Protection）有合約關係，因此內部也出現類似的員工運動；Google也因員工請願，終止為美國軍方研發人工智慧科技的計畫；美國公民自由聯盟（American Civil Liberty Union, ACLU）則將矛頭指向亞馬遜，並表態支援對臉部辨識服務Rekognition提出顧忌的亞馬遜員工[310]。

對科技業乃至整個商業界來說，這類員工運動是史無前例的。有些人認為這可以連接到過去一世紀以來特定產業中的工會運動，但其實工會主要關注的焦點是成員的經濟條件與工作條件，而二〇一八年夏天的員工運動則不同，這些發起運動的員工並不是想要直接或間接爭取福利，只是希望雇主能捍衛他們心中的社會價值與立場。

我們觀察各公司如何因應這一波員工運動，藉此調整自己的應對方式。在數英里外的西雅圖，亞馬遜高層似乎不太直接與員工討論這類議題[311]，這樣的反應也似乎削弱員工提出意見的意願，鼓勵員工埋首專注眼前的工作；在矽谷的Google採取完全不同的策略，有時候遇到員工申訴時會快速回應，反轉原本的方向，就像之前退出與軍方的人工智慧合約一樣[312]。顯然有很多策略可以採用，而每家企業都必須思考自己的企業文化，以及想要打造的員工關係。微軟在思索自身的企業文化後，決定採取中庸之道。

◆員工對雇主的高度期待，寄望企業發揮影響力

這些情況似乎反映一些重要趨勢。首先也最重要的是，員工對雇主的期待愈來愈高。幾個月前公布的愛德曼信任度調查報告（Edelman Trust Barometer）便顯示這個趨勢[313]。愛德曼公關（Edelman Communications）自二〇〇一年起，每年都會公布信任度調查報告，調查全球民眾情緒，追蹤民眾對機構信任度的起伏。二〇一八年初公布的報告顯示，儘管民眾對許多機構的信任度降低，但是員工對雇主的信任度卻一枝獨秀。調查發現，高達七二%的人相信自己的雇主「會做對的事」，尤其在美國更有七九%的人抱持這樣的看法[314]；相反地，只有三分之一的美國人對政府抱持同樣的看法。

我們實際上的經驗也呼應了調查結果，甚至是有過之而無不及。在科技業，有些員工想要主動影響公司對當今議題的決策和參與。或許並不令人意外，這樣的觀點在民眾對政府的信任度低落時會愈明顯，因為員工寄望政府以外組織，希望這些組織能做正確的事，並對公共議題發揮影響力。

這樣的轉變迫使企業領導者踏入新領域。我在西雅圖參加一場小型晚宴時，有家科技公司執行長的發言正好體現企業高層的焦慮。「我覺得多數的工作內容都能勝任。」在說明升遷歷程時，他說道：「但是如今卻必須面對完全不同的挑戰，員工要求我重視移民、氣候變遷及其他各種議題，我真的不知道要如何回應。」

或許並不令人意外，這樣的現象在最新一代員工中最明顯，畢竟大學生在校園提倡社會改革是

根深柢固的傳統，有時候甚至迫使大學率先改變政策。由於當時是暑假，微軟有大約三千名實習生在園區內工作。可想而知，他們很注重這些議題，有些人即便只是暑假實習，實習結束後就離開，但是仍希望對微軟的立場發揮直接影響。

在微軟內部，我們討論要如何看待並因應這種情況。與納德拉交換想法時，我回憶起擔任普林斯頓大學董事時學到的經驗。「我覺得領導科技公司愈來愈像在領導大學。」我說道：「公司的博士研究員就像是大學的教職員工；公司有實習生和年輕員工，他們的想法有時候與學生類似。大家都想讓自己的心聲被聽見，在公司內，有些人希望我們抵制某個政府機構，就像在大學裡會有學生要求學校拒絕購買從事令人反感事務的公司股票。」

◆讓正確想法變成熟的應對之道

擔任董事的經驗讓我學到一些重要事情，其中最重要的或許是，立意良善的學生不一定有正確答案，但他們問的可能是正確問題，而這些問題可能會指向更好的路——專家與高層主管從未想過的路。我時常告訴公司團隊，遇到不成熟的想法時，最好的應對方式不是拒絕，而是想辦法讓想法變得成熟。微軟有些最佳計畫就是這樣促成的，這個策略的基礎是納德拉在微軟培養的企業文化：成長思維與持續學習。總而言之，如果員工運動的新時代正在來臨，就必須找到新方法與員工溝通，了解員工的想法，並且研擬周全的應對。

普林斯頓的經驗也讓我明瞭，許多大學已經制定機制來因應這項需求。校方創造機會，讓大家都可以提出意見，進行合作討論。透過協助機構思考議題，並給予時間針對困難議題做出正確決策，這套機制能平息情緒，鼓勵理性思維。微軟也朝著這個方向規劃，並請霍維茲、蕭及負責人工智慧倫理事務的資深律師蘇瑞馳（Rich Sauer）開始舉行一系列的圓桌會議，並邀請員工出席參與。

但是還有一點很重要，我們應判斷何時公司有理由對公共議題採取立場，何時不應採取立場，並清楚說明理由。我們認為，企業高層不應隨意使用公司名義對普天之下的任何議題都發表意見，因為我們的本職是處理影響到微軟客戶、客戶科技運用、微軟員工（無論是在職場或社會）、微軟業務，以及微軟股東與協力夥伴需求的公共議題。儘管這項原則無法回答所有的問題，但是至少為我們與員工之間的討論提供有用架構。

員工提出的問題也促使我們深入思考微軟與政府的關係，以及臉部辨識等新科技帶來的挑戰。

另一方面，發生某些事件時，常有人提議公司應抵制政府機構，但是我們認為這樣的做法不好，尤其是在民主法治的社會。這是我們必須秉持的原則，我經常告訴大家，微軟不是人民選出來的，因此要求企業規範政府不僅很奇怪，更違反民主精神。根據原則，要求民選政府規範企業會比要求非民選企業規範政府來得合理。納德拉和我經常討論這一點，也都認為這很重要。

此外，還有務實層面必須考量。我們明白許多組織與個人都非常仰賴微軟的科技，如果因為有員工反對政府機構的行為就直接切斷服務，很容易造成混亂和各種意想不到的後果。

◆以關注取代抵制，保持創新持續進展

二〇一八年八月發生的事，便凸顯出這個務實層面。週五早晨，我開車上班，路上收聽《紐約時報》的 *The Daily* 播客節目，節目內容直搗事件的核心。節目提及，法院判決政府應在期限內讓移民孩童與家人團聚，但是政府卻無法在期限內達成。聽到一半，我就認出其中一位講話的人是溫蒂・楊格（Wendy Young），她是孩童需要辯護（Kids in Need of Defense, KIND）公益組織會長，我則擔任該組織董事長，至今已長達十年[315]。楊格表示，政府實施當初家庭分離政策時，「根本沒想過之後要如何讓家人團聚[316]」。

之前我與楊格說過幾次話，因此明白這個情況，但是節目中揭露的其他細節卻讓我嚇到了。《紐約時報》記者凱特琳・迪克森（Caitlin Dickerson）與安妮・柯瑞爾（Annie Correal）披露，美國海關與邊境保護局人員使用具下拉選單的電腦系統，將初次入境的移民分類為「單獨未成年人」、「單獨成年人」或「成年人與孩童」——也就是一個家庭單位。然而，孩童和父母後來被拆散後，電腦系統的設計強迫海關與邊境保護局人員必須回到系統內，並將修改標記類別，如把孩童改列為「單獨未成年人」，把父母改列為「單獨成年人」。修改後，原本的記錄就會被覆蓋，也就是說系統不

再保存原本把大人與孩童標記在一起的家庭紀錄，因此政府缺乏任何能顯示家庭關係的資料。

這不但是移民與家庭的故事，還是科技的故事。政府使用的結構式資料庫能適用一項程序，但卻無法適用另一項程序。然而，政府在執行拆散家庭政策前，並未升級自身的資訊科技系統，以支援該政策產生的新程序。政府一股腦兒地執行，卻沒想過該政策需要什麼電腦架構。數個月前，我曾和楊格參訪海關與邊境保護局在墨西哥邊境附近的指揮中心，看過他們的電腦系統，因此本來就知道該機構的系統很老舊，但我還是覺得很恐怖，因為政府完全沒想過自己的機構需要什麼科技基礎設施，以及缺乏這些設施會造成的影響。

那天是週五上午，我走進會議室與納德拉和高層領導團隊進行例行會議。我在會中告訴大家，在車上聽到的事，並予以討論。我們認為這件事與微軟面對的議題相關，因為公司內部有人提議，如果我們反對某政府機構的政策，就應該終止提供該機構的所有服務。科技已成為人類生活的重要基礎建設，如果科技沒有升級，甚至是直接遭到中斷，可能會造成意想不到的後果。納德拉在內部談話時常提到，政府讓家人團聚的工具之一是電子郵件，若是我們中斷該項服務，誰知道會產生什麼後果？

因此我們認為抵制美國政府機構是錯誤的策略，但是呼籲抵制的人——有些是微軟自家員工，問的是正確問題。例如，臉部辨識科技產生的挑戰必須受到更多關注。

經過思考後，我們判斷這項新科技必須受到法規的規範，如此才能保護民眾隱私，並解決偏見與歧視的問題，同時保持創新持續進展。

◆公共安全與人權的兩難

很多人認為，企業呼籲政府監管自己的產品是很奇怪的事。微軟董事長約翰・湯普森（John Thompson）曾表示，矽谷有些人認為微軟在市場上落後其他公司，所以才會呼籲制定法規，好拖慢競爭對手的腳步。我聽了怒火中燒，因為事實並非如此。二〇一八年，國家標準暨技術研究院（National Institute of Standards and Technology）完成新一輪的臉部辨識技術測試，測試結果顯示，微軟的演算法在所有項目中都名列前茅[317]。有四十四家企業提供自家科技進行測試，但是也有許多企業並未參與，如亞馬遜。

我們之所以會重視法規，是因為體認到市場的新興趨勢。數個月前，銷售團隊想把一套含有臉部辨識服務的人工智慧解決方案販售給某國政府，但是該國缺乏獨立司法體系，且人權紀錄不怎麼輝煌。該國政府想要在首都各處的監視器部署微軟的科技，我們擔心公然蔑視人權的政府會使用微軟科技隨時隨地監控任何人，甚至是隨時隨地監控所有人。

在微軟內部人工智慧倫理委員會的建議下，我們決定終止交易案。委員會建議設下底線，避免把臉部辨識服務提供給受民主自由觀察組織自由之家（Freedom House）列為「不自由」的國家進行大規模使用。這樣的決定讓當地團隊感到不滿。由於我是做出最終決策的人，該交易案的銷售團隊主管寄了一封慷慨激昂的電子郵件給我，表示如果我們願意提供服務來反制暴力與恐怖威脅，「身為母親、身為專業人士」的她「會感覺更安全」。

我明白她的論點，這個問題凸顯長久以來公共安全與人權之間的取捨和衝突，也反映出未來有許多新的人工智慧倫理決策在本質上是主觀的。此外，如同這位主管和其他人所說的，我們也擔心若是拒絕提供這項服務，其他企業還是可能提供。如此一來，微軟不僅沒有做到生意，還要在一旁眼睜睜看著別人協助客戶使用科技做不好的事。然而，綜合評估以上因素後，我們判斷必須為臉部辨識科技建立某種倫理基礎，唯一的方法就是拒絕某些使用方式，並促進大眾對這項議題的討論。

我們後來接到的一項請求，再次凸顯原則式策略的重要。加州地區警方表示，希望所有的警車攝影機與警員隨身攝影機都配備人臉辨識功能，讓員警攔車時拍攝車內的人，以比對犯罪嫌疑人資料庫，檢查車內的人是否有其他犯罪嫌疑——即便只是例行攔車檢查也可以進行比對。我們明白警方的邏輯，但是告訴警方，臉部辨識科技尚未成熟，無法使用在這樣的情境上。至少在二〇一八年，如此使用方式可能會產生過多假性吻合，把無辜者標記為嫌疑人，尤其是少數族裔與女性，因為臉部辨識科技對這些族群的辨識錯誤率仍高。我們拒絕警方的請求，並說服警方不要把臉部辨識技術用於這種目的。

這些經驗讓我們更了解必須為臉部辨識技術建立原則，但也擔心若只是嚴以律己，還是會有其他不具安全準則、沒有限制原則的企業會提供技術，這些企業可能位於西雅圖另一端，也可能位在太平洋的另一端。如同許多人工智慧科技，臉部辨識技術會隨著資料量增加而進步，這就創造誘因，促使企業及早進行愈多交易愈好，因此產生逐底競爭的風險，迫使科技公司在社會責任與生意之間做出抉擇。

避免逐底競爭的唯一方法就是建立責任基礎，以支持良性市場競爭，如果要建立堅實的責任基礎，就必須讓臉部辨識技術、開發臉部辨識技術的企業，以及使用臉部辨識技術的組織接受法律規範。

◆政府介入監管帶來平衡

歷史上對其他科技的規範可以做為參考，有許多產業採取平衡的監管策略，為消費者與生產者創造良性互動關係。例如，在二十世紀初的幾十年間，汽車業一直反對法規規範，但是今日我們都知道法規非常重要，規定汽車一定要有安全帶與安全氣囊，並提升燃油效率。除了汽車業外，航空業、食品業、藥品業都是如此。

當然，除了呼籲外，我們必須討論要制定什麼法規才是最合理的。二〇一八年七月，我們整理自認為重要的問題，並公開向大家尋求建議[318]，先是引起微軟員工與各方科技專家開始討論，後來吸引全國和全世界各方注意，許多公民團體也加入討論，包括積極參與該議題的美國公民自由聯盟。

法國國民議會議員的反應尤其讓我驚訝。在巴黎時，有位議員對我說：「沒有其他科技公司在問這些問題，為什麼你們不同呢？」在臉部辨識技術和其他一些議題上，微軟與其他科技公司不一樣，反映出我們在一九九〇年代經歷反壟斷訴訟案後學到的教訓。當時我們就和多數企業與產業一樣，主張法規沒有必要，並且可能會造成傷害。然而，那次經歷讓我們學到，如果產品對社會影響甚鉅，或是可能被拿來做不好的事，這樣的策略就不盡然有用，或甚至不被接受。

傳統上，大多數的科技公司都對政府介入懷有反感，但是現在的微軟不再抱持這樣的觀念，因為我們經歷過那些戰鬥。我們認為應採取更積極但更平衡的監管策略，這就是在二〇〇五年初呼籲美國國會通過聯邦層級隱私權法案的原因之一。我們知道，或許有一天政府會在某些細節上犯錯，讓自己後悔呼籲政府介入，但是我們認為，與完全仰賴科技業來解決問題相比，這樣的總體策略對社會與科技都較好。

關鍵是要建構細節，妮塔夏．蒂庫（Nitasha Tiku）於二〇一八年末在媒體《連線》（*Wired*）上發表的文章便點出這個重要層面，文中寫到：「醜聞接二連三的一年過去後，就連原本厭惡政府的企業高層都開始表達自己對立法抱持開放態度[319]。」然而，蒂庫寫道，微軟的目標是採取「更進一步」，提出具體提案請政府規範臉部辨識科技。

到了十二月，我們已經汲取足夠資訊，得以提出新的法案。我們知道無法回答所有的潛在問題，但是相信自己已有足夠的答案，能在這個領域推動良好的初步立法，讓臉部辨識科技持續發展，同時保護公眾利益。我們認為政府必須跟上科技發展的腳步，而採取漸進策略能讓公部門學得更快、更好。

其實我們借用新創企業與軟體開發領域常用的一個概念，稱為「最低可行產品」（Minimum Viable Product, MVP）。根據創業家暨作家艾瑞克．萊斯（Eric Ries）的定義，這個概念鼓勵建立一個「新產品的早期版本」，讓團隊能多以驗證式學習（以實際蒐集而非猜測未來為基礎的學習法）了解客戶[320]；也就是說，不要等到所有問題都有完美答案才行動，若是針對關鍵問題已有可靠的答案，即可採取行動，建構產品，把產品推進市場，從實際的回饋中學習。這項策略能使企業與科技進展更快速且更成功。

然而，即便採取更快速的行動，我們依然必須思慮周全，並確保初步行動是正面的。我們認為自己有很好的想法能處理臉部辨識科技的問題，因此在華府的布魯金斯學會公開呼籲立法[321]，並公布更多提案細節[322]。接下來六個月展開巡迴，在全美及其他八個國家的公共場合與國會聽證會上報告我們的提案。

我們認為，立法能解決三項關鍵議題——偏見風險、隱私權、保衛民主自由，並且認為，運作良好市場能加速減少偏見的進程。不會有客戶想購買錯誤率高又會造成歧視的臉部辨識服務，然而若是客戶缺乏資訊，市場便無法良好運作。如同消費者報告（Consumer Reports）曾揭露汽車安全等議題讓大眾知曉，我們認為學術機構等團體能對各家公司的臉部辨識服務進行測試，並公布其準確率。因此，需要像麻省理工學院布奧拉姆維尼這樣的研究人員來進行測試，並敦促我們。這裡的關鍵是要強迫那些參與市場的企業開放自家產品測接受試，而這就是我們的提案內容，也就是說我們期望運用法規來強化市場[323]。

◆防止臉部辨識技術濫用的預防之道

為協助降低歧視風險，我們認為新法應要求使用臉部辨識科技的組織對自家員工進行訓練，請員工做關鍵決策前要先審核辨識結果，而不是完全把決策權交給電腦[324]。我們擔心的是，如果客戶使用臉部辨識服務的方法與原本設計不合，偏見的風險可能會惡化，因此使用臉部辨識服務的人員必須經過訓練。

此外，還有一個更棘手的問題：在何種情況下，執法單位能獲得授權用臉部辨識技術監控特定人士的日常生活？

民主制度要良好運作，人民就必須有權利彼此會面，並公開或私下討論各自的觀點，因此必須擁有行動自由，且不受政府隨時監控。

在許多案例中，政府使用臉部辨識科技維護公共安全、提升公家機關服務品質，同時不會引發上述疑慮[325]。然而，如果結合無所不在的監視器與強大的雲端運算能力和雲端儲存容量，臉部辨識科技可能會被政府用來監控特定人士，如此一來，可能會產生前所未有的大規模監控。

喬治・歐威爾（George Orwell）在小說《一九八四》（*1984*）裡寫道，在未來的世界中，監視器與竊聽器無所不在，人民的臉、聲音、所說的一字一句都被監控，為了躲避政府監控，人民必須偷偷進入一個黑暗的房間，在對方的手臂上拍打密碼。近七十年前的歐威爾描述這樣的未來世界，現在我們害怕現代科技會讓這個預言成真。

我們認為，預防之道在於，立法規定執法單位唯有取得搜索票等法院令狀授權進行這類監控，或在人命受到立即威脅的情況下，才能使用臉部辨識對特定人士進行持續監控。針對政府使用手機衛星定位系統追蹤人民，美國有法規規範；同理，臉部辨識也需要類似的法規。最高法院於二〇一八年判決，警方如果沒有搜索票，不得調取含有基地台位置訊息的資料，因為這些資料會披露手機使用者的位置與行蹤[326]。如同我們所說的：「保護臉是否和保護手機一樣重要？從我們的觀點看來，答案是非常肯定的[327]。」

最後在商業領域中，規範臉部辨識技術的法規顯然也必須保護消費者隱私權。在不久的將來，所有的店家都能安裝小型攝影機，並連接到雲端，使用即時臉部辨識服務。消費者一走進購物商場，就可能被拍攝，並被電腦辨認。有了這些資料，店家便能了解消費者上次造訪時間與查看或購買的商品，還能透過和其他店家共享資料，預測消費者接下來會想購買什麼。

◆**隱私權與民主自由保衛戰**

我們的主張不是要用新規定完全禁止這些科技；相反地，正在和其他公司想辦法協助店家負責任地使用科技改善購物體驗，相信許多消費者會喜歡這些計畫的成果。然而，我們也認為消費者有權知道臉部辨識的使用時機、詢問問題及做出選擇[328]。

我們主張，新法應規定組織如果使用臉部辨識技術，就要提供「明顯公告」讓大家知曉[329]。同時也表示，必須制定新法規，確立消費者在這些情境中何時與如何行使有意義的控制權，並表達同意接受臉部辨識。後面這項議題顯然需要接下來幾年的努力才能制定正確法規，尤其是在美國，因為美國的隱私權法規不如歐洲完善。

此外，也必須思考新法的效力範圍。在某些層面上，我們不必在所有地方推動立法，因為如果一個重要的州或國家立法規定企業開放自家臉部辨識服務接受測試，測試結果便能公諸，讓全世界都獲得資訊。因此，鼓勵州議員在為二〇一九年初的議會會議做準備時，將立定新法的議題納入考量[330]。

然而，在保護隱私權與守衛民主自由的方面上，必須讓所有地區和國家都通過新法。我們明白這是不切實際的願景，畢竟世界各國的政府各有不同觀點。因此，我們能做的就是呼籲政府採取行動。即便美國立法了，全世界還有很多國家，我們明白不可能確保世界各國的政府都秉持保護人權的原則來使用臉部辨識科技。

雖然政府領導很重要，但是科技公司也必須肩負倫理責任。臉部辨識技術的開發與使用必須符合主流社會價值。我們配合立法提案公布六項原則，並將這些原則套用到微軟的臉部辨識科技上，且建立系統與工具加以落實[331]，其他的科技公司和倡議團體也開始採取類似策略。

臉部辨識的議題也讓我們看見人工智慧帶來的其他倫理挑戰將會如何演變。如同微軟處理臉部辨識議題，大家在面對其他倫理議題時，起初可以制定全面適用的總體原則做為開端，但是遇到實際的人工智慧科技與具體的情境時，這些原則就會受到考驗，同時也會出現具有爭議的人工智慧使用方法。

在未來還會有更多議題浮現，如同臉部辨識，我們在面對每項議題時，都必須鉅細靡遺地思考這些科技的各種可能使用方法。許多議題需要結合政府制定新法規與科技公司積極自律；在許多議題上，各國和各文化會有不同的重要觀點。因此，必須培養更好的能力，讓國家能反覆以迅速、合作的方法來解決問題。唯有如此，才能確保機器對人類負責。

第十三章

未來工作：想像顧問、AR架構師與臉部辨識專家的誕生

一九二二年十二月二十日，紐約布魯克林高地的街上響起馬蹄聲，消防局二〇五中隊的菁英消防員拉著破舊的韁繩，準備駛入冷峭的冬日早晨。外號「硝煙老喬」（Smokey Joe）的助理消防局長馬丁啟動消防局警鈴，中隊便大喝一聲，駕著馬車衝入紐約街頭。

然而，他們並不是要去救火。消防馬車的目的地是布魯克林區政廳，中隊要前往那裡把馬車除役，換裝機動消防車。

馬匹拉的蒸汽泵車與水帶車駛出消防局時，兩旁的人行道擠滿民眾，他們一邊歡呼，一邊追著消防隊員穿過市區。市民、地方官員、消防隊員，甚至連消防局的大麥町狗吉格斯都站出來，向二〇五中隊「忠心真誠」的最後一代消防馬匹致敬[332]。

濕答答的消防中隊搖晃地駛入區政廳，吉格斯興奮地繞著消防車轉圈，催促消防員把水帶接到消防栓上[333]。但消防員卻為馬匹戴上花圈。這是中隊最後一

次召集，也是紐約市消防馬車最後一趟任務。

雖然將消防隊的馬匹除役是基於務實考量，但是如同《布魯克林鷹報》（*Brooklyn Eagle*）所說的，發展的進程為紐約市文化帶來深遠影響。「三個世代以來，小男孩看到消防馬車就會歡欣鼓舞，如同看到消防員就會肅然起敬一樣。今日消防馬車消失在紐約市，而且以後大概也永遠不會再看到了[334]。」

服役五十多年後，牽引消防車的馬匹失業了，這是一個科技變遷影響工作的故事。其實更早期的消防車是以人力牽引的，只不過後來被馬匹取代。早期，男人與男孩會組成義消隊伍，把消防車拖到需要的地方，但是在一八三二年，紐約消防局因為霍亂流行而面臨人力短缺的窘境，因此便使用馬力取代人力。「消防局無法召集足夠人力把消防車拖到火警發生地。」需要為發明之母，如此情況迫使紐約消防局花費整整八百六十四美元購買馬隊，接替生病與垂死的人類消防員[335]。

一八六〇年代，牽引消防車人力正式被馬力取代，但是轉型的過程並不容易，其中一項阻礙就是消防員對牽引工作的自豪與驕傲。一八八七年，當時最年邁的消防員亞伯拉罕・普帝（Abraham Purdy）表示，當初消防局引進馬匹，結果造成內部爭吵不斷，許多消防員甚至因此離職[336]。

不過，進步的浪潮是擋不住的。隨著速套馬軛等裝備持續進步，馬匹也取代義消人力進行拖曳水帶的工作。一八六九年，訓練有素的馬匹與消防隊員能在一分鐘內就整裝出隊[337]。然而到了二十世紀，牽引消防車的馬匹同樣面臨一世紀前牽引消防車的人類面臨的命運：工作遭到取代。這一次，搶走工作的是內燃機引擎驅動的機器。

這是總體經濟裡的冰山一角。近三個世紀以來的科技變遷不斷改變工作的本質，也無疑提高總體生活水準。但是其中必定會有贏家與輸家，這些贏家或輸家有時是個人和家庭，但時常是族群、州，甚至是國家。

同理，面對今日的人工智慧，我們的世界一方面滿懷希望，一方面又憂心忡忡，這是可以理解的。電腦會如同當年機器取代馬匹一樣取代人類嗎？人類的就業承受多大的風險？

◆微軟TechSpark計畫推動

我們所到之處，大家都會詢問這些問題。某個風大的週日下午，我們造訪位於德州西部、墨西哥邊界旁的城市艾爾帕索（El Paso）。飛機開始下降，準備降落在高沙漠中的跑道上，強風導致飛機搖晃不斷，降落時的衝擊力道猛烈。艾爾帕索坐落在陡峭崎嶇的富蘭克林山脈旁，是兩州與兩國之間的交界城市，和墨西哥之間隔著格蘭特河。透過機窗，壯麗景觀盡收眼底。

儘管降落不順，但是降落後，我們受到熱情款待。艾爾帕索是一座生氣勃勃的雙語、雙文化城市，與墨西哥那端規模更大的華瑞茲城（Juarez）形成單一國際社群。

我們前往艾爾帕索是為了推動微軟的TechSpark計畫，這項計畫是在二〇一七年發起的一項倡議，目標是與美國國內六個社群發展夥伴關係[338]，冀望能和當地企業、政府與非營利組織領導者展開新形式合作，更準確評估科技對大城市以外地區的影響，其中一個案子是與我家鄉附近的綠灣包裝工（Green Bay Packers）美式足球隊進行創新科技合作。在全美各地，TechSpark計畫讓我們了解科技正產生的新挑戰，以及若是能採取新策略來駕馭科技，將會帶來何種正面展望[339]。

行車穿越十號州際公路，我們看見艾爾帕索經濟的新發展。一座座大型電話客服中心在沙漠中建立，電話客服產業在本區域發展快速，因為當地許多勞工都會說英語和西班牙語。這些電話客服中心僱用數以千計的艾爾帕索居民，能為西半球近十億人提供服務。不過我們參訪這個區域的同時，心裡不禁感到沉重。許多電話客服中心的工作可能在十年後消失，甚至更快，取而代之的是人工智慧。

我們與地方領導人見面，討論人工智慧將如何影響當地經濟，但是起初必須先做出一項聲明：我們沒有水晶球，無法預知未來。科技領導者一不小心可能就會把自己塑造成偉大的「未來學家」，言之鑿鑿地對十幾、二十年後的未來做出宏偉預測。如果是這樣，大家一定會聽，但好消息是，十年後幾乎不會有人記得你當初講了什麼，而且就算你預測錯誤，還有很多時間可以修正。

不過儘管有這項聲明，我們仍應把握機會汲取洞見，以預測未來的走向，於是我們在艾爾帕索與當地人見面，討論兩處能提供洞見的領域。

第一，我們必須了解人工智慧擅長何種事務，並理解這會如何影響工作與就業。顯然地，工作內容是人工智慧擅長的職位，將會更早遭到取代。因此，我們應掌握人工智慧近期的發展，包括自然語言理解、影像辨識、機器翻譯，以及透過模式辨識來達成新結論的技術。若一個職位的工作內容有很大一部分都能以人工智慧進行，且用人工智慧進行得更快，則該職位或許就有遭電腦取代的風險。

◆最可能被人工智慧取代的工作

若要預測哪一種工作會最早被人工智慧取代，我們會提名速食店得來速點餐服務生。今日人類服務生聽取客人的口頭點餐，並將點餐資訊輸入電腦，但是如果在戶外安裝改良麥克風，就能使用人工智慧辨識並理解客人的口頭點餐，而且準確度與人類水準相當，因此這項工作很快就會被機器完全取代。在不久的將來，我們開進得來速，便會向電腦而非人類點餐。當然，電腦可能會犯錯，但人類也是如此，因此系統會請客人進行餐點確認，如有錯誤仍可更改。

這就是我們看到艾爾帕索欣欣向榮的電話客服產業時，一則感到佩服，一則感到擔心的原因。客服人員與客戶通話，多數時候都在理解客戶的需求和提供解決之道。然而，現在簡單客服需求已經可用電腦處理。每次撥打客服專線，要與真人通話似乎才是最困難的，因為來電是由電腦接起，接著電腦會請我們輸入數字做為指令，並且辨識我們所說的簡單語句。隨著人工智慧持續進步，許多這類事項都會自動化。

如此一來，其他類型的職業或許也有遭到取代的風險。汽車駕駛的工作主要是透過車窗辨識影像、分析資訊，並做出決策。隨著電腦在這些領域的進步，人工智慧將能駕駛轎車或卡車。在二十世紀中，高樓大廈普遍設有電梯操作員，負責坐在電梯裡操作電梯。今日，電梯操作員不只復古，更是過時。到了二十一世紀中，大家對於人類計程車或Uber司機是否會有同樣的感覺？

類似的現象已經影響到機器的檢測工作。微軟雷德蒙德園區有超過三千五百支滅火器，以前每個月都會定期僱用人力檢查每支滅火器的壓力，確保所有滅火器的壓力都在標準值。今日滅火器全都藉由小型感測器連接到公司的網路，若壓力下降至一定的數值，中央操控介面就會即刻標記，派人處理。這套系統提升安全，降低成本，但是每個月就不再僱用人力檢查了。

的確，長久以來機器與自動化系統一直在取代死板或重複性高的勞力工作，但是現在電腦發展出思考能力，因此在未來，腦力工作就和勞力工作一樣承受遭到取代的風險。例如，由於人工智慧翻譯人類語言的能力快速進步，人類口譯員的工作無疑受到愈來愈大的威脅。

同理，法務助理的工作也有危險，數年來科技服務已經為該領域帶來衝擊。十五年前，微軟幾乎是每位律師都配有一名法務助理，但是有了公司內部網路上的自助式助理服務後，今日每四名律師只需僱用一名法務助理。隨著人工智慧系統透過機器學習模式辨識的能力不斷增強，我們合理推斷科技將會持續吸收法務助理的工作，與初級律師的法律研究工作。

就連高學歷或高技術的工作都有遭到取代的危險，如放射師。今日放射師的平均年薪為四十萬美元[340]，主要負責檢查電腦斷層掃描與核磁共振影像，找尋其中異常之處。然而，如果以大量的影像訓練人工智慧機器，機器便能辨別正常與不正常的X光片，找出骨折、出血或惡性腫瘤[341]。

◆工作被取代後的一線生機

一方面，人工智慧摧毀工作真的很恐怖，但是還有一線希望。我一畢業也是擔任初級律師，因此明白許多法學院畢業生認為，法律職涯之初的許多工作真的枯燥乏味的原因。我於一九八六年在大型律師事務受指派的首批工作之一，是閱讀數十萬頁的文件，並說出摘要聽打，我還記得當初接到任務時的反應，但是今日這些工作都已經自動化了。刺激的時刻往往不是來自在海量文件或判例裡追尋答案，而是來自發揮創意構想正確的問題。在某些層面上，人工智慧能取代全世界單調乏味的活動與工作，讓人類提升思考高度，專注在更具啟發性的事務。

其實人類韌性堅強，總是能找到需要投注更多時間與精力的新事務。過去數十年來，汽車、計算機、語音郵件、文字處理及平面設計軟體的出現的確消滅或改變了許多工作，但還是有很多工作可以從事。有些人說，職業是由各類工作組成的。有些工作可以自動化，有些則不能[342]。

經歷過那麼多波工業化與自動化浪潮後，我們的時間到底都花在哪裡？幾年前，前微軟研究院院長理查・拉希德（Rick Rashid）曾說：現在更多人花費更多時間在開會上。這句話雖然是開玩笑，但也有幾分真切。占據時間的不只是會議，我們花費更多精力透過各種方法互相溝通。根據統計，每位辦公室員工平均每日收發高達一百二十二封商業電子郵件[343]；到了二〇一八年，全球人類每日創造出兩千八百一十億封電子郵件[344]，但這些只是人類通訊的冰山一角，全球人類平均每日傳送一千四百五十億則簡訊與應用程式內訊息[345]。

這很重要，因為這就是情況的反面：有些事情是人工智慧不擅長的，許多都是需要人際合作等軟技能（Soft Skills）的工作。組織無論規模大小，人際合作仍會是核心能力。拉希德曾表示，人際合作時常仰賴開會（希望是規劃完善的會議）。同理，人工智慧無法展現同理心，因此護理師、諮商師、教師及治療師可能會使用人工智慧執行特定工作事項，但不太可能全面遭到人工智慧取代。

如同所有新科技，人工智慧不只會消滅與改變工作，也會創造新的產業和職業。然而，與分析人工智慧為今日的勞動力帶來的影響相比，要掌握人工智慧將創造何種職業實在困難許多。但無論如何，與人工智慧相關的新工作已經開始出現了。

這些洞見有些來自我們與世界各國政要對人工智慧進行的討論。

◆人工智慧將在未來創造許多意想不到的新職業

其中一項領悟出現在二〇一七年春天，當時我們造訪微軟英國分公司，並邀請英國首相梅伊前來拜會。我站在微軟英國分公司執行長辛蒂・羅斯（Cindy Rose）身旁，屏息看著年輕的實習生為首相戴上HoloLens穿戴式顯示器，直到首相開始靈活移動時才鬆了一口氣。HoloLens以擴增實境技術向首相展示，如何使用該裝置找出精密機械裡的故障。（結果證明，HoloLens上手比制定英國脫歐協商策略來得簡單。）

示範結束後，首相拿下穿戴器，然後詢問實習生的職業，實習生驕傲地回答：「我是想像顧問，專門協助客戶想像自己如何在公司內部使用擴增實境等新科技。」

「想像顧問。」首相複述道：「我從未聽過這份職業。」

未來將會出現許多帶有新職稱的新職業。在派對上，我們可能會聽見友人或兒女的朋友說，他們的工作是臉部辨識專家、擴增實境架構師或物聯網資料分析師。如同過去的世代，有時會覺得自己需要新版字典才能了解大家在說什麼。

對於這些新職業，大家都希望能有準確的預測，但可惜的是未來就和過去一樣雜亂無章，沒有人是先知。

二〇一六年秋天，納德拉與我造訪柏林，前往以玻璃和拋光鋼材建成的德國總理府，拜會總理安吉拉・梅克爾（Angela Merkel）時，更是領悟到這一點。總理府於二〇〇一年啟用，旁邊是歷史悠久的德國國會大廈，象徵著十九世紀末以前的德國。

會議室牆上掛著知名戰後總理康拉德・艾德諾（Konrad Adenauer）的畫像，在他的凝視下，我們展開拜會討論。在場有一位口譯員，她不僅德文與英文流利，在外交上的專業更是精湛。雖然梅克爾總理英文流利，相較之下我們只會說一些德文，但是對話中飽含技術，因此還是需要口譯員協助。會議中，納德拉講到人工智慧與人工智慧的未來，並提及機器翻譯的發展。說到在不久的將來人工智慧將取代人類口譯員後，他停頓一下，意識到自己說的話，轉而對口譯員說：「抱歉。」

口譯員泰然處之。「沒關係。」她淡然說道：「二十年前，IBM就有人告訴我同樣的話，但現在我還好好的。」

這段對話反映出一項重點，能準確預測人工智慧將取代何種工作，並不代表能預測取代會在何時發生。在微軟的二十五年來，我一再為工程部門主管準確預測電腦發展的能力感到佩服，然而他們對時程的預測卻成敗參半。人常常過度樂觀，預測某件事很快就會到來，但實際上並非如此。如同蓋茲的名言：「我們總是高估接下來兩年會發生的事，卻低估接下來十年會發生的事[346]。」

這種現象由來已久。一八八八年，汽車首度掀起熱潮，發明家卡爾・賓士（Karl Benz）的妻子駕駛汽車前往六十英里外的娘家，藉此向媒體展示丈夫的發明[347]。然而，觀看十七年後（一九〇五年）紐約百老匯的照片，街上仍滿是馬匹與推車，連一輛汽車也沒有。新興科技成熟到能普及應用是需要時間的，又過了十五年後（一九二〇年）在同一個十字路口拍攝的另一張照片卻顯示，路上滿是汽車與推車，連一匹馬也沒有。

新科技很少以穩定的腳步擴散。起初炒作的速度會大於實質進展，科技研發人員必須有耐心地持之以恆。接著，科技會來到一個轉折點，各項發展匯流，由某人加以結合，打造更好的產品體驗，賈伯斯於二〇〇七年推出iPhone即屬此例。其實在iPhone推出前的十幾年間，手機與個人數位助理（Personal Digital Assistant, PDA）就一直在進步，但最後由於觸控螢幕的技術進展，加上賈伯斯以俐落設計結合一切的遠見，智慧型手機才迅速普及全世界。

◆因應變革所需抱持的態度

人工智慧的發展應該會追尋類似的軌跡，但是其中又有些差異。我們有理由認為，許多人工智慧應用情境的起飛點近了，如使用電腦在得來速協助客人點餐。然而，自駕車等較複雜的工作出錯，可能會導致傷亡，所以這些應用還需要更長久的時間才能實現。因此人工智慧發展不是整個經濟的單一轉型，甚至也不會是一項科技的單一轉型，而是不同領域裡掀起一波波浪潮與漣漪，接下來二十或三十年的科技與社會變遷或許就是如此。

正因如此，我們更必須思考這些變遷對就業與經濟帶來的累積效應。面對未來，究竟該抱持樂觀還是悲觀態度呢？若能以史為鑑，歷史的教訓證明我們應該既樂觀又悲觀。

根據麥肯錫全球研究院（McKinsey Global Institute）在二〇一七針年對汽車轉型的研究，「一九一〇年至一九五〇年間，汽車的引進讓美國工作機會淨成長六百九十萬[348]。」研究發現，在這四十年間，經濟從馬匹轉型為汽車的過程，創造的工作機會是消滅的十倍，新出現的工作包括汽車維修工與汽車駕駛[349]。如此看來，我們有理由保持樂觀。

然而，還有一個反面的參考點。一九三三年經濟大蕭條期間，美國普查局（US Bureau of Census）公布報告指出，從馬匹轉型成汽車是「造成現今經濟情況的主因之一」，影響遍及全美[350]。我們該如何解釋如此兩極化的結論？一方面看來，兩者都正確。如果看長期趨勢，經濟自然會調適。汽車出現四十年後，經濟轉型成功，汽車全面普及，戰後經濟也強勁復甦。然而轉型的二十年間，經濟卻曾陷入困境。

站在二十一世紀的制高點上回頭觀望，似乎難以想像從馬匹轉型到汽車的過程竟然曾產生如此負面影響。然而，向來仰賴資料的美國普查局當年記錄一則很重要，甚至很精彩的背景故事，我們應以此為鑑，以明今日之事。

一九三三年，美國普查局農業統計學家冉爾莫．佩特（Zellmer Pettet）對資料進行分析。他原本是喬治亞州果農，後來進入美國普查局擔任實地調查員，雖然大學唸的是哲學，但是後來卻精通農業與今日稱為「大數據」（Big Data）的結合之道。他曾撰寫一百一十五篇研究報告[351]，官拜農業普查處長[352]。當年美國的普查員不只是調查人口數量，更會調查馬匹數量，讓佩特有資料進行分析。

佩特撰寫的報告是關於消防馬的親戚，標題為「農場馬」（The Farm Horse）。儘管充滿數字，但這份報告仍講述一則引人入勝的故事。如同二〇〇三年百老匯音樂劇《女巫前傳》（*Wicked*）講述一九三九年經典電影《綠野仙蹤》（*The Wizard of Oz*）的背景故事，佩特的報告解釋許多最終導致經濟大蕭條的事件。

◆科技創新太快不足為慮，政府行動太慢才令人擔憂

故事之初，佩特告訴我們，在汽車出現以前，美國的經濟非常仰賴馬匹。有位史學家曾說：「一八七〇年，每個美國家庭都直接或間接仰賴馬匹[353]。」全美平均每五個人就有一匹馬[354]。馬每日攝取熱量是人類的十倍[355]，因此比起種植人類食物，許多農民更是靠種植馬飼料維生。

佩特針對普查局的海量資料進行分析，並記錄內燃機引擎普及後發生的事。一九二〇年的普查顯示，全美有一千九百八十萬匹馬，但是隨著汽車、卡車與農業機具的引進，十年後的一九三〇年，全美馬匹數量減少到一千三百五十萬匹[356]，降幅達三分之一。隨著馬匹數量減少，牧草、燕麥和玉米等飼料需求也跟著降低。

農民明顯的因應之道就是捨棄種植馬飼料，改為種植人類食物。實際情況確實也是如此，根據

佩特的報告指出，農民將一千八百萬畝原本種植馬飼料的農地，改種棉花、小麥與菸草[357]。這些作物湧入市場後，價格便降低，使得農民收入也跟著減少。一九一九年，農民從這三項作物獲得的總收入為四十九億美元，一九二九年則減少到二十六億美元，一九三二年更是只剩下八億五千七百萬美元[358]。的確，農業收入在一九三〇年代初衰退是很多因素造成的，不過馬匹數量減少帶來的影響儘管間接，卻很嚴重而明確。

不久後，農村家庭無力償還農場貸款，導致農村銀行終止贖回權，但是後來農村銀行無法跟上終止贖回權的速度，因此也陷入困境，無力償還積欠金融中心大型銀行的款項。此外，佩特還發現都市裡許多工作都與農業有關，如包裝、製造及農業機具[359]。到了一九三三年，失業的不只馬匹，更是近一千三百萬人口，占全美勞動人口四分之一[360]。

近一個世紀前的教訓，能如何協助我們思考今日人工智慧對就業的影響？我們無疑必須準備好面對局勢的變幻莫測。我們有理由預期，正如汽車轉型，人工智慧時代的轉型將會產生同等動盪。役馬的消失顯示，間接因素也可能帶來重大影響，但是這些因素難以預測。如同二十世紀，今日的轉型需要的不只是科技上的創新，更需要政府與公部門的創新。經濟大蕭條催生兩項創新：避免農民過度生產特定作物的補貼政策，以及存款保險與確保銀行健全運作的銀行法規。

儘管我們無法預測所有需要政府創新的領域，但是仍應假定未來會遇到這些需求。因此，我們最大的擔憂並不是科技創新太快，而是政府行動太慢。在政治僵局與兩極化的時代裡，民主政府能否因應新的需求，處理新的危機？無論政治立場，這是本世代極為重要的課題之一。

從這個故事裡還可以看到第二個重要的影響，就是文化價值與社會抉擇對科技帶來的衝擊。從今日看來，汽車取代馬匹是必然的，以長期觀點而言，這樣的看法也沒錯。然而，如同一位學者所述，許多具體的發展並非必然，「獸力遭取代的特定形式是由於世紀之交社會對能源消耗的抉擇[361]。」當年，美國的進步運動（Progressive Movement）講求都市的效率、衛生與安全，不只促使社會使用汽車，更鼓勵社會避免使用馬車做為交通工具，因為汽車似乎象徵著效率、衛生與安全，而都市居民對馬車在這三方面產生的問題再熟悉不過了。

同理，我們不能假定自動化和人工智慧等科技趨勢背後的推動力量只有經濟與科技。個人、企業，甚至國家將會根據自身文化價值做出抉擇，並將文化價值反映在各類面向上，包括個人消費選擇或催生新法規的總體政治趨勢，或許世界各地的發展趨勢將會出現重大差異。

◆看似不相關產業趁勢崛起，創造無限可能

從汽車轉型的歷史中，還能學到最後一件事，這或許也是最鼓舞人心的。如同無法預測重大科技變遷帶來的負面影響，未來也可能出現正面的意外影響，間接導致今日不存在的新工作出現。

汽車為紐約帶來直接與間接的影響。一九一七年，布魯克林消防馬車退役的前五年，紐約市即

已成為美國汽車銷售中心。百老匯上販賣馬車與韁繩的店家消失，取而代之的是販賣輪胎和電池的供應店。美國馬匹交易所（American Horse Exchange）不見了，同樣的地方聳立著賓士（Benz）、福特（Ford）、通用汽車（General Motors）的辦公大樓。汽車維修店、停車車庫、加油站、計程車公司紛紛徵求新型人才，以滿足美國對汽車不斷成長的痴迷。

這些直接影響看起來並不那麼讓人意外，更值得注意的是，汽車的普及使得其他看似不相關的產業崛起。

其中一個例子就是信貸業。到了一九二四年，七五%的汽車都是以分期貸款支付。沒過多久，汽車分期貸款便占全美零售信貸的一半之多。如同現在，汽車通常是家庭僅次於房屋的第二貴重財產，因此需要借錢才能購買。有位經濟史學家寫道：「分期信貸與汽車相輔相成[362]。」現在就要詢問一個有趣的問題：當年紐約人首次見到汽車在美國金融首都行駛時，有多少人預測到這項發明將為金融業帶來新工作？內燃機引擎的影響力走過蜿蜒曲折的路，最終才觸及消費信貸，其中也受到亨利．福特（Henry Ford）發明生產線的推波助瀾，因為生產線的發明使得大量製造得以實現，壓低汽車售價，讓汽車更加普及。

此外，汽車也改變了廣告業。汽車以至少三十英里的時速行駛而過，所以路邊給乘客看的標示，「必須一看就懂，不然有看等於沒看」，因此企業商標出現了，這些商標無論在何處出現，大家看一眼就能辨認[363]。然而，早期購買汽車的人應該沒想到自己會為麥迪遜大道上的廣告公司創造新工作。

藉由回顧歷史，可以得到一個鼓舞人心，但也發人深省的新觀點。科技將提升我們的生產力，代替我們進行枯燥無聊的工作，並創造有趣的新企業與新工作，而未來的世代將會把這些新企業和新工作視為理所當然。在這個時代裡，有決心（與財力）培養新技能，並冒險創業的人將會得到獎賞，但是如同汽車對經濟造成的影響、如同消防馬車文化的消失，我們必定會遭受挫折，並在過程中失去重要的事物。我們不太可能拖慢科技進步的速度，也不太可能完全避免負面影響，關鍵是要培養個人與社會的適應力，藉此在新機會和新挑戰之間取得平衡。

其實這也不是第一次，自第一波工業革命以來，人類就一直在適應新科技，因應新科技對工作的衝擊，因此可以退一步，想想過去幾個世代如何培養適應力。在微軟內部，我們也思考這對微軟的產品與未來有何意涵。我們判斷，幾個世代以來，想要成功就必須掌握四項技能：學習新主題與新領域的能力、分析與解決新問題的能力、傳達想法和分享資訊的能力、高效團隊合作的能力。

我們的目標是駕馭人工智慧，並創造新科技協助人們在四項領域中做得更好。如果可以達成這個目標，便能為人們培養能力，讓大家不只能面對，更能受益於下一波變遷。從這個觀點看來，我們不僅有樂觀的空間，更有理由相信足智多謀的人類將會找到新方法，從明日的科技中獲利。

第十四章

中美競合：兩極化的科技世界

二〇一五年九月某個涼爽夜晚，西雅圖威斯汀飯店主宴會廳華麗的晚宴上，政商名流雲集。用餐完畢後，全場七百五十名來自全美各地的賓客一齊歡迎當晚的榮譽貴賓走上講台[364]。他身著黑西裝，繫著緋紅領帶，講話時全場無不全神貫注聆聽。他回憶自己年輕時的經歷，講述美國歷史，引用西方流行文化。他分享自己卑微出身的故事，並表示歐內斯特・海明威（Ernest Hemingway）、馬克・吐溫（Mark Twain）與亨利・大衛・梭羅（Henry David Thoreau）的作品是終其一生的愛好。他告訴全場，在求學時期曾閱讀漢米爾頓撰寫的《聯邦論》（*The Federalist Papers*）。正好，一個月前在百老匯上演的音樂劇《漢米爾頓》讓《聯邦論》重新受到些許討論。

生動的開場結尾，這位榮譽貴賓表示自己的願望是讓人民過著更好的日子，並稱為「夢想」。然而，這位貴賓並非美國人，他是中國國家主席習近平，他口中的夢想是「中國夢[365]」。

站在前國務卿亨利．季辛吉（Henry Kissinger）與時任商務部長普利茲克身旁，習主席講完簡樸的開場故事後，便開始談到這場精彩的晚宴演講中我們期待的重點，包括採取行動防制中國對美國企業進行網路竊盜，並保持中國市場「門戶開放」。

當日稍早，習主席的專機降落在位於華盛頓州西雅圖北方二十二英里處艾弗里特的佩恩機場，這座民用機場旁便是全世界最大的工廠——波音的製造廠房。這是習近平接任中國國家主席以來首度訪美。中國現在是全球人口最多的國家，也是世界第二大經濟體。習主席此次旋風訪美之旅的第一站就是西雅圖，也是他所說的「美國通往亞洲的門戶[366]」。之後，習主席造訪紐約與華府，這一趟歷史性參訪之旅經過數個月的計畫才得以成行。

隔天，我與微軟高層站在微軟企業客戶體驗中心入口前的紅毯上，整理領帶，再次確認列隊歡迎的站位，並透過玻璃門觀看外面的情況，等待習主席參訪團到來。這一次到微軟參訪的所有細節都經過精心協調與策劃。

在前兩個月間，中國政府曾派遣四個前導團隊造訪微軟，協商準備事宜。每一次造訪，中國策劃團隊的規模似乎都成長一倍。我曾出席首次會議，但是後來的三場會議便沒有參與。參訪前一週，最後一次計畫會議結束時，我正好經過走廊，於是停下來向每位團員握手致意，結果發現整個團隊超過四十人。

參訪細節的協調固然重要，但更重要的是應該討論的主題，大家都知道科技會是一大重點，微軟等美國企業都想要擴大進入中國市場。二〇一五年暮春，我們前往北京拜會中國政府高官，提出我們認為開放且公平的市場進入方案，並主張該方案能嘉惠美國廠商與中國客戶。我們漸漸看到一扇門慢慢打開，長久以來的等待終於有了一線希望。

◆科技業領導者齊聚一堂，創造史上最難忘的一刻

但一個月後的七月初，新聞報導中國駭客入侵美國人事管理局（US Office of Personnel, OPM），並竊取超過兩千一百萬名美國人的社會安全碼與個人資訊[367]。駭客使用國家安全授權入侵含有全美人民資訊的資料庫，這起事件反映中國網路竊盜能力強大，且人事管理局的資安保護鬆散。

隔週，白宮召集團隊與高階行政官員共商這起事件，同時九月的參訪規劃也在進行中。這一次網路攻擊事件顯然牽動華府的敏感神經，官員對於資料遭竊感到憤怒，但是同時也深覺羞愧，因為駭客攻擊竟然輕易得逞。帶著摻雜的心情通常難以做出良好決定。

八月底，白宮團隊即將協商出一份新的中美網路安全協議，這確實很不簡單，但是情勢仍有反轉的風險。隨著參訪規劃如火如荼進行，大家發現最好別讓習主席首站就造訪華府，應該先造訪美國其他地方，以創造累積正面氣勢的機會，然後再前往白宮。因此，華盛頓州變成合理的選擇。

九年前，胡錦濤主席首度正式訪美，便是以西雅圖為第一站。蓋茲與妻子梅琳達・蓋茲（Melinda Gates）在華盛頓湖旁的家中舉辦精心策劃的晚宴，兩國政府似乎也都對結果很滿意。我們曾做過東道主，這一次也表示願意再次擔負這個責任，並安排習主席參訪微軟。我們認為這樣可以為推動網路安全協議創造誘因，而且若是協商破局，也可以提供外交上的緩衝。

那天下午等待車隊抵達微軟時，我們小心翼翼地依照安排好的順序站立。納德拉會先向習主席問好，接著是蓋茲與董事長湯普森，然後是我和負責搜尋業務的副總裁陸奇。納德拉帶著習主席參觀園區，並致歡迎詞，然後由沈向洋示範微軟的HoloLens科技。

接著，我們進入一個大房間。媒體記者稱此刻為國是訪問「最難忘的一刻」——不只是參訪微軟或西雅圖，而是整趟六天訪問中最難忘的一刻[368]。中、美雙方二十八家科技公司領導者齊聚合影，站在習主席兩旁的人有庫克、傑夫・貝佐斯（Jeff Bezos）、吉妮・羅梅緹（Ginni Rometty）、祖克柏，以及幾乎所有美國知名科技公司執行長，而促成這張合影的是習主席前一晚在晚宴上所做的宣布。與這張照片相比，此次參訪的其他照片都相形失色。除了美國總統外，全球只有一位國家元首有能力召集這批聽眾。習主席與中國顯然不只是在全球經濟上站在中心位置，更在世界科技舞上位居中央。

◆中、美兩國在科技上的競合

從某些層面看來，中國崛起成為科技強權，代表我們正處在愈來愈兩極化的科技世界。中、美兩國是全世界前兩大資訊科技使用國，也是前兩大資訊科技供給國。除了少數日子例外，通常股市裡全球市值最高的十家公司裡，科技公司就占了七家，其中五家是美國企業，兩家則是中國企業。十年後，中國企業上榜的比例應該會增加。

然而，中、美兩國在科技上的關係也是全球絕無僅有，並且史無前例。歷史上的確曾有國際資訊科技競爭，一九七〇年代美、日兩國競逐大型電腦時代領導地位，但是現在中、美之間的競爭卻有所不同，部分原因是中國會利用自己龐大的規模控制外國公司進入中國市場，並為中國當地企業提供好處，這種策略是其他國家政府無法採用的。因此，Google、臉書等全世界家喻戶曉的公司無法進入中國。

雖然其他美國企業得以進入中國，但是唯有蘋果與iPhone才獲得和其在全世界領導地位相稱的成功。近年來，蘋果的營收是在中國位居第二的美國公司英特爾（Intel）的三倍[369]。

如果談論利潤，差異可能就更大。蘋果在中國的利潤或許是全美科技業在中國的總和。這是一項了不起的成就，但是也為蘋果帶來挑戰，因為在蘋果的全球利潤裡，中國占了很高的比重。在微軟，我們透過Windows與Office散布全球的長期經驗發現，若是某個特定來源占營收或獲利的比例過大，企業就很難在該領域推動變革，這也說明蘋果領導者經常造訪北京的原因。

更重要的是，蘋果的一枝獨秀凸顯其他公司的弱點。相較於其他市場，為何美國科技公司難以在中國市場取得成功？美國科技業思索這個問題十幾年了。在華府，兩黨有愈來愈多政治人物都在思考，美國企業在中國市場取得成功究竟是不是好事，因為要成功就可能必須進行技術轉移。

中、美兩國的科技關係是全世界歷史上最複雜的。

隨著競爭日益激烈，兩國應該互相理解對方。綜觀國際關係史，許多人對於其他國家的觀點來自諷刺漫畫，而非真實理解。美國公司在中國遇到其他市場沒有的困難，背後有諸多原因，我們必須將這些原因結合到脈絡裡討論。

其中一個原因愈來愈明顯，就是中國消費者對資訊科技的需求與興趣有時和歐美等地不同，包含微軟在內等美國科技公司銷入中國的產品，通常都是為美國使用者設計的。有時這些產品能滿足中國使用者的需求與品味，iPhone和微軟的Surface等硬體及Office等辦公軟體即屬此例。然而，有時新策略會較受中國消費者青睞。

◆文化差異形成的科技產品落差

二十多年前，蓋茲就預見中國不只會成為大規模消費市場，更會崛起成為科技人才大國。

一九九八年十一月，微軟亞洲研究院（Microsoft Research Asia, MSRA）開幕，現在坐落於清華大學與北京大學兩所頂尖學術機構旁的兩棟辦公大樓裡。成立的前二十年，微軟亞洲研究院的開創研究不只專注基礎電腦科學，更是橫跨自然語言、自然使用者介面、資料密集運算、搜尋科技等領域[370]，旗下的研究人員發表超過一千五百篇論文，推動全球電腦科學領域的發展。微軟亞洲研究院象徵中國迅速崛起的科技人才庫。

有時微軟亞洲研究院會脫離基礎研究，專門為中國市場開發新型產品。以美國觀點看來，有些產品真的很令人驚訝，其中一個例子是女性人工智慧社交聊天機器人小冰，專門與青少年和二十多歲的青年聊天對話[371]。在中國，小冰似乎填補某種社會需求，使用者平均每天和小冰對話十五到二十分鐘，談論一天的生活、人生遇到的問題，以及心中的希望與夢想。或許小冰填補一胎化社會的某種需求？小冰現在有超過六億名使用者，她的能力正不斷成長，現在還配備創作詩歌的人工智慧應用程式。小冰曾上電視播報天氣預報，並定期主持電視與廣播節目[372]。

二〇一六年春天，我們將小冰引進美國，結果馬上學到各國科技品味的差異。美國版的小冰叫做Tay，這個名字不過是小冰美國版爭議的開始。

當時我在度假，晚餐時很不應該地瀏覽手機。我收到一封比佛利山莊律師寄來的電子郵件，信中開頭寫道：「謹代表我們的客戶泰勒絲（Taylor Swift）來信。」光是這段開頭就讓這封信在收件匣與眾不同。對方表示：「想必您知道，『Tay』這個名字與我們的客戶密切相關。」不，其實我不知道，但是這封電子郵件仍然引起我的注意。

該律師主張，使用「Tay」這個名字會讓大眾以為我們的聊天機器人與歌手泰勒絲有關，並且違反聯邦法與州法。微軟的商標律師雖然抱持不同觀點，但是並沒有想打官司或冒犯泰勒絲的意思，除了Tay以外，還有很多名字可以選擇，因此立刻開始討論更名事宜。

然而，我們幾乎立刻遇到另一個更大的問題。如同小冰，Tay能透過對話中的回饋來訓練與人互動的能力。有一小群美國惡作劇人士策劃一場行動，利用推文訓練Tay發表種族歧視言論，並且成功了，因此在Tay發表一日多後就被迫下架。這一次我們不只學到各國文化規範的差異，更體認到人工智慧需要加強保護[373]。

Tay只是體現中、美兩國文化差異的其中一個例子。許多在美國研發的服務到了中國卻無法達成預期效果，因為中國使用者偏好國內專門為國人設計的產品，這些產品的性質與設計都和美國有差異。更值得注意的是，許多美國的網路服務到了中國後都敗給當地的網路服務：論電商，亞馬遜不敵阿里巴巴；論訊息，美國的服務不敵騰訊的微信（WeChat）；論搜尋，Google不敵百度。在許多重要的層面上，這些中國國產服務以創新方法迎合中國消費者的品味，而美國的產品卻無法做到。

這凸顯全世界科技業——尤其是中國，愈來愈普遍的一項特色，各地都有聰明的人才，而中國企業致力創新，努力工作，並取得實質成功，其背後的基礎是美國等捍衛自由企業的國家，所重視的創新精神與強烈的職業道德感。此特質不只彰顯在研發科技工具的中國企業，更彰顯在迅速部署人工智慧科技的中國企業。由於市場部署速度快，更推動了中國科技的進步。這些推力的整合使中國科技業在中國市場成為美國企業的勁敵，讓美國企業面對其他市場所沒有的競爭。

然而，其他阻礙美國企業成功的因素更具挑戰，首先是進入中國市場的障礙，而美國現在也在構築障礙。

科技市場進入障礙建構大賽中，中國顯然一馬當先。這不代表其他國家不想這麼做，而是因為參與世界貿易體系，尤其是透過世界貿易組織（World Trade Organization, WTO），必須付出代價，因此無法採取這種策略。在美國貿易代表署（US Trade Representative）持之以恆的推動下，多邊與雙邊談判為美國科技業打開全世界的市場。

◆雙方爭相構築進入障礙，造成諸多亟待克服議題

中國本身的市場規模龐大且策略堅定，得以抗拒美國的策略。原本在全世界自由進口的產品必須取得各類複雜的政府許可，才得以在中國上市，即使取得許可，美國科技公司也發現中國公部門和其他大型客戶往往只會購買，並使用與中國企業合資上市的科技。

即使進展順利，科技業裡的合資向來難以成功。資訊科技瞬息萬變，時常牽涉高難度工程。此外，商業模式也在不斷演進，因此行銷、銷售與支援服務策略必須與時俱進。在大型收購案常以失

敗告終的科技業裡，合資企業更是困難重重，而且合資企業還有國家、文化、語言隔閡必須克服。

外國企業必須透過合資進入中國市場屬於非正式規定，但即便如此，就如同要求越野賽跑選手背負沉重背包競賽一樣。背著背包的選手鮮少能贏得比賽，更何況還要與不受限制的中國當地優秀企業競爭。總而言之，要求外國企業透過合資進入中國市場，產生有效且實質的市場進入障礙。

然而，中、美兩國的科技議題遠遠不只市場進入。由於資訊科技能促進民眾溝通、自由表達及社會運動，中國政府對於相關使用規範向來與西方不同。對任何美國科技公司來說，進入中國市場就必須面對來自中央政府與省級政府各機關不斷演進的各類規範。中國重視公共秩序，西方重視人權，兩個觀念時常發生衝突。

在某些層面上，這些差異來自更深層的哲學與世界觀的反差，因此我們必須掌握這些議題，並了解所帶來的影響。

密西根大學（University of Michigan）教授理查·尼茲彼（Richard Nisbett）在二〇〇〇年的著作《思維的疆域：東方人與西方人的思考方式為何不同？》（*The Geography of Thought*）中寫道[374]，這些議題反映的哲學傳統差異可以回溯到兩千多年前。美國思想的部分基礎是古希臘哲學，而中國思想的基礎則是孔子及其弟子的教導。兩千年來，兩套傳統演變成為世界主要的思想體系，影響深遠，但是差異也頗大。

數十年來，我在世界各國參與會議，發現北京有一個特殊之處：政府的討論有時會涉及中國過去兩千年來的歷史經驗，具體來說是西元前二二一年，秦朝統一中國的那年。

季辛吉曾表示，中國得以延續千年，是由於「人民與士大夫秉持的價值體系[375]」。季辛吉研究中國的時間比過去一世紀任何美國官員都還要久，他觀察到，主導今日中國官員價值觀的是孔子思想。孔子逝世於秦朝建立的前兩世紀多，他提倡以仁治國，鼓勵學習，並追求以階層化社會行為準則為基礎的和諧，而在這樣的社會準則下，人的基本義務是「知道自己的位置[376]」。

尼茲彼指出，古希臘哲學是西方政治思想的基礎。如同孔子提倡學習，古希臘哲學家鼓勵人們進行探究。然而，古希臘哲學對於人的能動性有不同的觀點，認為人「有權掌控自己的人生，並有自由做出自己選擇的行為[377]」。在亞里斯多德（Aristotle）與蘇格拉底（Socrates）思想的影響下，古希臘人對幸福的定義就是「能在自由無束的人生中行使權力追求卓越[378]」。

微軟發源於美國，總部也設在美國，並沒有自己的歷史根源，我也致力保護世界各地的人權。十年前，由於人權風險，我們決定不將消費者電子郵件儲存於中國的伺服器，即便中國政府表明，若是不這麼做，微軟的服務就不能進入中國市場。有時候中國政府會對微軟的搜尋服務提出我們判斷為非法的審查要求，我永遠不會忘記深夜時與中國第一線員工通話，我總是堅持他們要抵制這類要求，同時緊張地屏住呼吸，我舒適地坐在家中講電話，但是知道在中國的員工坐立難安，因為他們必須把我的答覆轉達給中國政府官員。近期，由於擔心大規模監控的風險，我們限縮中國臉部辨識服務的使用。

這些事件考驗著我們對人權的堅持，儘管微軟長久以來致力為中國客戶提供支援，也在中國市場不斷成長，但是認為應該秉持原則。長期下來，這個道理愈來愈明顯：我們應堅守原則，以普世人權等基本價值為先，營收成長與企業獲利則為後[379]。

我們認為，由於存在這些根本上的差異，身為全球兩大經濟體的中、美兩國人民應互相深入了解對方的文化與歷史傳統，兩國互不相往來很容易，但是差異並不會就此消失。

◆不同世界觀形成兩國對事物的迥異看法

二〇一八年夏天，我們獲得實地深入了解這些差異的機會。為期一週的亞洲之行開始前，我們提早一天於週日抵達，以深入探究人工智慧這個最現代的科技，與數千年歷史的文學和宗教傳統間之連結與反差。

早上，我跟著微軟團隊造訪北京西郊鳳凰嶺自然風景公園裡的龍泉寺。龍泉寺是多層佛教木石建築群，屋頂以飛簷建成，坐落在蒼翠繁茂的鳳凰嶺地區，當地人稱此地為「京城綠肺」。龍泉寺於遼代建成，寺內寧靜清幽，山邊小溪川流而過，四周蟬鳴如雷。走過蜿蜒小徑，穿越花園，我們很開心，但最讓我們開心的是寺院住持展示他正在進行的人工智慧計畫。

賢信法師說明，該佛寺致力將佛教思想與傳統和現代世界結合。賢信法師畢業於北京工業大學，是擁有電腦科學學位的佛教和尚。他向我們展示數千輯古代佛教文學作品，並且表示佛寺正運用人工智慧將這些作品數位化。他還說，佛寺的和尚也運用機器翻譯技術，將成果以十六種語言分享給世界各地的人。現代科技推廣著世界的古老思想。

當天下午，我們前往北京市中心拜訪何懷宏教授。何教授是中國重要的哲學家與倫理學家，任教於北京大學，曾出版一本關於中國社會倫理的著作[380]。簡單翻閱本書，就會發現至少在某些領域裡，當代中國並不是沒有生氣勃勃的辯論。

我們討論人工智慧帶來的倫理與哲學議題，並探討世界各國看待這些議題的觀點差異。有趣的是，何教授最初的評論之一竟然與尼茲彼在十五年前撰寫書籍中開頭的一些話不謀而合。「在西方，人們傾向認為進步是直線的，科技向前進展，大家對持續進步抱持樂觀態度。」何教授說道。

尼茲彼在書中寫道，西方人較專注於特定目標，並且相信人們若是致力達成該目標，便能改變周遭的世界。這種創業精神讓矽谷不僅成為一個地區，更成為一種推動創新的態度。

何教授說道：「在中國，我們的世界觀是輪迴的。如同星座，我們認為生命就是一個循環，在未來的一切都會周而復始。」因此中國人在展望未來的同時，也會回顧歷史，並專注整體情勢，而非單一面向。

如同尼茲彼所說的，太平洋實在是寬廣的海洋，兩端的人對同一張照片會有不同的看法。看到一張老虎棲息在叢林中的照片，美國人較會專注在老虎身上，並思考老虎的能耐；中國人則較會把焦點放在叢林上，並思考叢林如何影響老虎生活的各個面向。這兩種看法都沒錯，若是結合兩者，應能產生無量的價值。然而，兩者之間的差異實在很明顯。

這兩種不同的傳統也符合連結社會對於新科技與規範科技的觀點。美國人直覺上想要與政府保持距離，讓「科技老虎」能成長、蛻變、茁壯，並對老虎的潛力抱持樂觀態度；而中國人則更快專注在科技老虎棲息的「社會叢林」上，制定各類政府規範來管理老虎的活動。

這個附加層面讓我們更了解，科技公司與中國政府之間的複雜關係，要克服的不只是語言障礙。科技公司與全球的人權團體合作，一向鼓勵秉持全球原則，捍衛隱私權與言論自由。二戰結束後不久，世界各國的政府，包括中國，都對這些原則表達支持，但是如今有時候這些原則在全世界獲得的支持不如以往。有時候複雜的討論在根本上似乎不只是協商政治策略，更在協商亞里斯多德與孔子不同的世界觀。

哲學思想的差異已經夠複雜了，而過去十年來的網路安全議題卻帶來更多挑戰。中國駭客入侵人事管理局，以及報導宣稱中國硬體製造商華為製造的路由器，能讓中國政府監控使用者的通訊[381]，這些事件都引起美國政府強烈反彈。美國的反應是可以理解的，但是風水輪流轉，後來史諾登又揭露一張照片，照片裡美國人員在對思科的路由器動手腳，以達成同樣的目的[382]。自從報導揭露後，兩家公司都致力在對方的市場挽救商譽，但卻成效不彰。

◆面對科技貿易難題時需考量的長期面向

在華府，兩黨愈來愈擔心中國的影響。雖然川普總統一直施壓中國購買幾乎所有的美國產品，但是其中有一個類別獲得的支持有限，就是資訊科技。美國的政策制定者認為，資訊科技對經濟力量與軍事力量日益重要，因此對於美國科技轉移到中國有所顧忌。

儘管這些議題非常重要，影響範圍也日漸擴大，但是太平洋兩端的中、美兩國恐怕會使用簡單的答案來回答複雜的問題。兩國都有重要的細微差別需要考量。

首先，有些資訊科技的確具有國家安全或軍事敏感性，但是也有許多資訊科技並非如此。有些科技能軍民兩用，這也早有先例。軍民兩用的科技已經存在數十年，我們已有完善的出口管制機制加以控管。儘管如此，美國的政策制定者在考量中國崛起時，可能會忽略一般資訊科技與對國家安全有影響的資訊科技之間存在重要差異。

此外，雖然有些資訊科技是機密，但是也有很多並非機密。與許多軍事科技不同，電腦科學和資料科學領域的許多進展都是來自基礎研究，並以學術論文的形式發表在期刊上，全世界都可以觀看。此外，軟體的獨特之處在於原始碼通常都以開源形式公開，因此全世界任何人不但可以讀取，還能結合到自己的產品裡。雖然在某些電腦科學領域裡，保護營業祕密很重要也很合理，但是在軟體領域中，營業祕密並沒有實際用途。

有些科技的應用情境顯然引發人權方面的隱憂，但是有些並沒有。臉部辨識服務與儲存在雲端的客戶資料，屬於會引發人權隱憂的類別，不過另一方面，微軟自一九八〇年代就推出Word軟體，使用者可以在電腦上執行該程式，且不會有其他人知道使用者在電腦上寫了什麼。雖然如今的Word Online是在雲端上執行，但是使用者仍能決定要以何種方式使用何種版本。即便在人權的脈絡下，同樣的軟體在不同情境帶來的影響迥異。

最後，中國本身是美國科技產品的重要供應鏈環節。一方面，這是眾所周知的，因為中國生產電腦硬體元件。不過中國扮演的角色不僅止於此，中國工程師已成為全球研發鏈的一部分，多數科技公司都將中國工程師取得的研究進展，與美國、英國、印度等國的進展結合。政策制定者可能會思考是否應在太平洋中央打造新鐵幕，以隔離兩塊大陸上的科技發展，但是科技發展已經全球化，因此這樣的政策難以實施，而且即使建立障礙，我們也不清楚採取這種策略的國家究竟會因此得利，還是拖慢科技進步。

這些因素意謂著，中、美應面對如何思考科技貿易議題的這個難題，有三個長期的面向需要納入考量。

首先，在進口的議題上，今日中、美兩國在對方的市場上都遭到阻礙；相反地，兩國的資訊科技巨頭在自己國內享有主場優勢，其中一項結果就是兩國的企業分別在國內變得更容易成功，並在全世界展開日益激烈的競爭。

從國際經濟的觀點來看，我們必須僅記，對這些企業來說，保護國內市場有利也有弊，即便中國有十四億人口，全球仍有八〇％的消費者在外國居住與工作。如果要在國際上成為科技領導大國，就必須取得國際尊重。中、美兩國的科技公司都必須贏得歐洲、拉丁美洲、亞洲等外國客戶的青睞，並在當地成長。若是中、美兩國政府各自指控對方研發的科技不可信，其他國家可能會覺得雙方都正確，因而轉向其他提供者。

一方面，無論在戰時或在承平時期，5G產品等網路元件都是國家基礎建設的基石。由於存在改造與入侵的風險，而且歷史上也有先例，因此政府專注在這些領域是合理的。然而，即便在這些領域裡，國家政策仍應配合客觀事實和邏輯分析。政府在透過刑事訴訟或其他強力法律手段對企業或個人採取行動以儆效尤時，應謹慎而為。

在5G外的領域，政府沒有必要採取行動，封鎖科技服務，因為如此行動也會造成反效果。若是真有必要規範，政府也有許多其他方法，能以國家中立又可靠的手段來規範科技服務。其實保持大部分的科技市場互相開放，對中、美這兩個全球科技大國的經濟都有利，因為這樣便能樹立榜樣，讓其他國家仿效。

其次，大家愈來愈關注貿易體系的出口面，尤其在華府，因此美國官員可能會採取措施，管制愈來愈多重要科技產品出口，不只是禁止出口到中國，而是禁止出口到愈來愈多其他的國家。

◆考量自身與雙邊利益時，兩大強國仍應顧及對全球的影響

現在面臨的風險是，美國官員可能並未體認到，科技要成功就必須拓展到全球規模。資訊科技的研發成本與基礎建設成本必須廣泛分攤給愈多使用者愈好，這是資訊科技經濟的基礎，能壓低產品單價，創造網路效應，以將新應用轉變為市場領導者。如同領英創辦人暨微軟董事雷德・霍夫曼（Reid Hoffman）所證，迅速「閃電擴張」（blitzscaling）成為全球領導者的能力是科技成功的基石[383]。然而，若是美國的產品無法出口，企業就很難爭取全球領導地位。

由於這些因素，新一代美國出口管制困難重重。中、美兩國皆須採取謹慎策略，並考量新型出口機制的可能。以前出口管制清單上有些產品完全禁止出口，不過對於人工智慧與量子運算等新興科技，政府應允許某些科技的出口，但是同時設下限制，禁止特定使用者取得科技，也禁止使用科技做特定用途。這樣的機制的確會讓政府與企業行政變得更複雜，但這或許是兼顧國家安全和經濟成長的唯一方法。

最後，我們必須考量更整體的情勢，因為受影響的不只是中、美兩國，而是全世界。中、美兩國幾乎各占據一半的全球網路市場。況且總體而言，如果要讓二十一世紀的結尾比開頭好，兩國就必須保持良好健全的關係。簡單來說，世界需要中、美保持穩定關係，在科技上也是如此。

因此，我們必須持續建構更好的教育和文化基礎，以連結兩國。兩國若是要在科技議題上保持

良好關係，不只必須共同了解科學與工程，更必須互相理解對方的語言、社會科學，甚至是人文。今日，中、美彼此的理解程度過低。

在多數層面上，理解對方程度最低的是美國。習主席受教育的過程中，讀過漢米爾頓、海明威等美國作家的作品，有多少美國政治人物像習主席一樣，讀過等量的中國作家作品？中國豐富的歷史長達兩千五百年，因此問題不是無書可讀，而是缺乏興趣。歷史一再證明，美國如果要克服全球挑戰，領導人就應該了解世界。

最終，中、美應建立對全世界各國有利的雙邊關係。各國領導人必定會把自己國家的利益視為優先，這當然無可厚非，但中、美是全球前兩大經濟體，因此有責任在顧及自身利益與雙邊利益同時，考量到兩國關係對全世界的影響。中、美以外的國家占全球八〇%的人口，這些國家愈來愈仰賴兩國的關係。

第十五章

資料共享：從法規到隱私的革命

資料與人工智慧將如何影響地緣政治力量和經濟財富的分配？這個議題的部分核心固然是中、美兩國，但其廣泛影響擴及全世界，是這個時代必須回答的首要問題，而二〇一八年秋天卻出現悲觀的觀點。

我們前往華府拜會國會議員時，有幾位參議員說他們看了《AI新世界》（*AI Superpowers*）試讀本。本書作者李開復曾任蘋果、微軟及Google高層，出生台灣的他現在於北京經營一家創投公司。李開復的論點發人深省，他說：「人工智慧世界秩序會建立贏者全拿的經濟體系，並使財富集中在中、美的少數企業手上[384]。」並說：「其他國家就只能撿剩下的[385]」。

這個觀點的依據為何？大部分是來自資料的力量。該論點主張，擁有最多使用者的企業便能取得最多資料，而資料是人工智慧的火箭燃料，因此其人工智慧產品就會變得更強大。有了更強大的人工智慧產品，企業便能吸引更多使用者，更多使用者又會為企業產生更多的資料。如此循環會持續，產生規模報酬，最終這家企業就會把其他競爭對手擠出市場。李開復寫道：「人工智慧自然而然會產生獨占……一旦某家企業取得早期領先地位，這樣的循環便會啟動，最終將領先地位轉變成其他企業難以克服的進入障礙[386]。」

這個概念在資訊科技市場上很常見，被稱為「網路效應」（Network Effect）。例如，作業系統的應用程式開發就是如此，一旦有作業系統取得領導地位，大家都會為這個作業系統開發應用程式。雖然可能會有新的作業系統出現，並且功能更優異，但是仍難以說服應用程式開發者為新系統開發應用程式。微軟在一九九〇年代的Windows就得利於此效應，但二十年後以Windows Phone與iPhone和安卓（Android）競爭時卻遭遇障礙。今日任何新的社群媒體若是想和臉書競爭，必定會碰上同樣的問題。Google+（Google Plus）失敗的部分原因即是如此。

根據李開復的說法，人工智慧將得利於強化版的網路效應，導致產業的權力都變得高度集中。任何產業裡，率先有效部署人工智慧的企業將能獲取最大量的客戶資料，並打造最強的回饋循環。其中一個情境的結果更是淒慘，資料可能會被鎖定在少數科技巨頭內部，只由內部處理，而其他產業則仰賴這些公司提供人工智慧服務。李開復預測，如果這些公司多數都位在中國東部沿海地區及美國西岸，則這兩個地區將會得利，其他地區的利益將會受損。

◆面對人工智慧未來的不同預測

我們應該如何看待這些預測？如同許多預測，這些預測含有真理，而且還不只一項。人工智慧仰賴雲端運算能力、演算法開發及巨量資料。這三項都是必要的，但其中最重要的就是資料——關於現實世界、經濟、我們生活方式的資料。隨著過去十年來，機器學習不斷演進，我們發現人工智慧開發者對資料的需求並沒有上限。

人工智慧世界裡，資料不只影響到科技業。試想二〇三〇年的汽車會是什麼樣子，二〇〇〇年時，電子與運算元件占一輛汽車成本的二〇%，根據一項研究預估，二〇三〇年時電子與運算元件將占汽車成本的一半[387]。可以很肯定地說，到了二〇三〇年，汽車將會永久連網，以執行自動駕駛、半自動駕駛、導航、通訊、娛樂、維護、安全等功能，這些應該都會涉及以雲端運算為基礎的人工智慧與巨量資料。

該情境引發一個問題：哪些產業與企業會得利於人工智慧車輛？究竟是傳統汽車製造商還是科技公司？

這個問題影響深遠，汽車製造商能留住愈多經濟價值，則通用汽車、BMW、豐田（Toyota）等汽車公司對長期的展望便能愈樂觀。這些企業的工作機會將增加、薪水將提高，員工的前途也會一片光明。放到脈絡裡來看，這個議題顯然也對企業股東、企業所在地區，甚至是企業所在國家都很重要，可以斷言密西根州、德國、日本等地經濟的未來都仰賴於此。

如果覺得聽起來太牽強，想想亞馬遜對書籍出版業與許多零售業帶來的衝擊，或是Google和臉書對廣告業造成的影響。人工智慧或許也會為航空業、製藥業、貨運業等各產業帶來同樣的衝擊，這就是李開復預測的未來。正因如此，我們才有至少一點依據，能預測在未來愈來愈多財富將會轉移到一小群擁有大量資料的企業，以及這些企業的所在區域。

然而，未來的路不是非走這一條不可。未來的確可能會演變成上述的情況，但是我們可以開闢另一條路。我們需要提供大家運用資料所需的工具，必須制定資料共享機制，以創造實質機會，讓大小企業、社群與國家能享受資料帶來的利益。總而言之，我們必須追求人工智慧及其仰賴的資料民主化。

在巨量資料當道的時代裡，如何為規模小的那一方創造更大的機會？

馬修・特朗諾（Matthew Trunnell）能回答這個問題。

特朗諾在福瑞德哈金森癌症研究中心（Fred Hutchinson Cancer Research Center）擔任資料長。該中心位在西雅圖，是重要的癌症研究機構，得名於一位家鄉英雄福瑞德・哈金森（Fred Hutchinson），他在底特律老虎隊（Detroit Tigers）擔任投手十個季度，曾擔任三支大聯盟棒球隊經理。一九六一年，他帶領辛辛那提紅人隊（Cincinnati Reds）進入世界大賽（World Series）。

遺憾的是，哈金森在一九六四年因癌症去世，享年四十五歲，飛黃騰達的棒球生涯戛然而止[388]。

他的兄長比爾·哈金森（Bill Hutchinson）是外科醫生，親自為弟弟治療，並在弟弟過世後，建立福瑞德哈金森癌症研究中心，致力研究癌症治療。

特朗諾於二〇一六年來到西雅圖，在福瑞德哈金森癌症研究中心任職，該機構有兩千七百名員工，分布在聯合湖南側的十三棟辦公大樓裡，從辦公室的窗戶可以看到西雅圖地標——太空針塔。

福瑞德哈金森癌症研究中心的宗旨遠大：消滅癌症與相關的死亡，讓癌症不再成為人類苦難的來源[389]。該機構聘請科學家、醫生及其他研究人員一同追求尖端研究與治療，其中三名科學家曾獲頒諾貝爾獎。該中心與鄰近的華盛頓大學密切合作，華盛頓大學擁有全球聞名的醫學與電腦科學中心，如今已取得許多輝煌的成就，包括針對白血病和其他血癌的創新療法、骨髓移植及現在的免疫療法。

如同地球上幾乎所有的機構與企業，福瑞德哈金森癌症研究中心的未來仰賴資料。中心主任蓋瑞·吉利蘭（Gary Gilliland）表示，資料「將會大幅改變癌症的預防、診斷與治療[390]」，研究人員正在把資料轉變成「厲害的新型顯微鏡」，讓我們一窺「人體的免疫系統對癌症等疾病有何反應[391]」。因此，生物醫學科學的未來不再只是生物學，而是要結合電腦科學與資料科學。

儘管特朗諾從未見過李開復，但是這樣的體認讓他的道路與李開復的論點相左。李開復認為，未來屬於能掌控世界最大量資料的企業。如果該論點屬實，即便是北美某處中型城市裡的世界級科學家團隊也很難率先找到治癒癌症的方法。原因很簡單：儘管福瑞德哈金森癌症研究中心能取得重要的醫療紀錄資料，進行人工智慧癌症研究，但是該中心並未擁有全世界最大量的資料集。如同多數組織與企業，福瑞德哈金森癌症研究中心如果要在未來保持領先地位，就必須在並未擁有所需資料的情況下展開競爭。

◆資料的兩大特性為推動資料共享帶來機會

好消息是通往成功的道路很明顯，因為資料與多數其他重要資源有兩個相異之處。

首先，不像石油或天然氣等傳統自然資源，人類能自行生產資料。納德拉曾在微軟的週五高層領導團隊會議中表示，資料大概是「全世界最具再生性的資源」。還有什麼重要的資源是在我們不經意間產生的？其他的資源供給有限，有些資源甚至面臨匱乏，但是世界正淹沒在資料的汪洋中，並且資料量正不斷增加。

這不代表規模不重要，也不代表大型企業沒有優勢。事實正好相反，中國人口多，所以資料產能比其他國家都大。然而，與掌控世界過半探明石油儲量的中東[392]不同，很難有任何一個國家能壟斷世界資料市場，因為任何地方的人都會產生資料。根據合理預期，本世紀世界各國產生的資料和其人口規模與經濟活動有關。

中、美兩國或許是早期人工智慧領導大國，但中國人口再怎麼多，還是只占全球人口的一八%[393]，而美國則占全球人口區區四．三%[394]。論經濟規模，中、美兩國確實有更大的優勢。美國的國內生產毛額占全世界二三%，中國則占一六%[395]。然而，因為兩國互相競爭比彼此合作的機率高，真正的問題是各自能否在擁有全球不到四分之一資料供給的情況下，壟斷全世界的資料。

儘管無法保證，但是資料的第二個特性為小企業帶來更大的機會。第二個特性甚至比第一個特性更重要，根據經濟學家的說法，資料是「非競爭品」。如果一桶石油被工廠使用，該桶石油便會耗盡，無法被其他工廠使用，但是資料卻能一用再用，數十家公司能使用同樣的資料進行分析，並從中學習，而不影響資料的使用效能。關鍵是必須開放資料共享，讓各方都能使用資料。

也許並不令人意外，學術研究界是資料共享的先驅。基於學術研究的本質與作用，許多大學建立資料存放庫，讓資料能分享給各方使用。微軟研究院也採取資料共享的策略，公開免費的資料集，以推動自然語言處理、電腦視覺、物理、社會科學等領域的研究發展。

如此共享資料的能力讓特朗諾深受啟發。他認為，加速研發治癒癌症之道的最佳方法，就是讓多個研究機構能以新方法分享自己的資料。

這個提案理論上聽起來很簡單，但是要執行卻很複雜。首先，即便是單一機構裡，資料時常是零散存放，缺乏整合，若是涉及多個機構，挑戰就會更艱鉅。機器可能無法解讀資料存放的形式，就算能解讀，不同資料集的格式、標記及結構可能各有不同，因此難以共享共用。如果資料來自個人，就必須解決隱私權的法律問題。即便資料並未包含個人資訊，還是有其他重要的問題必須解決，如機構的治理過程，以及資料規模成長與改進後的所有權歸屬。

◆資料共享面臨的挑戰

這些挑戰的本質不全然是技術性的，還涉及組織、法律、社會，甚至文化議題。特朗諾體認到，造成這些挑戰的部分原因是，多數研究機構進行研究時，用的大部分是自家開發的工具。特朗諾曾寫道：「除了讓資料孤立在各個機構外，這種方法往往造成重複資料蒐集、病例與治療結果欠缺，以及無從得知其他地方存在互補性資料。這些問題阻礙研究發現，拖慢醫療資料研究，並且徒增成本[396]。」

特朗諾認為，這些障礙結合之下造成很大的影響，導致研究機構與科技公司難以互相合作，因此無法蒐集到機器學習所需的大規模資料集。換言之，若是無法克服這些障礙，李開復預言的人工智慧壟斷就可能會發生。

特朗諾和其他研究中心人員發現這個資料問題亟待解決，因此採取行動企圖克服。二〇一八年八月，身兼福瑞德哈金森癌症研究中心理事的納德拉邀請微軟高層共進晚餐，並分享研究中心的工作。特朗諾提出資料共享的願景，希望讓各研究機構以新形式分享自家資料。這份願景後來促成若干機構與一家科技公司合作，進行資料共享。

聽著特朗諾的報告，我感覺激動不已，因為他們在許多方面遇到的挑戰，類似我們曾聽聞或經歷的。在特朗諾說明計畫時，我不禁想到軟體開發界的演變。在微軟早期，程式設計師以營業祕密保護原始碼，並且多數科技公司與機構都自行開發程式碼。然而，開源運動徹底改變軟體的開發和使用。愈來愈多程式設計師透過各類開放模式公開程式碼，提供其他人整合、使用及改良。這樣的模式讓程式設計師能進行廣泛合作，進而加速軟體創新。

這些趨勢剛開始時，微軟非但沒有即時跟進，甚至還積極抵抗，包括對提供開源產品的企業主張專利，而我就是其中的核心參與者。然而，後來尤其在納德拉於二〇一四年接任微軟執行長後，我們開始檢討，並坦承錯誤。二〇一六年，我們收購一家支援開源社群的新創公司Xamarin，該公司執行長奈特．弗里德曼（Nat Friedman）加入微軟，並為微軟領導階層帶來重要的外部觀點。

二〇一八年初，微軟的產品使用超過一百四十萬個開源元件，為這些及其他開源計畫做出貢獻，甚至還將自家許多基礎科技的原始碼公諸於世。那年，微軟已成為全球軟體開發者之家、開源社群基地GitHub上最大的貢獻者[397]，這更反映出微軟的轉變。那年五月，微軟決定以七十五億美元收購GitHub。

我們決定讓弗里德曼繼續領導公司。在協商收購案的同時，我們判斷應該和其他重要的開源團體合作，反轉公司過去十年來的政策，會使用自己的專利保護開發Linux及其他關鍵元件的開源程式設計師。與納德拉、蓋茲和其他董事討論此事時，我說是時候「破釜沉舟」了。之前，我們站在歷史錯誤的那端，現在全都認同微軟應該改弦易轍，並且開始全力推動開源運動。

特朗諾在講述資料共用計畫時，我不禁想到這些經歷。特朗諾面臨的挑戰儘管很複雜，但是也和開源社群先前克服的挑戰類似。在微軟內部，由於開源軟體愈用愈多，已經思考過牽涉的技術、組織及法律難題。最近，我們也針對資料共享衍生的隱私權與法律議題，提出科技業中一套領先的解決方案。

不過，與即將面臨的難題相比，特朗諾提出的效益更驚人。開源革命之於軟體，就如同開放資料革命之於資料，若是能促成這項革命，將會帶來何等益處？或許這個方法能超越利用自家獨占資料獨自運作的研究機構？

◆民主黨與共和黨對總統大選資料策略的解讀

這次的討論讓我想到若干年前曾參加的一場會議，該會議的討論焦點後來出人意料地專注在資料共享對現實世界的影響。

二〇一六年十二月初，總統大選一個月後，微軟在華府辦公室召開會議討論科技對總統大選的影響。兩個政黨及許多競選活動都使用微軟和其他科技公司的產品。民主黨與共和黨人士同意分別與我們見面，討論他們如何使用科技，以及從中學到的經驗。

我們首先與希拉蕊團隊的顧問見面，二〇一六年總統大選競選期間，他們是美國強大的的政治資料處理團隊。他們設立大型分析部門，利用民主黨全國委員會與歐巴馬總統於二〇一二年連任成功的經驗進行資料分析。

希拉蕊陣營競選團隊聘請頂尖科技專家，制定公認是全球最先進的競選科技解決方案，使用或許是全美最優質的政治資料集進行分析與改善。該團隊的科技和競選顧問告訴我們，希拉蕊陣營競選經理羅比．莫克（Robby Mook）大多數決策都參考分析部門的報告。據說，投票日當天東岸日落時，整個競選團隊都認為他們贏了，而且資料分析能力占了很大的功勞。晚餐時分，分析團隊離開電腦，接受全場員工滿懷感激地起立鼓掌。

一個月後，掌聲不再，落敗的希拉蕊團隊分析部門沉默不語。競選團隊受到公開批評，說他們直到投票一週前，才發現密西根州逐漸靠向共和黨，開票當晚才發現威斯康辛州倒戈。然而，他們對自己的資料處理能力還是深具信心。會議結尾時，我詢問在場的民主黨團隊一個簡單的問題：「你們認為資料運算沒有做好是敗選的原因嗎？還是其實資料運算有做好，但還是輸了？」

他們的反應展現完全的自信，「我們的資料運算無疑較厲害，但即便如此，我們還是輸了。」

民主黨團隊離開後，我們休息片刻，接著輪到與共和黨團隊開會。

根據共和黨團隊的說明，川普當初扭轉情勢獲得黨內提名，這個過程徹底形塑川普陣營的資料策略。歐巴馬於二〇一二年連任成功後不久，萊恩斯．蒲博思（Reince Priebus）獲選連任共和黨全國委員會（Republican National Committee, RNC）主席。由於二〇一二年大選落敗，他與新幕僚長麥克．席爾茲（Mike Shields）對共和黨全國委員會進行徹底檢討，包括科技策略。在瞬息萬變的科技世界裡，這樣的現象屢見不鮮，他們發現競選大躍進的機會。

蒲博思與席爾茲使用三家共和黨科技顧問公司的資料模型，並嵌入共和黨全國委員會內部。矽谷的科技人才多偏向民主黨，因此共和黨要找到這方面的人才並不容易，但是他們從密西根大學聘請一位科技長，從維吉尼亞州運輸部挖角到一位年輕的科技專家，請兩人為政治世界編寫新的演算法。共和黨全國委員會領導人蒲博思與席爾茲相信，處處都有頂尖的資料科學人才，而這樣的想法最終被證明是正確的。

共和黨科技策略專家表示，蒲博思團隊接下來採取的行動更重要。他們建立一個資料共享模型，說服全國的共和黨候選人、各類超級政治行動委員會及其他保守派組織，把他們的資料彙整到一個大型的基礎資料聯合檔案。席爾茲認為，一定要從各類來源盡可能地匯聚大量資料，部分原因是共和黨全國委員會不知道最終哪一位候選人會獲得黨內提名。提名確定前，他們並不知道獲提名的候選人會重視哪些議題或選民群體，所以團隊廣邀各個組織，盡可能整合大量又多元的資料。因此，共和黨陣營的資料集遠比民主黨全國委員會或希拉蕊競選團隊來得豐富。

川普於二〇一六年春天獲得共和黨提名，但是當時他的競選團隊缺乏像希拉蕊陣營的高等科技基礎建設。為了彌補這項弱勢，川普的女婿庫許納與競選團隊的數位主任布萊德．帕斯凱爾（Brad

Parscale）合作制定數位策略，與其另立新策，不如以共和黨全國委員會現有的基礎來制定策略。根據共和黨全國委員會的資料集，他們發現有一千四百萬名共和黨選民表示不喜歡川普。為了將這群反對者轉變為支持者，川普團隊在帕斯凱爾的家鄉聖安東尼奧制定「阿拉莫計畫」（Project Alamo），以整合募資、通訊及目標選定，尤其是在臉書上。透過資料分析，他們找出選民關心的議題，並使用通訊軟體反覆與這些選民溝通討論，其中包括鴉片類藥物濫用與《平價健保法案》（Affordable Care Act）。

共和黨團隊向我們說明大選逼近時的資料分析結果，大選前十日，他們估計川普在關鍵戰場州輸希拉蕊兩個百分點，但卻發現有七%的選民仍未決定是否要投票。競選團隊分析出有七十萬參與投票有很高機率會投給川普的選民，並且擁有他們的電子郵件地址，於是團隊便全力說服這個族群出門投票。

我們詢問共和黨團隊從這個經驗中學到什麼科技經驗，他們告訴我有若干個：不要像希拉蕊團隊一樣完全自行建立新的資料運算模型，直接用市面上主要的商業科技平台，並以此為基礎就行了。如同共和黨全國委員會的策略，建立大規模的聯合環境，盡可能廣邀各方合作夥伴來貢獻與共享資料。運用這個策略，將資源投注於能在商業平台上運作的差異能力，如帕斯凱爾開發的能力。此外，千萬不要自滿於自己的演算法，而是必須隨時測試與改良。

會議結束前，我問了類似先前詢問民主黨的問題，「你們勝選的原因是資料運算做得較好嗎？

還是其實希拉蕊陣營的資料運算做得較好？」

共和黨的回應如同民主黨般不假思索，「我們的資料運算無疑做得較好，比希拉蕊團隊更早發現密西根州開始偏向川普，而且看出希拉蕊團隊一直沒有看出來的，我們在投票日前的那個週末就發現威斯康辛州倒向川普了。」

◆資料共享策略贏得一致認同

兩黨團隊離開後，我請微軟團隊舉手投票，想知道有多少人認為希拉蕊團隊的資料運算做得較好，又有多少人認為共和黨全國委員會與川普團隊的資料運算做得較好。結果在場眾人無異議地認為蒲博思與川普競選團隊採取的策略較佳。

希拉蕊團隊仰賴優異的技術能力與早期領先的地位；相反地，川普團隊因為情勢所迫，必須採取類似特朗諾提出的資料共享策略。

當然，影響二〇一六年總統大選結果的因素還有許多討論空間，尤其是票數相近的戰場州，包括密西根州、威斯康辛州及賓州。不過那天我們斷定，蒲博思與共和黨全國委員會的資料模型是一大因素，協助改變美國的歷史。

如果開放的資料策略能發揮這種作用，請想像一下這樣的策略在其他領域能帶來的效益。

這類科技合作的關鍵在於人類價值與過程，而不光是科技本身。機構必須決定是否要分享資料、如何分享資料，以及在何種條件下分享資料。在此，我們應以一些原則為基礎。

第一項原則是完善的隱私權保護機制。由於隱私權議題的演變，隱私權是重要的前提，唯有在此前提下才能讓組織分享人們的資料，並使人們安心分享關於自己的資料。這個領域的關鍵挑戰是在開發與選擇資料分享技術的同時保護隱私權，可行方案包含實施「差分隱私」（Differential Privacy）的概念，用新方法來保護隱私權，並讓人們讀取匯總資料或去識別化的資料，或是採用詢問讀取機制。我們可能也必須採用經加密資料訓練的機器學習技術，並且未來可能會出現讓人們決定是否願意為這類用途集體分享資料的新模型。

第二項關鍵需求是安全。顯然地，如果資料匯入聯合檔案，且多個組織都能讀取，則近年來遇到的網路安全挑戰便增加需要考量的層面。雖然有一部分會需要持續的安全強化，但也需要強化運作安全，以讓多個機構一同管理資訊安全。

此外，我們也需要透過實務機制來解決資料所有權的基本問題，讓各機構在分享資料的同時，仍能持續保有資料的所有權。地主有時會透過地役合約或其他安排讓其他人使用自己的土地，但是並未喪失土地的所有權；同理，我們必須制定新策略來管理資料讀取，這些機制必須讓各機構以合作方式選擇資料共享的條款與方式。

面對這些問題，資料開放運動可以學習軟體開源運動的經驗。起初軟體開源運動受到執照權問題的阻礙，直到後來標準開源執照出現為止。對於資料，我們可以期待會有類似的機制出現。

此外，政府政策也能協助推動資料開放運動。政府可以先帶頭公開政府資料給大眾使用，藉此減少小型組織資料赤字的問題。例如，美國國會於二〇一四年通過《數位責任與透明法》（Digital Accountability and Transparency Act），以標準化形式公開更多預算資訊。二〇一六年，歐巴馬政府以此為基礎呼籲為人工智慧開放資料，而川普政府也接著推動聯邦整合資料策略，讓政府機構「將資料當作策略資產來使用[398]」。英國與歐盟也在推動類似的政策，但今日的政府資料集只有五分之一是公開的，還需更多努力[399]。

◆開放資料對隱私權法規的考驗

開放資料也引發重要的隱私權法規演進議題。現行法規多是在人工智慧加速發展前制定的，與開放資料之間存在拉扯，因此應重視這個議題。例如，歐洲隱私法規重視所謂的用途限制，規定資訊之使用應符合當初蒐集資料時指名的用途。然而，我們時常會遇到新的機會，若是能共享資料，就能為社會帶來益處，如治癒癌症。幸好該法規允許在公平且與原始用途相容的條件下改變資料的用途，這項條文究竟應該如何解讀，是現在需要面對的關鍵問題。

此外，我們也要面對重要的智慧財產權議題，尤其是版權。長久以來，大家都有一個共識：任何人都可以從有版權的作品中學習，如讀書。然而，現在有人質疑該規則是否也適用機器學習。若是我們要推廣資料的使用，就一定要讓機器也能從有版權的作品中學習。

為資料所有者建構實務機制，並妥善制定政府政策後，還有一項重要的需求：建立科技平台與工具，讓資料共享更容易，成本更低廉。

這就是特朗諾在福瑞德哈金森癌症研究中心遇到的需求之一，他發現癌症研究界與科技公司進行的工作有差異。科技業持續發展新的尖端科技，能對多元資料進行管理、整合及分析，但是特朗諾發現，「產生資料的機構與研發新工具的機構之間存在落差，讓我們錯失良機，無法使用每日產生的巨量科學、教育、臨床實驗資料，來達成影響深遠、改變人生，甚至拯救生命的研究探索[400]。」

然而，若要成功，資料使用者需要一個專門為開放資料最佳化的強大科技平台。在這方面，市場已經開始運作了。各家科技公司有不同的商業模式可以選擇，有些可能會選擇使用自己的平台來蒐集與整合資料，然後再以科技服務或顧問服務的形式提供自己對資料的見解。在許多層面上，這就是IBM利用華生（Watson）採取的模式，也是臉書與Google在線上廣告領域採取的模式。

有趣的是，八月那晚我聽取特朗諾的報告時，來自微軟、思愛普（SAP）及Adobe的團隊已開始進行一項不同卻互補的計畫。這三家企業發表開放資料倡議（Open Data Initiative），並於一個月後啟動，提供科技平台與工具讓各機構能聯合資料，但是同時保有資料的所有權與掌控權。這項倡議也推出一項工具，讓機構能找出並評估自己擁有的有用資料，並將其轉化成機器可讀、結構化的格式，以利分享。

也許同樣重要的是，開放資料革命會需要經過實驗才能找到正確的道路。晚宴結束前，我坐到特朗諾旁邊，詢問雙方可以進行的合作。其實微軟與北美其他癌症研究機構已進行合作計畫，包括溫哥華與英屬哥倫比亞重要的癌症機構，現在我很高興有機會能讓這些合作計畫更上一層樓。

那年十二月，我們的努力開花結果，微軟宣布挹注四百萬美元支援福瑞德哈金森癌症研究中心的計畫。該計畫原名為卡斯卡迪亞資料探索倡議（Cascadia Data Discovery Initiative），專門為福瑞德哈金森癌症研究中心、華盛頓大學、英屬哥倫比亞大學（University of British Columbia）、英屬哥倫比亞癌症研究機構（BC Cancer Agency）找出適合共享的資料，並在保護隱私權的前提下促進資料共享。這是一個早期的案例，接著也有許多類似的計畫出現，其中一項是加州資料合作計畫（California Data Collaborative），該計畫請都市、零售商及土地規劃機構共享資料，利用資料分析結果制定方案，解決缺失問題[401]。

至少在現階段，這些趨勢讓我們有理由感到樂觀。雖然科技帶來的效益並非平均分配，有些企業與國家得到的好處較多，但是這樣的情況其實並非定律。例如，各國從來就不需要爭奪成為全球電力霸主，因為任何國家都可以使用電力，所以問題就是誰有盡力推廣的遠見。

社會應該讓資料的有效使用與電力一樣普及，這絕非易事，但是若能制定正確的資料共享策略，且政府提供正確的支援，世界就很有機會建立一個模型，確保資料不會集中在少數大型企業與國家手中。如此一來，資料或許能扮演世界需要資料扮演的角色：成為推動新一代經濟發展的重要引擎。

第十六章

如何管理比我們還要巨大的科技？

安・泰勒（Anne Taylor）在青少年時期就讀肯塔基啟明學校（Kentucky School for the Blind）時找到熱誠，而後這份熱誠也成為她的職業。白天，泰勒協助微軟打造友善身障人士的產品，她說自己很喜歡這份工作，但是談到閒暇興趣時，她更是眉飛色舞。「我是一名駭客。」她說道。

二〇一六年，泰勒加入一項使用人工智慧、電腦視覺及智慧型手機相機的計畫，並成為該計畫的第二名駭客。其中一項工作就是將手機綁在額頭上，在微軟園區內行走，藉此對應用程式進行測試。注重時尚的人可能有時會受不了發明家的生活，但是論時尚，微軟園區可以說是無奇不有。

該團隊達成一項突破，開發一款幫助視障者「看見」的人工智慧應用程式，能透過智慧型手機描述周遭的世界。有了Seeing AI，身為視障者的泰勒便能在無人協助的情況下，讀懂家人手寫的字條。泰勒說：

「這對你們來說應該很容易，因為你們長久以來都有這種能力。如果有人寫給我一些個人或私人的訊息，以前都要請別人讀給我聽，但是現在不用了，這對我來說意義重大[402]。」

◆人工智慧的多元應用

文字辨識（Text Recognition）不只能用在閱讀現代信件。在紐澤西州，人工智慧改變普林斯頓大學Geniza實驗室近東研究教授瑪莉那．羅斯多（Marina Rustow）的研究工作。她負責解讀與解碼埃及開羅的班以斯拉猶太會堂（Ben Ezra Synagogue）中數十萬計的文件，該猶太會堂藏有全世界最大量的猶太教手稿。

研究這些文件並非易事，許多文件都被拆成碎片，並散落在世界各地的博物館與圖書館。由於文件量大且散落各地，研究人員不太可能將實體文件碎片拼湊起來。然而，在人工智慧的協助下，羅斯多的團隊便能梳理數位化的文件碎片，並將分隔數千英里的文件加以組合，拼湊出先前不完整的紀錄，描繪出中世紀猶太人與穆斯林和平相處的情形[403]。

人工智慧演算法若能協助羅斯多保存歷史，是否也能用來保護現今瀕臨絕種的動物？

非洲盜獵猖獗，造成瀕臨絕種的動物幾近滅絕，威脅到世界上最具代表性的動物。微軟的AI for Earth團隊正與卡內基美隆大學（Carnegie Mellon University）合作，協助烏干達野生動物管理局（Uganda Wildlife Authority）的國家公園巡邏員防制盜獵。野生動物安全保護助手應用程式（Protection Assistant for Wildlife Security, PAWS）使用演算法檢查國家公園十四年來的巡邏歷史紀錄，並透過運算賽局理論（Computational Game Theory）學習與預測盜獵行為，讓當局能找出盜獵熱點區域，並配合分析結果進行巡邏[404]。

這些實例顯示，科技能用來協助視障者以新方式看見世界、協助史學家探索過去，並且協助科學家以新策略拯救地球，科技的潛力無窮。

與汽車、電話或甚至個人電腦等從前的單一發明不同，人工智慧比較像電力，因為能驅動生活與社會運作所需的工具和裝置。如同電力，人工智慧在幕後運作，因此我們時常會忘記人工智慧的存在，直到有天停電才會驚覺。

納德拉將這個新現實稱為「科技強度」（Tech Intensity），是指科技注入我們周遭世界的現象[405]。在這個新時代裡，企業、機構甚至整個國家都能透過採用與開發新科技來刺激成長，因此各組織機構必須培養員工運用這類科技的技能和能力。

這個時代帶來許多希望，但也產生許多新挑戰。數位科技既是工具，也是武器。我們應銘記愛因斯坦在一九三二年提出的告誡，機器時代為世界帶來益處，但是同時人類的組織能力也應跟上科技發展的腳步[406]。我們為人類引進更多科技的同時，也應為科技注入更多的人性。

如同本書各章所述，今日科技對經濟的影響並不均衡，為某些人帶來巨大財富，但同時又取代某些人的工作，並拋下這些人，且缺乏寬頻網路的地區無法享受到科技帶來的好處。此外，科技正改變戰爭與和平的面貌，在網路空間中開闢新的戰場，並透過國家級駭客攻擊與假資訊散布行動，為民主帶來威脅。科技正使國內各個族群愈來愈兩極化，並讓威權政府有能力對公民進行前所未有的大規模監控。隨著人工智慧持續進步，上述這些趨勢將會加速進展。

這些趨勢也影響本世代的政治議題。大家時常對移民、貿易、稅率等議題進行爭辯，但是政治人物甚少考量，且科技業也甚少承認，造成這些挑戰的部分原因就是科技。我們現在都在治標而非治本，隨著科技帶來的影響持續加劇，絕對不能目光短淺。

◆管理科技變遷的挑戰

希望科技變遷減速是不切實際的，不過我們應採取更多行動來管理科技變遷。與鐵路、電話、汽車、電視等發明，以及先前的科技時代不同，數位科技已經在缺乏充分規定和自律的情況下發展數十年了。現在必須體認到我們不能再放任，而是應該採取更積極的行動，以更決斷果敢的方式面對不斷演變的挑戰。

然而，採取更主動策略的意思並非任何事情都應讓政府進行或接受規範，這樣的做法和請政府什麼都不做，一樣目光短淺，並且一事無成；相反地，民間企業才是起點，科技業界必須展開合作。

二十年前微軟深陷反壟斷調查時，我們體認到必須改變。從反壟斷的戰鬥中，我學到三個至今仍然受用的教訓。考量到科技在今日世界扮演的角色，這些過去適用微軟的教訓，今日依然適用整個科技業。

第一，科技業必須接受政府、產業、客戶、社會對我們的高度期待，無論法律是否規定，我們必須承擔更多責任。我們不再是新興之秀，必須設立榜樣，而不是主張自己可以為所欲為。

第二，我們需要走出去，傾聽他人的意見，並採取更多行動來解決亟需解決的科技問題。首先，我們應與更多人發展建設性關係，但這只是一個開頭，之後應更深入了解其他人對我們的看法與擔憂。因此，我們必須更頻繁地與政府，甚至競爭對手討論協商，以找到共識。我們體認到現在無疑面臨艱難的問題，因此需要妥協的勇氣。

有時有些工程師主張，我們應堅持到底，毫不退讓，有時我覺得他們在質疑我的勇氣。儘管有時候必須堅守立場，但是在許多時候，我認為妥協比堅持更需要勇氣與毅力。尋求共識的過程蜿蜒曲折，協商時常陷入僵局，並以破局收場，直到後來大家才又重回談判桌，最終達成協議。因此，我們必須培養優雅失敗的能力，即便協商破局，還是要給予對方肯定，以保留後續合作的空間，等待下一次適合時機到來，便能再次一同面對艱難的問題，適合的時機幾乎總是會到來的。

最後，我們需要制定原則性策略，應該保有創業文化，同時結合能對內、對外討論的原則。我們已開始培養制定原則的能力了，起先是為了面對反壟斷的議題，後來是為了解決互通性與人權的問題。如同本書第二章所述，根據納德拉於二〇一五年針對監控議題提出的建言，我們制定原則引導針對此議題的決策，並稱為雲端承諾。至今在其他領域裡，微軟依然以這個原則為模型。該策略有許多優點，其中一項就是能協助並強迫思考自己承擔的責任，並試著找到最佳方案來面對。

在許多層面上，這個策略要求科技業界改變現有文化。傳統上，科技公司都專注在開發很厲害的產品或服務，然後盡可能在短時間內吸引大量使用者。這樣的策略當然有很多優點，但是除此之外，科技公司卻很少專注在其他的面向。如同霍夫曼提出的詞彙**閃電擴張**貼切反映，「閃電般的道路」著重的是速度而非效率，是企業在全球規模發展市場領導科技的最佳方法[407]。即使企業取得這類領導地位，還是必須持續保持敏捷。因此，如果出現可能會拖慢創新的嚴格要求，矽谷必定會憂心忡忡。

矽谷的擔憂固然重要，但是考量到科技在現代社會中的地位，如果科技公司在採取行動前未經深思熟慮，或甚至完全不考慮服務或產品造成的廣泛影響，後果也同樣危險。本書的一個論點就是，企業若是多承擔社會責任，還是很可能成功。如同納德拉碰到這些議題時，常說我們對科技的行動要快，但是同時需要加裝護欄。如果能預測會出現的問題，並制定原則性策略來處理，便能在加速時讓「車輛保持在道路上」。這樣的策略至少能避免些許公共爭議與商譽受損，讓公司高層能專注在產品開發和使用者成長。

◆科技公司自我規範，也必須勇於承擔

然而，即便立意良好，這類策略並不容易推動。企業會自然而然地持續擴張展品，並將產品賣給任何想買的人。談到自我設限，幾乎必定會引起國際反對（我曾親身經歷）。因此，企業規範自家產品需要高層領導，高層領導者必須採取更宏觀的觀點，並鼓勵底下的人採取更多行動，為所有潛在的問題找到解決方案，而不只是透過所有潛在的解決方案找出問題。

其中一項解方就是，科技公司應該培養傳統產品開發、行銷及銷售領域以外的能力。隨著科技和世界上其他議題產生碰撞，科技公司需要財經、法律、人力資源方面的領導人才。過去，這些人才在科技業裡主要負責募資、協商收購案與公開上市。然而，今日的議題與需求更加廣泛。

上述這些領域很重要，其中一項原因是制定總體原則來主導產品路線並非易事，需要深思熟慮，並且充分掌握公眾期待、現實世界應用情境與實務開發需求，因此與工程團隊和銷售團隊的溝通與互動就很重要。在微軟，法務長史塔克夫每週常與各計畫團隊合作，預測潛在的問題與爭議。

此外，還有另外一個挑戰：新原則要被採用，工作才算完成。本書第十一章談論人工智慧倫理議題，而針對這項議題，微軟內部稽核團隊曾告訴胡德與我，我們不只必須制定新原則，更必須建立具體政策、治理結構、負責架構、員工訓練，以有效實現對倫理的承諾，並建構微軟自身對人工智慧倫理的認同。因此，大型又悠久的科技公司面臨極大考驗。原則必須能在全球規模操作與落

實，如同第八章提到微軟為了歐盟《一般資料保護規則》進行工程方面的工作。這類計畫要成功推動，就必須獲得現代跨國企業內各領域部門的廣泛支持[408]。

最後，各科技公司領導階層必須保持消息靈通、抱持開放態度，並轉化為更積極的措施，和其他科技公司擴大合作。相較於其他產業，今日的科技業零散化，且在貿易協會與自願貢獻等議題上甚至意見分歧。由於科技本質多元，再加上各種商業模式競爭，科技業有此現象不足為奇。然而，即便有這些歧異，業界還是有合作的空間。

尤其是在強化網路安全與對抗假消息散布行動等議題上，科技業更是必須展開合作。近期已出現若干重要的倡議，如第四章講述業界對於WannaCry的反制、第七章講到西門子的《信任章程》與更廣泛的《網路安全科技協議》。不過在某些層面上，這些倡議尚稱膚淺，因為還有更多潛在的合作機會，而且民眾與政府對科技業的期待絕不止於此。

同理，我們需要改變業界文化。今日有許多科技公司，甚至是占有主導地位的科技巨頭，在面對網路安全等議題時很容易斷定自己無須與業界其他企業合作；或決定若是不具主導權，便不加入合作計畫；或是因為有著陷入政治風波的科技公司加入，便拒絕參與計畫，深怕若是與受大眾批評的企業太接近，自己也會「受到感染」。在某種程度上，這些顧忌是可以理解的，但科技公司的領導者必須克服這樣的擔憂，因為如果業界所有人都這麼想，科技業便難以達成眾望，並承擔更多的責任。

◆政府仍須與時俱進，積極採取行動

雖然科技業與各科技公司有很多合作的機會，但是政府也必須承擔責任，採取更多行動。科技業有許多善良又思慮周到的人才，不過工業革命至今三個世紀以來，沒有一個主要產業完全靠自己達成自律，若是認為科技業會成為第一個，未免太過天真。

即便科技業可能達成自律，這或許並非最佳策略。科技的影響層面廣泛，經濟、社會及生活中各個層面幾乎無一不受科技影響。民主國家最受珍惜的價值，就是人民可以決定國家的走向，因為立法治理社會的民意代表經由民選；科技公司領導者並非民選，是由董事會推選，而董事會則是由眾股東推選，所以民主國家不應將未來交給非民選的領導者。

因此政府必須採取更積極、更果斷的策略來規範數位科技，如同本書提及的所有事項，這件事說來容易做來難，不過政府可以從科技業學到一些重要的經驗。

其一，如同科技業創新，政府在法規領域裡也必須創新。與其等待所有議題成熟，政府可以迅速採取有限的初步規範行動，然後再慢慢增加，從經驗中學習並檢討；也就是說，政府可以參考「最低可行產品」的概念，並採用本書第十二章針對人工智慧與臉部辨識提倡的策略。我們知道，如同新創公司或新興產品，一開始的規範措施在後續一定會增補，但是我們認為政府應更迅速採取一定的措施。

這樣的策略能否在科技規範某些特定領域中實行？若能實行，或許會成為本世代的新監管工具。如同企業為產品增加功能，政府也能先行推動有限的規範，從經驗中學習，然後運用所學增修新的法規條文，如此一來，法規便能因應新的科技而更迅速行動。當然，政府官員仍應廣納各方意見，深思熟慮，並確信至少能為某些特定問題找出正確答案。如果能將科技業的某些文化導入科技規範中，政府即可採取更多行動來追上科技變遷的腳步。

此外，政府若能多掌握瞬息萬變的科技趨勢，並找尋刺激整體市場解決方案的機會，也可以帶來正面又務實的效果。如同本書第九章所述，微軟的偏鄉寬頻網路即採取該策略。撒錢鋪設昂貴的光纖電纜需要數十年才能連接偏鄉家庭，與其如此，政府不如用經費刺激新興無線科技發展，加速市場力量，將科技推向起飛點，而後科技便能自行飛翔。

與從前相比，現在政府有更多機會透過行動刺激科技市場的力量。政府通常是國內最大的科技產品用戶，因此採購決策能影響整體市場趨勢。更重要的是，政府擁有大量而珍貴的資料庫，若能將這些資料向大眾開放，以適當且受規範的方式使用，便能對使用這些資料的科技市場發揮決定性影響。如本書第十章所述，政府可以鼓勵公部門與民間部門使用資料為新工作找尋適合的人才。此外，如本書第十五章所述，這樣的策略讓政府擁有強大的工具，用以加速開放資料模式的採用。

政府若要採取更主動的監管策略，官員就必須深入理解科技趨勢。因此，創造科技的人與監管科技的人必須深入溝通和對話。在這方面，我們面臨的挑戰特別艱鉅。美國的科技中心是矽谷，政治中心是華府，史上從來沒有一個國家的商業或科技中心與首都距離如此遙遠。然而，地理位置遙遠甚至還不足以描述美國政治首都和科技首都之間的距離。華盛頓大學歷史學者瑪格麗特．歐瑪拉（Margaret O'Mara）曾寫道：「遠離政治與金融中心，以北加州舒適寧靜的角落為據點，他們建立創業家的科隆群島，培養出新物種的企業、獨特的企業文化，以及對奇特事物有一定的容忍[409]。」

近兩千五百英里的地理隔閡掩蓋兩地唯一的共同點，從西雅圖（對奇特事物也有自己的容忍）出發，分別造訪兩地，便會了解為何兩地的人分別覺得自己是世界的中心，因為兩地都充滿活力，從事自己的活動。然而在今日的世界裡，兩個中心必須建立更穩固的橋梁，從而跨越地理隔閡。

其中一項挑戰是，科技圈人士一直認為政府官員不懂科技，因此無法對科技進行妥善監管，即便科技公司接受各種政府資助與支援亦然[410]。媒體也不時會強化這樣的觀點，每當有議員向科技公司高層詢問錯誤的問題，或是以錯誤方法詢問正確的問題時，媒體就會開始挑毛病。不過根據我的經驗，政府官員已有很大的進步。十五年前，我與美國參議員討論數位廣告時，對方還不知道可以上網閱讀《華盛頓郵報》。

◆思索科技監管的未來

在科技業工作超過四分之一個世紀，我明白科技產品很複雜。不過，複雜的不只科技產品，現代的商用客機、機車、摩天大樓、藥品，甚至食品都很複雜。不會有人主張因為飛機太複雜，政府官員不了解，所以美國聯邦航空總署（Federal Aviation Administration, FAA）不應該插手管理飛機[411]，搭機的大眾也不會支持這樣的主張，那麼資訊科技又有什麼自命不凡的地方，尤其是現在有許多飛機的零件也都仰賴資訊科技？

其實，政府機構向來善於培養知識能力，以掌握所監管的產品。這當然並不表示過程中沒有挫折，也不是說所有的官員都做得很好，更不是說所有的監管策略都合理或甚至合乎常理。然而，科技業必須打破只有自己能理解複雜資訊科技的幻覺，並多加分享關於資訊科技的知識，讓民眾與政府深入理解。

在許多層面上，政府面臨的第二項挑戰更艱鉅。資訊科技與創造資訊科技的公司已擴張到全球。網際網路是全球網絡，效益更是來自其連結全球的本質。或許更甚於歷史上的任何科技，網際網路的影響力與影響範圍遠比任何政府都既大且廣。所以網際網路與電話、電視、電力等過去的發明不同，因為這些科技的基礎網絡或電網仍是以國界或州界為疆界。

其實，過去也有發明與數位科技一樣為政府監管帶來類似的挑戰，思考這項科技的影響，能幫助我們了解今日的挑戰。十九世紀最徹底改變美國的發明非鐵路莫屬，當時負責規範經濟的主要是州政府，而鐵路穿越州界。南北戰爭結束後的數十年間。美國的鐵路公司在很多層面上變得比許多州政府還要強大。

一八八〇年代，情況陷入僵局。當時除了戰爭時期外，美國聯邦政府從未監管過經濟。監管鐵路的提案在華府屢遭否決，因此州政府自行通過法律來管理鐵路費率，而這些受管理的費率影響州外的班次。一八八六年，最高法院否決這些規範，裁定唯有聯邦政府才有這項權力[412]。民眾突然必須面對赤裸裸的現實：州政府針對鐵路「不能監管，而聯邦政府不願監管[413]」。這個新情勢打破僵局，隔年國會便成立州際貿易委員會（Interstate Commerce Commission）監管鐵路[414]，現代聯邦政府就此誕生。

如同一八八〇年代鐵路跨越州政府的管轄區域，現代的資訊科技觸及全球，但是今日世界上並沒有相當於州際貿易委員會的全球監管機構，大家也合情合理地沒有意願設置這樣的機構。

政府要如何監管規模比自己還大的科技？這或許是科技監管未來最大的難題。然而，問題一旦提出，部分答案就變得很明顯：各國政府必須合作。

在這方面，有許多障礙必須克服。現在這個時代裡，地緣政治情勢造成許多國家的政府不願意參與國際合作，我們不時會在報紙頭條看到某國又退出貿易集團，或是退出實行已久的條約，在這樣的情勢下，實在難以期待各國的合作會有重大進展。此外，現在許多國家的政府連國內議題都難以做出決策。

◆努力促成全球共識，訂定新國際法規規範

然而在這些壓力下，科技的發展勢不可擋，因此國際合作仍勢在必行。如同本書所述，監控改革、隱私權保障、網路安全保護等議題都需要各國政府展開新型態的合作才能解決。因此，微軟提出許多倡議，致力支持做為國際合作的基礎。自二〇一六年初，微軟推動聯合反制WannaCry攻擊的策略、科技業的《網路安全科技協議》、多方參與的《巴黎籲請》和《基督城呼籲》、美國與歐盟之間的隱私盾、《雲端法案》授權國際協議，以及《數位日內瓦公約》的長遠願景。同樣在這些年間，跨大西洋隱私權保護獲得進展，全球開始出現關於人工智慧倫理的討論。如果在民族主義高漲的年代裡，世界還是能取得這些進展，等國際關係的鐘擺回到中間後，還是可望會有更多的進展。

首先，我們需要持續建立自願聯盟。六國政府與兩家企業對WannaCry進行公開聯合反制；三十四家企業發起《網路安全科技協議》；五十一國政府率先對《巴黎籲請》表達支持。上述每個案例中都有要角缺席，但要取得進展，就不能專注在缺席者，而要專注能說服誰加入。如此一來，動能得以持續，後續得以擴張。

此外，我們也要體認到，有些議題可能會有全球共識，有些議題則不能。今日的科技議題涉及隱私權、言論自由與人權，這些議題缺乏全球一致的支持，因此全世界的民主國家應組成自願聯盟。其實世界上的民主國家並不少，今日全球有七十五個民主國家，總人口近四十億[415]，是史上最多

的。然而，世界上的民主國家近期發生諸多問題。或許與任何類型的社會相比，民主社會若要長治久安，更必須展開新型態的合作，以管理科技與科技帶來的影響。

因此，我們必須保持動能，等到有一天美國政府重拾長久以來的外交職責，為這類多邊倡議提供支持與領導。若是美國自我隔離，世界上其他民主國家的力量無疑便會削弱。

如果要持續取得進展，政府就必須體認到，除了監管科技外，也應該進行自我監管。未來的戰爭與民主程序的守衛將會和網路安全與假消息等議題息息相關，如同史上沒有產業能成功自律，也沒有國家能完全仰賴私部門守衛，甚至也沒有國家光靠監管私部門來自我保護。政府必須團結合作，其中就需要制定新的國際準則與規則以約束國家的行為，並讓破壞規則的國家負責。

這必定會引發新一輪關於國際法規優缺點的討論。現在已經有人提出擔憂，認為有些國家會遵守規則，但有些國家可能不會遵守規則。從十九世紀末便有軍備管制法規與禁令，而過去一百年來，爭議不斷在同一個議題上盤旋。殘酷的現實就是，有些國家就是會違反協議。然而，如果有國際準則與法規，世界就能在發生違規情事時有效因應。

◆多方通力合作，找出科技前進的新道路

此外，要克服數位科技帶來的新挑戰，我們也必須打破傳統的組織界線，與各方進行合作。如

同本書第十章與第十三章所述，這方面已有若干成功案例：政府、非營利組織及企業合作解決就業的議題，並協助民眾培養新的技能，以管理科技對社會造成的廣泛影響。這類合作計畫也能協助克服平價住房等其他社會挑戰，西雅圖地區近期出現的倡議就是很好的例子。

然而，此類新型態合作的需求與機會不只有社會議題。如今更甚以往，基本人權的捍衛也仰賴政府、非營利組織及企業之間的合作。這在未來將會更重要，因為有愈來愈多資料正遷移到雲端，並且有愈來愈多國家政府希望資料中心能設置在國內。二十一世紀的議題需要多邊和多方倡議才能解決。

多方合作的一項關鍵，就是要明白各組織的作用，尤其在民主社會，政府官員能發揮領導作用，以民選官員身分做出攸關社會的決策。政府官員有權力也有責任立法、執法，並規劃公共教育。另一方面，企業與非營利組織能導入公民精神，和政府合作與互補，引進公部門時常需要的額外資源、專業或資料。企業與非政府組織較靈活敏捷，能迅速針對新想法進行實驗和測試，跨國界的實驗與測試更是如此。我們都需要理解並尊重各方扮演的角色。

許多議題會需要妥協。對成功的企業領導者來說，妥協並不容易設想，因為他們協助建立價值在世界上名列前茅的企業，通常是透過自己的手段克服萬難，而未來政府監管將會限制其自由。

或許這就是有些科技公司領導者公開主張，並且私下斷言阻礙創新最大的風險就是政府過度反應與過度監管的原因。這個風險很明顯存在，但是我們現在距離這個懸崖峭壁還很遠。政治人物與政府官員已開始呼籲監管，不過目前是講得多，做得少。與其擔心過度監管的危險，科技業不如開始思考智慧監管該有的樣貌。

最後一項考量是最重要的，這些議題的規模比任何個人、企業、產業，甚至是科技都來得大，並牽涉民主自由與人權的基本價值。科技業能誕生與成長，就是因為享有這些自由，我們欠未來一份責任，必須確保未來在我們與我們的產品退場後，這些價值能永續長存，甚至興盛廣傳。

這樣的脈絡讓我們看得更清楚：最大的風險不是世界採取過多行動來解決這些問題，而是世界做得太少；不是政府太倉促採取行動，而是政府做得太慢。

科技創新不會減速，因此管理科技創新的措施必須加速。

註釋

1 譯注：「資料」的原文為data。英文中的data則源自拉丁文動詞dare（給予）的中性過去分詞datum之複數形，意思即是「給定的事實」。今日，英文中data的意思雖泛指各類資訊，但更側重「做為推理依據的測量數值資訊」。台灣普遍稱data為資料，取「給定事實」之意；中國大陸普遍稱data為數據，取其做為數值依據之特性，本譯以台灣用語「資料」為主。

2 遠古文明的檔案館裡所收藏的資料，與現代資料中心儲存的資料極為相似。例如，考古學家在敘利亞的埃勃拉古王國（Ebla）遺址中，就發現該國的王室檔案館於西元前二三〇〇年摧毀後留下的殘骸。殘骸中除了發現蘇美神話及宮廷書吏使用的檔案外，更發現兩千塊泥板，泥板上記載著政府的行政紀錄，包含織物、金屬、穀物、橄欖油、土地及牲畜的分配。Lionel Casson, *Libraries in the Ancient World* (New Haven, CT: Yale University Press, 2001), 3-4. 其實，現代的資料分析團隊也在分析類似的資料。

往後數世紀，圖書館散播到地中海各地，地中海古文明先後建立圖書館，首先是繁榮的古希臘城邦，接著是埃及亞力山卓，最後是羅馬。隨著人類表達的訊息量增加，並且改善記載訊息的方式，發明紙莎草卷，不再仰賴泥板，這些圖書館的館藏就變得更多元。亞力山卓的圖書館於西元前三〇〇年建立，藏有檔案四十九萬卷。Casson, *Libraries*, 36. 同時，東亞出現許多私人圖書館，館藏多為竹簡。西元一一二年，中國發明造紙術，引發重大突破，「使東方領先西方數百年，讓東方能夠建立複雜的行政與官僚制度。」James W. P. Campbell, *The Library: A World History* (Chicago: The University of Chicago Press, 2013), 95.

3 檔案櫃的發明故事，說明隨著時代變遷，人類對於儲藏資料的需求也會有所改變。一八九八年，美國有位名叫艾德溫．西博（Edwin Siebel）的保險代理人，他對當時的資料儲存方式有許多不滿。他住在南卡羅萊納州，負責辦理棉花運送險，保險範圍包含棉花自種植場出貨，海運穿越大西洋，最後抵達歐洲紡織廠的整個過程。這項業務需要大量紙本文件紀錄，而且文件紀錄需要安全保管。當時，企業都是使用「文件格」（pigeonhole）來儲藏商業文件。文件格依牆而建，由地板延伸到天花板，通常要先把紙張摺起來，放入信封，然後塞進格子內。很多格子很高，需要梯子才搆得到。這種資訊儲存方式效率低下，若是不知道要找的文件放在哪裡，就必須花很久時間才能找到。

優秀的發明家能察覺亟待解決的問題，西博就是如此。他想出一個簡單卻高明的做法：裝在木櫃內的垂直歸檔系統。他與辛辛那提的一家廠商合作，打造五個抽屜木櫃，文件能直立放置抽屜裡，讓處理文件的人員可以快速翻閱文件，完全不需要打開信封。後來經過改良，文件掛在文件夾內，並夾著標籤，現代檔案櫃就這樣誕生了。James Ward, *The Perfection of the Paper Clip: Curious Tales of Invention, Accidental Genius, and Stationery Obsession* (New York: Atria Books, 2015), 255-56.

4 David Reinsel, John Gantz, and John Rydning, *Data Age 2025: The Digitization of the World From Edge to Core* (IDC White Paper – #US44413318, Sponsored by Seagate), November 2018, 6, https://www.seagate.com/files/www-content/our-story/trends/files/idc-seagate-dataage-whitepaper.pdf.

5 João Marques Lima, "Data centres of the world will consume 1/5 of Earth's power by 2025," *Data Economy*, December 12, 2017, https://data-economy.com/data-centres-world-will-consume-1-5-earths-power-2025/.

6 Ryan Naraine, "Microsoft Makes Giant Anti-Spyware Acquisition," *eWEEK*, December 16, 2004, http://www.eweek.com/news/microsoft-makes-giant-anti-spyware-acquisition.

7 微軟反壟斷法風波體現許多事，其中一項就是，如果政府對某企業產生疑慮，但是企業並未處理，接下來的各項審查與執行程序將會非常漫長。微軟於二〇〇〇年代初解決國內的爭端，但是直到二〇〇九年十二月與布魯塞爾的歐盟執委會（European Commission）達成最後一項重大協議，整起事件才算落幕。European Commission, Antitrust: Commission Accepts Microsoft Commitments to Give Users Browser Choice," December 16, 2009, http://europa.eu/rapid/press-release_IP-09-1941_en.htm.

自始至終，微軟不斷接受調查、遭到起訴，耗費近三十年。微軟的反壟斷風波始於一九九〇年六月，眾所周知，當時美國聯邦貿易委員會（Federal Trade Commission）針對微軟展開調查，檢視Windows作業系統的行銷、授權及經銷行為。Andrew I. Gavil and Harry First, *The Microsoft Antitrust Cases: Competition Policy for the Twenty-First Century* (Cambridge, MA: The MIT Press, 2014). 這些案件幾經波折，直到二〇一八年十二月二十一日才結束最後一項訴訟案，整整耗時二十八年。期間風波不斷擴散，成為史上第一個貨真價實的全球規模反壟斷風波，而風波最後期的幾個案件正好體現這一點，這些案件是加拿大魁北克、安大略、英屬哥倫比亞三省的消費者集體訴訟。

這起風波延燒近三十載，直覺上可能會認為，這種科技政策案件拖這麼久很不正常，但其實歷史上許多重大反壟斷官司都是如此。微軟案件歷經漫長時間才解決的情形，比一般想得還要普遍。一九九九年，微軟深陷訴訟泥淖，面對整起風波中最大的訴訟，當時我花了很多時間研究二十世紀曾發生的重大反壟斷訴訟案，探究捲入的企業及企業執行長是如何處理的，包含標準石油（Standard Oil）、美國鋼鐵（U.S. Steel）、IBM及AT&T等，在當時都是業界巨擘，定義了一整個世代的科技發展。美國政府於一九一三年展開對AT&T的反壟斷訴訟，期間雖有暫緩，但是整起案件直到一九八二年才終告落幕，那年AT&T同意接受分拆，以解決身上第三起重大反壟斷訴訟案。同樣地，IBM於一九三二年與政府展開第一次重大反壟斷訴訟，後來又發生大型主機電腦壟斷市場的爭議，直到一九八四年IBM與歐盟執委會達成和解才落幕。而且等到十年後，IBM大型主機電腦主宰市場的地位式微，該公司才向美國政府及歐盟聲請解除和解監督。Tom Buerkle, IBM Moves to Defend Mainframe Business in EU," *New York Times*, July 8, 1994, https://www.nytimes.com/1994/07/08/business/worldbusiness/IHTibm-moves-to-defend-mainframe-business-in-eu.html.

這些漫長的訴訟提供寶貴教訓，影響我的觀念，讓我明白科技公司要如何面對反壟斷及其他管制議題。因此，我當時就認為，成功的科技公司必須化被動為主動，與政府溝通，加強和政府的關係，最終與政府一同打造永續穩定的方案。

8 Glenn Greenwald, "NSA Collecting Phone Records of Millions of Verizon Customers Daily," *Guardian*, June 6, 2013, https://www.theguardian.com/world/2013/jun/06/nsa-phone-records-verizon-court-order.

9 Glenn Greenwald and Ewen MacAskill, "NSA Prism Program Taps In to User Data of Apple, Google and Others," *Guardian*, June 7, 2013, https://www.theguardian.com/world/2013/jun/06/us-tech-giants-nsa-data.

10 Benjamin Dreyfuss and Emily Dreyfuss, What Is the NSAs PRISM Program? (FAQ)," CNET, June 7, 2013, https://www.cnet.com/news/what-is-the-nsas-prism-program-faq/.

11 當時的國家情報總監詹姆士．克萊伯（James Clapper）日後表示，該計畫為「政府內部電腦系統，用以協助政府在法院監督下從通訊服務商合法蒐集外國情報」。Robert O'Harrow Jr., Ellen Nakashima, and Barton Gellman, "U.S., Company Officials: Internet Surveillance Does Not Indiscriminately Mine Data," *Washington Post*, June 8, 2013, https://www.washingtonpost.com/world/national-security/us-company-officials-internet-surveillance-does-not-indiscriminately-mine-data/2013/06/08/5b3bb234-d07d-11e2-9f1a-1a7cdee20287_story.html?utm_term=.b5761610edb1.

12 Glenn Greenwald, Ewen MacAskill, and Laura Poitras, "Edward Snowden: The Whistleblower Behind the NSA Surveillance Revelations," *Guardian*, June 11, 2013. https://www.theguardian.com/world/2013/jun/09/edward-snowden-nsa-whistleblower-surveillance.

13 Michael B. Kelley, "NSA: Snowden Stole 1.7 Million Classified Documents and Still Has Access to Most of

Them," *Business Insider*, December 13, 2013, https://www.businessinsider.com/how-many-docs-did-snowden-take-2013-12.

14 Ken Dilanian, Richard A. Serrano, and Michael A. Memoli, "Snowden Smuggled Out Data on Thumb Drive, Officials Say," Los Angeles Times, June 13, 2013, http://articles.latimes.com/2013/jun/13/nation/la-na-nsa-leaks-20130614.

15 Nick Hopkins, "UK Gathering Secret Intelligence Via Covert NSA Operation," *Guardian*, June 7, 2013, https://www.theguardian.com/technology/2013/jun/07/uk-gathering-secret-intelligence-nsa-prism；亦可參見Mirren Gidda, "Edward Snowden and the NSA Files—Timeline," Guardian, August 21, 2013, https://www.theguardian.com/world/2013/jun/23/edward-snowden-nsa-files-timeline.

16 William J. Cuddihy, *The Fourth Amendment: Origins and Meaning, 1602–1791* (Oxford: Oxford University Press, 2009), 441.

17 同上，四四二頁。

18 同上，四五九頁。

19 Frederick S. Lane, *American Privacy: The 400-Year History of Our Most Contested Right* (Boston: Beacon Press, 2009), 11.

20 David Fellman, *The Defendant's Rights Today* (Madison: University of Wisconsin Press, 1976), 258.

21 William Tudor, *The Life of James Otis, of Massachusetts: Containing Also, Notices of Some Contemporary Characters and Events, From the Year 1760 to 1775* (Boston: Wells and Lilly, 1823), 87-88. 一七七六年七月二日，美國國父在費城表決通過美國獨立的隔天，亞當斯回想起歐提斯的主張對於麻薩諸塞州人民的影響。他那天早起寫信給妻子艾碧嘉（Abigail），向妻子

回憶歐提斯的重要貢獻。Brad Smith, "Remembering the Third of July," *Microsoft on the Issues* (blog), Microsoft, July 3, 2014, https://blogs.microsoft.com/on-the-issues/2014/07/03/remembering-the-third-of-july/.

22 David McCullough, *John Adams* (New York: Simon & Schuster, 2001), 62. William Cranch, *Memoir of the Life, Character, and Writings of John Adams* (Washington, DC: Columbian Institute, 1827), 15. 有趣的是，直至今日，歐提斯的主張及亞當斯對其重要性的承認，仍影響美國的公共政策與法律。二〇一四年，美國最高法院無異議判決，執法單位應取得搜索票才能偵查嫌疑人的智慧型手機內容，首席大法官約翰．羅伯茲（John Roberts）在法院意見陳述書中便引用歐提斯與亞當斯的言論。*Riley v. California*, 573 U.S. (2014), https://www.supremecourt.gov/opinions/13pdf/13-132_8l9c.pdf, at 27-28. 二〇一八年，最高法院判決警方同樣應取得令狀才得以調取手機位置紀錄，在法院意見陳述書中，羅伯茲再次引用歐提斯與亞當斯當年的主張。*Carpenter v. United States*, No. 16-402, 585 U.S. (2017), https://www.supremecourt.gov/opinions/17pdf/16-402_h315.pdf, at 5.

23 Thomas K, Clancy, Clancy, *The Fourth Amendment: Its History and Interpretation* (Durham, NC: Carolina Academic Press, 2014), 69-74.

24 《憲法第四修正案》。

25 Brent E. Turvey and Stan Crowder, *Ethical Justice: Applied Issues for Criminal Justice Students and Professionals* (Oxford: Academic Press, 2013), 182-83.

26 Ex parte Jackson, 96 U.S. 727 (1878).

27 Cliff Roberson, *Constitutional Law and Criminal Justice*, second edition (Boca Raton, FL: CRC Press, 2016), 50; Clancy, *The Fourth Amendment*, 91-104.

28 Charlie Savage, "Government Releases Once-Secret Report on Post-9/11 Surveillance," *New York Times*, April 24, 2015, https://www.nytimes.com/interactive/2015/04/25/us/25stellarwind-ig-report.html.

29 Terri Diane Halperin, *The Alien and Sedition Acts of 1798: Testing the Constitution* (Baltimore: John Hopkins University Press, 2016), 42–43.

30 同上，五九至六〇頁。

31 David Greenberg, "Lincoln's Crackdown," Slate, November 30, 2001, https://slate.com/news-and-politics/2001/11/lincoln-s-suspension-of-habeas-corpus.html.

32 T. A. Frail, "The Injustice of Japanese-American Internment Camps Resonates Strongly to This Day," *Smithsonian*, January 2017, https://www.smithsonianmag.com/history/injustice-japanese-americans-internment-camps-resonates-strongly-180961422/.

33 Barton Gellman and Ashkan Soltani, "NSA Infiltrates Links to Yahoo, Google Data Centers Worldwide, SnowdenDocuments Say," *Washington Post,* October 30, 2013, https://www.washingtonpost.com/world/national-security/nsainfiltrates-links-to-yahoo-google-data-centers-worldwide-snowden-documents-say/2013/10/30/e51d661e-4166-11e3-8b74-d89d714ca4dd_story.html?noredirect=on&utm_term=.5c2f99fcc376.

34 "Evidence of Microsoft's Vulnerability," *Washington Post,* November 26, 2013, https://www.washingtonpost.com/apps/g/page/world/evidence-of-microsofts-vulnerability/621/.

35 Craig Timberg, Barton Gellman, and Ashkan Soltani, "Microsoft, Suspecting NSA Spying, to Ramp Up Efforts to Encrypt Its Internet Traffic," *Washington Post*, November 26, 2013, https://www.washingtonpost.

com/business/technology/microsoft-suspecting-nsa-spying-to-ramp-up-efforts-to-encrypt-its-internet-traffic/2013/11/26/44236b48-56a9-11e3-8304-caf30787c0a9_story.html?utm_term=.69201c4e9ed8.

36 "Roosevelt Room," White House Museum, accessed February 20, 2019, www.whitehousemuseum.org/west-wing/roosevelt-room.htm.

37 譯注：泰迪（Teddy）為老羅斯福的暱稱；莽騎兵（Rough Riders）則是美國第一志願騎兵隊的別稱，羅斯福曾服役於該單位。

38 對於平克斯呼籲歐巴馬總統特赦史諾登一事，媒體有若干報導。Seth Rosenblatt, "'Pardon Snowden,' One Tech Exec Tells Obama, Report Says," CNET, December 18, 2013, https://www.cnet.com/news/pardon-snowden-one-tech-exec-tells-obama-report-says/; Dean Takahashi, "Zynga's Mark Pincus Asked Obama to Pardon NSA Leaker Edward Snowden," *VentureBeat*, December 19, 2013, https://venturebeat.com/2013/12/19/zyngas-mark-pincus-asked-president-obama-to-pardon-nsa-leaker-edward-snowden/.

39 "Transcript of President Obama's Jan. 17 Speech on NSA Reform," *Washington Post*, January 17, 2014, https://www.washingtonpost.com/politics/full-text-of-president-obamas-jan-17-speech-on-nsa-reforms/2014/01/17/fa33590a-7f8c-11e3-9556-4a4bf7bcbd84_story.html?utm_term=.c8d2871c4f72.

40 "Reporter Daniel Pearl Is Dead, Killed by His Captors in Pakistan," *Wall Street Journal*, February 24, 2002, http://online.wsj.com/public/resources/documents/pearl-022102.htm.

41 Electronic Communication Privacy Act of 1986, Public Law 99-508, 99th Cong., 2d sess. (October 21, 1986), 18 U.S.C. § 2072.b.

42 譯注：中華民國的EPCA《通訊保障及監察法》用語。

43 Electronic Communication Privacy Act of 1986, Public Law 99-508, 99th Cong., 2d sess. (October 21, 1986), 18 U.S.C. Chapter 121 § § 2701 et seq.

44 Electronic Communication Privacy Act of 1986, Public Law 99-508, 99th Cong., 2d sess. (October 21, 1986), 18 U.S.C. § 2705b.

45 "Law Enforcement Requests Report," Corporate Social Responsibility, Microsoft, last modified June 2018, https://www.microsoft.com/en-us/about/corporate-responsibility/lerr/.

46 "Charlie Hebdo Attack: Three Days of Terror," *BBC News*, January 14, 2015, https://www.bbc.com/news/world-europe-30708237.

47 "Al-Qaeda in Yemen Claims Charlie Hebdo Attack," *Al Jezeera*, 14 Jan 2015, https://www.aljazeera.com/news/middleeast/2015/01/al-qaeda-yemen-charlie-hebdo-paris-attacks -201511410323361511.html.

48 同上。

49 "Paris Attacks: Millions Rally for Unity in France," *BBC News*, January 11, 2015, https://www.bbc.com/news/world-europe-30765824.

50 Alissa J. Rubin, "Paris One Year On," *New York Times*, November 12, 2016, https://www.nytimes.com/2016/11/13/world/europe/paris-one-year-on.html.

51 "Brad Smith: New America Foundation: 'Windows Principles,'" *Stories* (blog), Microsoft, July 19, 2006, https://news.

microsoft.com/speeches/brad-smith-new-america-foundation-windows-principles/.

52 微軟花費數個月才制定一套清楚的原則，這項計畫的領導者是霍拉西奧・古鐵雷茲（Horacio Gutierrez），他當時是微軟最資深的產品律師，現在則是Spotify法務長，負責業務廣泛。古鐵雷茲與馬可・潘恩（Mark Penn）合作，潘恩是前柯林頓政府官員，富有行銷頭腦。古鐵雷茲在微軟內部組成跨部門團隊，並請來波士頓顧問公司（Boston Consulting Group）團隊協助進行客戶意見調查，以了解客戶最重視的事物。古鐵雷茲及其團隊制定四項原則，並由我在二〇一五年七月公布，這些原則就是微軟的雲端承諾。Brad Smith, "Building a Trusted Cloud in an Uncertain World," Microsoft Worldwide Partner Conference, Orlando, July 15, 2015, video of keynote, https://www.youtube.com/watch?v=RkAwAj1Z9rg.

53 "Responding to Government Legal Demands for Customer Data," *Microsoft on the Issues* (blog), Microsoft, July 16, 2013, https://blogs.microsoft.com/on-the-issues/2013/07/16/responding-to-government-legal-demands-for-customer-data/.

54 *United States v. Jones*, 565 U.S. 400 (2012), https://www.law.cornell.edu/supremecourt/text/10-1259.

55 同上，四頁。

56 *Riley v. California*, 573 U.S. (2014).

57 同上，二〇頁。

58 同上，二二頁。

59 Steve Lohr, "Microsoft Sues Justice Department to Protest Electronic Gag Order Statute," *New York Times*, April 14, 2016, https://www.nytimes.com/2016/04/15/technology/microsoft-sues-us-over-orders-barring-it-from-revealing-surveillance.html?_r=0.

60 Brad Smith, "Keeping Secrecy the Exception, Not the Rule: An Issue for Both Consumers and Businesses," *Microsoft on the Issues* (blog), Microsoft, April 14, 2016, https://blogs.microsoft.com/on-the-issues/2016/04/14/keeping-secrecy-exception-not-rule-issue-consumers-businesses/.

61 Rachel Lerman, "Long List of Groups Backs Microsoft in Case Involving Digital-Data Privacy," *Seattle Times*, September 2, 2016, https://www.seattletimes.com/business/microsoft/ex-federal-law-officials-back-microsoft-in-case-involving-digital-data-privacy/?utm_source=RSS&utm_medium=Referral&utm_campaign=RSS_all.

62 Cyrus Farivar, "Judge Sides with Microsoft, Allows 'Gag Order' Challenge to Advance," *Ars Technica*, February 9, 2017, https://arstechnica.com/tech-policy/2017/02/judge-sides-with-microsoft-allows-gag-order-challenge-to-advance/.

63 Brad Smith, "DOJ Acts to Curb the Overuse of Secrecy Orders. Now It's Congress' Turn," *Microsoft on the Issues* (blog), Microsoft, October 23, 2016, https://blogs.microsoft.com/on-the-issues/2017/10/23/doj-acts-curb-overuse-secrecy-orders-now-congress-turn/.

64 譯注：即東德。

65 Tony Judt, *Postwar: A History of Europe since 1945* (New York: Penguin, 2006), 697.

66 Anna Funder, *Stasiland: True Stories from Behind the Berlin Wall* (London: Granta, 2003), 57.

67 Brad Smith and Carol Ann Browne, "Lessons on Protecting Privacy," *Today in Technology* (video blog), Microsoft, accessed April 7, 2019, https://blogs.microsoft.com/today-in-tech/videos/.

68 Jake Brutlag, "Speed Matters," Google AI Blog, June 23 2009, https://ai.googleblog.com/2009/06/speed-matters.

html.

69 兩國緊張關係於一八〇七年到達高峰，在維吉尼亞海岬附近航行的英國花豹號（Leopard）戰艦因為認定美國切薩皮克號（USS Chesapeake）護衛艦上有叛逃的英國水手，所以要求交出四名船員。要求遭拒後，花豹號向薩皮克號發射七輪舷炮，逼迫對方降旗投降，登船緝拿四名船員，才放切薩皮克號回航。由於此事件，傑佛遜總統下令禁止英國戰艦停靠美國港口，並宣布實施貿易禁運。Craig L. Symonds, *The U.S. Navy: A Concise History* (Oxford: Oxford University Press, 2016), 21.

可想而知，貿易禁運傷害美國，也傷害英國。有位史學家寫道：「傑佛遜的禁運重創美國，許多美國人都覺得傑佛遜是在向自己的人民宣戰，而不是向英國宣戰。」A. J. Langguth, *Union 1812: The Americans Who Fought the Second War of Independence* (New York: Simon & Schuster, 2006), 134. 一八〇九年，詹姆士．麥迪遜（James Madison）就任總統前三天，國會撤銷禁運，但仍持續限制美國與英國之間的貿易。英國持續強征男丁入伍，一八一一年，一艘英國護衛艦在紐澤西州鄰海攔截一艘美國商船，並捉拿一位美國水手。Symonds, 23.

70 "Treaties, Agreements, and Asset Sharing," U.S. Department of State, https://www.state.gov/j/inl/rls/nrcrpt/2014/vol2/222469.htm.

71 Drew Mitnick, "The urgent need for MLAT reform," *Access Now*, September 12, 2014, https://www.accessnow.org/the-urgent-needs-for-mlat-reform/.

72 另一位同時抵達的法官助理伊本．莫格林（Eben Moglen）湊巧也帶著個人電腦，他的法官就在弗利廣場二十二樓走廊的另一端。我們都很喜歡個人電腦，常常一起聊電腦的事。日後，莫格林成為傑出學者，推動開源運動，擔任哥倫比亞大學法學院教授，出任軟體自由法律中心（Software Freedom Law Center）主席。二〇〇〇年代初，我在軟體智慧財產權議題上和他抱持相反觀點，站在不同的陣營。

73 立法程序於二〇一五年鄭重展開，來自兩黨的三位參議員與兩位眾議員提出《執法單位調取海外資料法》（Law Enforcement

Access to Data Stored Abroad Act, LEADS Act）。該法案的共同起草人為參議員歐林・海契（Orrin Hatch）、克里斯・康斯（Chris Coons）、狄恩・海勒（Dean Heller），以及眾議員湯姆・馬里諾（Tom Marino）、蘇珊・德本（Suzan DelBene）。Patrick Maines, "The LEADS Act and Cloud Computing," *The Hill*, March 30, 2015, https://thehill.com/blogs/pundits-blog/technology/237328-the-leads-act-and-cloud-computing.

74 二〇一四年，我們首戰失利，法蘭西斯法官宣判微軟敗訴，二〇一八年來到最高法院，可想而知，我們走過漫長又崎嶇的路途。二〇一四年七月，我們在地區法院進行第二戰，結果首席法官羅瑞塔・普萊斯卡（Loretta Preska）又宣判我們敗訴。我們在法庭上進行兩小時的激烈辯論，政府律師主張美國政府本來就有權要求企業交出在全世界的商務紀錄；我們則提出自己的基本原則，主張微軟並非使用者電子郵件的所有人，並且無論有多想要，使用者的電子郵件就是不屬於商務紀錄的一部分。然而，普萊斯卡法官並不採納，直接在辯論結束後，當庭宣布口頭判決，讓我們備感訝異。Ellen Nakashima, "Judge Orders Microsoft to Turn Over Data Held Overseas," *Washington Post*, July 31, 2014, https://www.washingtonpost.com/world/national-security/judge-orders-microsoft-to-turn-over-data-held-overseas/2014/07/31/b07c4952-18d4-11e4-9e3b-7f2f110c6265_story.html?utm_term=.e913e692474e.《華盛頓郵報》報導：「法官的判決應該會引起外國官員的憤慨，尤其是歐盟的官員，因為這有侵犯主權之虞。」後來報導所言果然成真。

下一戰，我們上訴至第二巡迴上訴法院，該法院負責審理紐約州、康乃迪克州與佛蒙特州的上訴案件。我們在做準備時，考量到最終這個議題需要靠立法來解決，因此決定擴大公眾討論，徵求更多人的意見。於是推動一項招募計畫，爭取各方支持，請他們提交「法院之友」意見陳述書。我們很快就獲得各類組織的支持，但也擔心，現在媒體新聞週期擁擠，此議題要如何吸引報導？

我們想到一個辦法：何不自己製作內容，直接向大眾宣傳這個議題，並獲取支持呢？我們可以製作短片介紹資料中心，並以簡單的語言闡述這項議題，並邀請專家來說明為什麼民眾必須關注這個議題並推動改革。這些訪談活動可以在微軟紐約辦公室舉辦，這樣媒體記者就可以親自到場參與，同時我們將現場訪談在網路上直播，冀望有另一群重要的聽眾能收看：美國國會議員。

我們判斷應該找一位德高望重的記者，帶他深入了解這項議題，並請他擔任訪談節目的主持人。我剛好認識查理・吉普森（Charlie Gibson），他是前ABC新聞（ABC News）主播，名聲良好且受人敬重，我和他是在擔任普林斯頓大學（Princeton University）董事時認識的。經詢問後，他很樂意擔任這個角色，但前提是能在訪談節目上詢問來賓艱難的問題，畢竟這是認真記者的天性。我們馬上同意。

二〇一四年十二月某個冷峭的早晨，我們在時代廣場上的微軟紐約辦公室直播電子隱私訪談節目。同時在節目上宣布，已有許多組織與人士提交法院之友意見陳述書，包含二十八家科技公司與媒體公司、二十三個貿易協會與倡議團體，以及三十五位重量級電腦科學家。此外，愛爾蘭政府本身也提交一份支持性意見陳述書。我在宣布這些事情時，開玩笑說，這是大家第一次看到美國公民自由聯盟（ACLU）與福斯新聞（Fox News）一起合作並站在同一邊。影片網址如下：https://ll.ms-studiosmedia.com/events/2014/1412/ElectronicPrivacy/live/ElectronicPrivacy.html. 這個節目達到預期效果，吸引全美及全世界媒體報導，最重要的是，因為我們的概念獲得各方支持，形成奇特的同盟組合，所以國會議員也開始關注。

二〇一六年七月，紐約的法庭辯論結束後七個月。第二巡迴法院由三位法官組成的合議庭宣判我們勝訴。Brad Smith, Our Search Warrant Case: An Important Decision for People Everywhere," *Microsoft on the Issues* (blog), Microsoft, July 14, 2016, https://blogs.microsoft.com/on-the-issues/2016/07/14/search-warrant-case-important-decision-people-everywhere/. 於是司法部將案件上訴到最高法院，所以我們才會在二〇一八年來到法院出庭。

75 *Microsoft Corp. v. AT&T Corp.*, 550 U.S. 437 (2007).

76 Official Transcript, *Microsoft Corp. v. AT&T Corp.*, February 21, 2007.

77 Clarifying Lawful Overseas Use of Data Act of 2018, H.R. 4943, 115th Cong. (2018).

78 Brad Smith, "The CLOUD Act Is an Important Step Forward, but Now More Steps Need to Follow," *Microsoft on the Issues* (blog), Microsoft, April 3, 2018, https://blogs.microsoft.com/on-the-issues/2018/04/03/the-cloud-act-is-an-

important-step-forward-but-now-more-steps -need-to-follow/.

79 Derek B. Johnson, "The CLOUD Act, One Year On," *FCW: The Business of Federal Technology*, April 8, 2019, https://fcw.com/articles/2019/04/08/cloud-act-turns-one.aspx.

80 "St Bartholomew's Hospital during World War Two," BBC, December 19, 2005, https://www.bbc.co.uk/history/ww2peopleswar/stories/10/a7884110.shtml.

81 "What Does NHS England Do?" NHS England, accessed November 14, 2018, https://www.england.nhs.uk/about/about-nhs-england/.

82 Kim Zetter, "Sony Got Hacked Hard: What We Know and Don't Know So Far," *Wired*, December 3, 2014, https://www.wired.com/2014/12/sony-hack-what-we-know/.

83 Bill Chappell, "WannaCry Ransomware: What We Know Monday," NPR, May 15, 2017, https://www.npr.org/sections/thetwo-way/2017/05/15/528451534/wannacry-ransomware-what-we-know-monday.

84 Nicole Perlroth and David E. Sanger, "Hackers Hit Dozens of Countries Exploiting Stolen N.S.A Tool," *New York Times*, May 12, 2017, https://www.nytimes.com/2017/05/12/world/europe/uk-national-health-service-cyberattack.html.

85 Bruce Schneier, "Who Are the Shadow Brokers?" *The Atlantic*, 23 May 2017. https://www.theatlantic.com/technology/archive/2017/05/shadow-brokers/527778/.

86 Nicole Perlroth and David E. Sanger, "Hackers Hit Dozens of Countries Exploiting Stolen N.S.A Tool," *New York Times*, May 12, 2017, https://www.nytimes.com/2017/05/12/world/europe/uk-national-health-service-cyberattack.

html.

87 Brad Smith, "The Need for Urgent Collective Action to Keep People Safe Online: Lessons from Last Week's Cyberattack," *Microsoft on the Issues* (blog), Microsoft, May 14 2017, https://blogs.microsoft.com/on-the-issues/2017/05/14/need-urgent-collective-action-keep-people-safe-online-lessons-last-weeks-cyberattack/.

88 Choe Sang-Hun, David E. Sanger, and William J. Broad, "North Korean Missile Launch Fails, and a Show of Strength Fizzles," *New York Times*, April 15, 2017, https://www.nytimes.com/2017/04/15/world/asia/north-korea-missiles-pyongyang-kim-jong-un.html.

89 Lily Hay Newman, "How an Accidental 'Kill Switch' Slowed Friday's Massive Ransomware Attack," *Wired*, May 13, 2017, https://www.wired.com/2017/05/accidental-kill-switch-slowed-fridays-massive-ransomware-attack/.

90 Andy Greenberg, "The Untold Story of NotPetya, the Most Devastating Cyberattack in History," *Wired*, August 22, 2018, https://www.wired.com/story/notpetya-cyberattack-ukraine-russia-code-crashed-the-world/.

91 同上：Stilgherrian, "Blaming Russia for NotPetya Was Coordinated Diplomatic Action," *ZDNet*, April 12, 2018, https://www.zdnet.com/article/blaming-russia-for-notpetya-was-coordinated-diplomatic-action.

92 Josh Fruhlinger, "Petya Ransomware and NotPetya Malware: What You Need to Know Now," October 17, 2017, https://www.csoonline.com/article/3233210/petya-ransomware-and-notpetya-malware-what-you-need-to-know-now.html.

93 Greenberg, "The Untold Story of NotPetya."

94 Microsoft, "RSA 2018: The Effects of NotPetya," YouTube video, 1:03, produced by Brad Smith, Carol Ann Browne,

and Thanh Tan, April 17, 2018, https://www.youtube.com/watch?time_continue=1&v=QVhqNNO0DNM.

95 Andy Sharp, David Tweed, and Toluse Olorunnipa, "U.S. Says North Korea Was Behind WannaCry Cyberattack," *Bloomberg*, December 18, 2017, https://www.bloomberg.com/news/articles/2017-12-19/u-s-blames-north-korea-for-cowardly-wannacry-cyberattack.

96 Max Farrand, ed., *The Records of the Federal Convention of 1787* (New Haven, CT: Yale University Press, 1911), 3:85.

97 數位犯罪防制單位原本成立的目的是反盜版，當初微軟招募調查員、前檢察官等專家來防治使用新科技的犯罪活動。後來該單位的業務不斷演變，關鍵轉捩點發生在二〇〇〇年代初，當時多倫多警察局長前來雷德蒙德拜訪微軟，欲說服微軟進行一項重大投資，協助警方打擊全球的兒童色情與兒童性剝削。在我走下樓，準備前往會議室與局長見面時，心裡堅信微軟已無多餘預算承擔這項新任務。然而，與局長開會九十分鐘後，我轉變成內心堅信微軟別無選擇，必須協助打擊網路上的兒童性剝削，因為兒童色情是網路時代中最恐怖的產物。因此，微軟刪減其他項目的預算，並讓數位犯罪防制單位轉型，此後該單位便一直使用科技手段與法律策略協助保護兒童。

另一個轉折點發生在二〇〇八年，我們一行人造訪首爾，南韓政府帶我們參訪韓國國家網路犯罪防制總部。我們很欽佩總部的團隊，更欽佩總部先進的設備，比微軟總部任何設備都還要先進。回國後，我們決定在雷德蒙德園區為數位犯罪防制小組建立專屬的網路犯罪中心，引進全世界最先進的工具與資源使用。若是數位犯罪防制單位與執法單位或其他機構進行聯合行動，可能會有調查員與律師來訪，因此也要建設專屬的獨立辦公空間，提供訪客使用。

二〇一二年，數位犯罪防制單位研發出新方法打擊「殭屍網路」（botnet），這是網路罪犯用來感染並控制全世界個人電腦的手段。Nick Wingfield and Nicole Perlroth, Microsoft Raids Tackle Internet Crime," *New York Times*, March 26, 2012, https://www.nytimes.com/2012/03/26/technology/microsoft-raids-tackle-online-crime.html. 首先，數位犯罪防制單位的律師理查・博斯科維奇（Richard Boscovich）制定一套法律策略，透過主張商標侵犯或更古老的「動產侵犯」（trespass to chattels），以取得駭客團體的命令與控制伺服器的控制權。我一直覺得很有趣，現在用以保護電腦的法律依據，起初竟然是英國用來保護牛隻等財產的法律原則。

最近，數位犯罪防制單位著手防制煩人的詐騙電話，還有各類使民眾以為電腦或智慧型手機遭到感染，因此必須花錢安裝新安全軟體來修復的科技詐騙手段。微軟助理法務長柯特妮・格雷果（Courtney Gregoire）領導團隊採取創新方法，前往印度等世界各地直接處理問題的源頭。Courtney Gregoire, New Breakthroughs in Combatting Tech Support Scams," *Microsoft on the Issues* (blog), Microsoft, November 29, 2018, https://blogs.microsoft.com/on-the-issues/2018/11/29/new-breakthroughs-in-combatting-tech-support-scams/.

98 Brandi Buchman, "Microsoft Turns to Court to Break Hacker Ring," *Courthouse News Service*, August 10, 2016, https://www.courthousenews.com/microsoft-turns-to-court-to-break-hacker-ring/.

99 April Glaser, "Here Is What We Know About Russia and the DNC Hack," *Wired*, July 27, 2016, https://www.wired.com/2016/07/heres-know-russia-dnc-hack/.

100 Alex Hern, "Macron Hackers Linked to Russian-Affiliated Group Behind US Attack," *Guardian*, May 8, 2017, https://www.theguardian.com/world/2017/may/08/macron-hackers-linked-to-russian-affiliated-group-behind-us-attack.

101 Kevin Poulsen and Andrew Desiderio, "Russian Hackers' New Target: A Vulnerable Democratic Senator," *Daily Beast*, July 26, 2018, https://www.thedailybeast.com/russian-hackers-new-target-a-vulnerable-democratic-senator?ref=scroll.

102 Griffin Connolly, "Claire McCaskill Hackers Left Behind Clumsy Evidence That They Were Russian," *Roll Call*, August 23, 2018, https://www.rollcall.com/news/politics/mccaskill-hackers-evidence-russian.

103 Tom Burt, "Protecting Democracy with Microsoft AccountGuard," *Microsoft on the Issues* (blog), Microsoft, August 20, 2018, https://blogs.microsoft.com/on-the-issues/2018/08/20/protecting-democracy-with-microsoft-accountguard/.

104 Brad Smith, "We Are Taking New Steps Against Broadening Threats to Democracy," *Microsoft on the Issues* (blog), Microsoft, August 20, 2018, https://blogs.microsoft.com/on-the-issues/2018/08/20/we-are-taking-new-steps-against-broadening-threats-to-democracy/.

105 Brad Smith, "Microsoft Sounds Alarm on Russian Hacking Attempts," interview by Amna Nawaz, *PBS News Hour*, August 22, 2018, https://www.pbs.org/newshour/show/microsoft-sounds-alarm-on-russian-hacking-attempts.

106 "Moscow: Microsoft's Claim of Russian Meddling Designed to Exert Political Effect," *Sputnik International*, August 21, 2018, https://sputniknews.com/us/201808211067354346-us-microsoft-hackers/.

107 Tom Burt, "Protecting Democratic Elections Through Secure, Verifiable Voting," *Microsoft on the Issues* (blog), May 6, 2019, https://blogs.microsoft.com/on-the-issues/2019/05/06/protecting-democratic-elections-through-secure-verifiable-voting/.

108 *Freedom Without Borders*, Permanent Exhibition, Vabamu Museum of Occupations and Freedom, Tallin, Estonia, https://vabamu.ee/plan-your-visit/permanent-exhibitions/freedom-without-borders.

109 里索出生後不久，父親為了逃離烏克蘭的動盪與飢荒，便接受指派，前往莫斯科鐵路附近的一家醫院擔任外科主任，希望最終能往北移民至愛沙尼亞。然而，他們的計畫並沒有成功，里索的母親因營養不良而死於腦膜炎，於是家庭移民計畫提前結束。里索的父親已躲避布爾什維克黨數年，不久也遭緝捕，並送到西伯利亞集中營囚禁。兩歲時，里索與七歲的哥哥只好自力更生，以粗糙的自製漁網在附近池塘裡捕魚維生。兄妹相依為命的消息傳到塔林的一位叔叔那裡，叔叔利用在鐵路業的人脈，經由紅十字會的協助將兄妹安全接到塔林。里索被富有愛心的家庭領養，在那裡度過兩次占領與一次全球性戰亂，長大後就讀塔爾圖大學（University of Tartu），並取得醫學學位。二戰結束前夕，里索跟著撤退的德軍一起逃離愛沙尼亞，並奔赴美國在德國的占領區。里索再次獲得陌生人幫助，在前往愛爾朗根（Erlangen）的列車正要發車時，從車窗搭上這列奔赴自由的火車。Ede Schank Tamkivi, "The Story of a Museum," Vabamu, Kistler-Ritso Eesti Sihtasutus, December 2018, 42.

110 Ede Schank Tamkivi, "The Story of a Museum," Vabamu, Kistler-Ritso Eesti Sihtasutus, December 2018, 42.

111 Damien McGuinness, "How a Cyber Attack Transformed Estonia," *BBC News*, April 27, 2017, https://www.bbc.com/news/39655415.

112 Rudi Volti, *Cars and Culture: The Life Story of a Technology* (Westport, CT: Greenwood Press, 2004), 40.

113 同上，三九頁。

114 同上。

115 雪莉・特克（Sherry Turkle）著，洪世民譯，《在一起孤獨：科技拉近了彼此距離，卻讓我們害怕親密交流？》（*Alone Together: Why We Expect More from Technology and Less from Each Other*），時報出版，二〇一七年一月。

116 Philip N. Howard, Bharath Ganesh, Dimitra Liotsiou, John Kelly, and Camille François, "The IRA, Social Media and Political Polarization in the United States, 2012–2018" (working paper, Computational Propaganda Research Project, University of Oxford, 2018), https://fas.org/irp/congress/2018_rpt/ira.pdf.

117 同上。

118 Ryan Lucas, "How Russia Used Facebook to Organize 2 Sets of Protesters," NPR, November 1, 2017, https://www.npr.org/2017/11/01/561427876/how-russia-used-facebook-to-organize-two-sets-of-protesters.

119 Deepa Seetharaman, "Zuckerberg Defends Facebook Against Charges It Harmed Political Discourse," *Wall Street Journal*, November 10, 2016, https://www.wsj.com/articles/zuckerberg-defends-facebook-against-charges-it-harmed-political-discourse-1478833876.

120 Chloe Watson, "The Key Moments from Mark Zuckerberg's Testimony to Congress," *Guardian*, April 11, 2018, https://www.theguardian.com/technology/2018/apr/11/mark-zuckerbergs-testimony-to-congress-the-key-moments.

121 Mark R. Warner, "Potential Policy Proposals for Regulation of Social Media and Technology Firms" (draft white paper, Senate Intelligence Committee, 2018), https://www.scribd.com/document/385137394/MRW-Social-Media-Regulation-Proposals-Developed.

122 國會通過《通訊端正法案》時，加入第二百三十(c)(1)節，規定：「對於其他內容提供者所發布的任何資訊，互動式電腦服務的提供者或使用者不得被視為該資訊的發布者。」（47 U.S.C. § 230, at https://www.law.cornell.edu/uscode/text/47/230.）有位學者寫道：「當初國會實施第二百三十節的目的是為了賦予網站廣泛的法律保護，並讓網路成為真正意義上的思想市場，以鼓勵網路的開放與創新。當時網路言論自由的提倡者主張，如果網路言論受到的規範和離線言論一樣嚴格，大家會害怕一不小心就涉入訴訟，導致許多人不敢參與討論重要的公共議題。」Marie K. Shanahan, *Journalism, Online Comments, and the Future of Public Discourse* (New York: Routledge, 2018), 90.

123 同上，八頁。

124 Kevin Roose, "A Mass Murder of, and for, the Internet," *New York Times*, March 15, 2019, https://www.nytimes.com/2019/03/15/technology/facebook-youtube-christchurch-shooting.html.

125 同上。

126 Matt Novak, "New Zealand's Prime Minister Says Social Media Can't Be 'All Profit, No Responsibility,'" *Gizmodo*, March 19, 2019, https://gizmodo.com/new-zealands-prime-minister-says-social-media-cant-be-a-1833398451.

127 同上。

128 Milestones: Westinghouse Radio Station KDKA, 1920, *Engineering and Technology History Wiki*, https://ethw.org/Milestones:Westinghouse_Radio_Station_KDKA,_1920.

129 Stephen Smith, "Radio: The Internet of the 1930s," *American RadioWorks*, November 10, 2014, http://www.americanradioworks.org/segments/radio-the-internet-of-the-1930s/.

130 同上。

131 Vaughan Bell, "Don't Touch That Dial! A History of Media Technology Scares, from the Printing Press to Facebook." *Slate*, February 15, 2010, https://slate.com/technology/2010/02/a-history-of-media-technology-scares-from-the-printing-press-to-facebook.html.

132 Vincent Pickard, "The Revolt Against Radio: Postwar Media Criticism and the Struggle for Broadcast Reform," in *Moment of Danger: Critical Studies in the History of U.S. Communication Since World War II* (Milwaukee: Marquette University Press, 2011), 35-56.

133 同上，三六頁。

134 Vincent Pickard, "The Battle Over the FCC Blue Book: Determining the Role of Broadcast Media in a Democratic Society, 1945-1948," *Media, Culture & Society* 33(2), 171-91, https://doi.org/10.1177/0163443710385504. 另一名學者也曾說：「藍皮書不只是聯邦通訊委員會史上重要的規範里程碑，更推動了美國史上關於廣告和廣播的大規模公共討論。」

Michael Socolow, "Questioning Advertising's Influence over American Radio: The Blue Book Controversy of 1945-1947," *Journal of Radio Studies* 9(2), 282, 287.

135 如同麥克・蘇可洛（Michael Socolow）寫道：「藍皮書使廣播業界開始意識到自己的責任。」同上，二九七頁。例如，CBS與NBC開始採取嚴格的自律規範。CBS建立一個紀實節目單位，因此NBC也發布新系列節目與之競爭。同上，二九七至二九八頁。

136 The Parliament of the Commonwealth of Australia, "Criminal Code Amendment (Sharing of Abhorrent Violent Material) Bill 2019, A Bill for an Act to Amend the Criminal Code Act 1995, and for Related Purposes," https://parlinfo.aph.gov.au/parlInfo/download/legislation/bills/s1201_first-senate/toc_pdf/1908121.pdf;fileType=application%2F.pdf; Jonathan Shieber, "Australia Passes Law to Hold Social Media Companies Responsible for 'Abhorrent Violent Material,'" *TechCrunch*, April 4, 2019, https://techcrunch.com/2019/04/04/australia-passes-law-to-hold-social-media-companies-responsible-for-abhorrent-violent-material/. 威靈頓兩日行結束後，我在坎培拉待了一天，當時澳洲尚未將該法案公諸於眾，但在八日後，澳洲政府就通過法案，回想起來速度實在非常快。

137 在坎培拉時，我呼籲採取強力但審慎的行動。在與《澳洲金融評論》（*Australian Financial Review*）進行訪談時，我說：「我認為政府應加速腳步處理科技議題，但必須步步為營，不要超越思想的速度。」接著馬上補充道：「不意外，我並不會站在第一線呼籲政府，把我或其他同事送進監獄，我覺得這樣會產生寒蟬效應，嚇阻我們訪問其他國家，而訪問其他國家能幫助我們了解各國消費者對自己的產品有什麼需求。」Paul Smith, "Microsoft President Says Big Tech Regulation Must Learn from History," *The Australian Financial Review*, April 2, 2019, https://www.afr.com/technology/technology-companies/microsoft-president-says-big-tech-regulation-must-learn-from-history-20190329-p518v2.

138 Warner, 9.

139 HM Government, *Online Harms White Paper*, April 2019, 7, https://assets.publishing.service.gov.uk/government/uploads/system/uploads/attachment_data/file/793360/Online_Harms_White_Paper.pdf.

140 "Restoring Trust & Accountability," *NewsGuard*, last modified 2019, https://www.newsguardtech.com/how-it-works/.

141 同上。

142 George C. Herring, *From Colony to Superpower: U.S. Foreign Relations Since 1776* (Oxford: Oxford University Press, 2008), 72.

143 諷刺的是，在法國大革命中得權的雅各賓黨不久後就撤銷熱內的文件，並發布逮捕令，欲將之處決。「華盛頓總統竟然以德報怨，給予熱內庇護。於是，這個原本不排除推翻美國第一個政府的法國人便宣誓對美國國旗效忠，放棄法國國籍，娶紐約州長喬治．柯林頓（George Clinton）的女兒為妻，並退休定居紐約長島牙買加區（Jamaica），奢侈闊綽地生活直到逝世。他是偽善者，年輕氣盛時抱著傷害美國的心來到這片土地，但是後來卻轉而愛上這裡。在另一個國家，他早就被吊死了。」John Avalon, *Washington's Farewell: The Founding Father's Warning to Future Generations* (New York: Simon & Schuster, 2017), 66.

144 George Washington, "Washington's Farewell Address of 1796," Avalon Project, Lillian Goldman Law Library, Yale Law School, http://avalon.law.yale.edu/18th_century/washing.asp.

145 Robbie Gramer, "Denmark Creates the World's First Ever Digital Ambassador," *Foreign Policy*, January 27, 2017, https://foreignpolicy.com/2017/01/27/denmark-creates-the-worlds-first-ever-digital-ambassador-technology-europe-diplomacy/.

146 譯注：鍍金年代（Gilded Age）指的是一八七〇年至一九〇〇年間的美國，此時美國經濟快速發展，催生美國史上大企業第一批大型壟斷企業。

147 Henry V. Poor, *Manual of the Railroads of the United states for 188*. (New York: H.V. & H. W. Poor, 1883), iv.

148 James W. Ely Jr., *Railroads & American Law* (Lawrence: University Press of Kansas, 2003). 還有另一本講述鐵路法規的好書：Steven W. Usselman, *Regulating Railroad Innovation* (Cambridge, UK: Cambridge University Press, 2002).

149 Brad Smith, "Trust in the Cloud in Tumultuous Times," March 1, 2016, RSA Conference, Moscone Center San Francisco, video, 30:35, https://www.rsaconference.com/events/us16/agenda/sessions/2750/trust-in-the-cloud-in-tumultuous-times.

150 Siemens AG, *Charter of Trust on Cybersecurity*, July 2018, https://www.siemens.com/content/dam/webassetpool/mam/tag-siemens-com/smdb/corporate-core/topic-areas/digitalization/cybersecurity/charteroftrust-standard-presentation-july2018-en-1.pdf.

151 Brad Smith, "The Need for a Digital Geneva Convention," *Microsoft on the Issues* (blog), Microsoft, February 14, 2017, https://blogs.microsoft.com/on-the-issues/2017/02/14/need-digital-geneva-convention/.

152 Elizabeth Weise, "Microsoft Calls for 'Digital Geneva Convention,'" *USA Today*, February 14, 2017, https://www.usatoday.com/story/tech/news/2017/02/14/microsoft-brad-smith-digital-geneva-convention/97883896/.

153 Brad Smith, "We Need to Modernize International Agreements to Create a Safer Digital World," *Microsoft on the Issues* (blog), Microsoft, November 10, 2017, https://blogs.microsoft.com/on-the-issues/2017/11/10/need-modernize-international-agreements-create-safer-digital-world/.

154 對於談判過程，冷戰時期主要談判專家之一保羅．尼采（Paul Nitze）於一九八九年所出版之著作，內含優質的第一手記述。

Paul Nitze, *From Hiroshima to Glasnost: At the Center of Decision, A Memoir* (New York: Grove Weidenfeld, 1989).

155 David Smith, "Movie Night with the Reagans: WarGames, Red Dawn . . . and Ferris Bueller's Day Off," *Guardian*, March 3, 2018, https://www.theguardian.com/us-news/2018/mar/03/movie-night-with-the-reagans.

156 約翰・貝德漢（John Badham）執導，聯美電影（United Artists）出品，一九八三年上映。

157 Fred Kaplan, *Dark Territory: The Secret History of Cyber War* (New York: Simon & Schuster, 2016), 1-2.

158 Seth Rosenblatt, "Where Did the CFAA Come From, and Where Is It Going?" *The Parallax*, March 16, 2016, https://the-parallax.com/2016/03/16/where-did-the-cfaa-come-from-and-where-is-it-going/.

159 Michael McFaul, *From Cold War to Hot Peace: An American Ambassador in Putin's Russia* (Boston: Houghton Mifflin Harcourt, 2018).

160 Paul Scharre, *Army of None: Autonomous Weapons and the Future of War* (New York: W. W. Norton, 2018), 251.

161 今日對於《日內瓦公約》的實行與推廣，紅十字國際委員會在各個面向上都發揮重要功用，而且有兩位法律學者發現，「（日內瓦）公約中授權紅十字國際委員會執行實務的條文用語非常簡略，但是紅十字國際委員會對該權責的實務執行與詮釋卻非常寬廣。」Rotem Giladi and Steven Ratner, "The Role of the International Committee of the Red Cross," in Andrew Clapham, Paola Gaeta, and Marco Sassoli, eds., *The 1949 Geneva Conventions: A Commentary* (Oxford: Oxford University Press, 2015). 紅十字國際委員會的成功，顯示非政府組織若長期耕耘建立自身公信力，便能具有獨特的公信地位。

162 Jeffrey W. Knopf, "NGOs, Social Movements, and Arms Control," in *Arms Control: Theory, and Policy, Volume 1: Foundations of Arms Control*, ed. Robert E. Williams Jr. and Paul R. Votti (Santa Barbara: Praeger, 2012), 174-75.

163 Bruce D. Berkowitz, *Calculated Risks: A Century of Arms Control, Why It Has Failed, and How It Can Be Made to Work* (New York: Simon and Schuster, 1987), 156.

164 這些行動中最具影響力的，應是一群國際專家於愛沙尼亞塔林的合作網路防禦卓越中心進行的兩次會議。這群專家近期的成果影響深遠但標題平淡無奇：塔林手冊二・〇（Tallinn Manual 2.0），該手冊列出一百五十四條專家認為能代表「國家網路戰爭法」規則。Michael N. Shmitt, ed., *Tallin Manual 2.0 on the International Law Applicable to Cyber Operations* (Cambridge, UK: Cambridge University Press, 2017), 1.

165 桑格對網路武器的描述精闢無比：「網路武器隱形匿跡，其攻擊無法阻斷，其影響無法預測。」David Sanger, *The Perfect Weapon: War, Sabotage, and Fear in the Cyber Age* (New York: Crown, 2018), xiv.

166 非國家行為者本來就能對國際法規的查核與執行發揮重要作用，如同有位學者寫道：「國際非政府組織『地雷監督組織』（Landmine Monitor）的成員遍布全球九十五國，在資訊蒐集方面發揮重要作用，負責發掘違反《渥太華公約》（Ottawa Convention）的情事。地雷監督組織雖然並未正式寫入《渥太華公約》，但是該組織的調查結果每年都會在締約國年度會議上發表，並用在指控違反公約的官方報告中。」Mark E. Donaldson, "NGOs and Arms Control Processes," in Williams and Votti, 199.

167 "About the Cybersecurity Tech Accord," Tech Accord, accessed November 14, 2018, https://cybertechaccord.org/about/.

168 Brad Smith, "The Price of Cyber-Warfare," April 17, 2018, RSA Conference, Moscone Center San Francisco, video, 21:11, https://www.rsaconference.com/events/us18/agenda/sessions/11292-the-price-of-cyber-warfare.

169 "Charter of Trust," Siemens, https://new.siemens.com/global/en/company/topic-areas/digitalization/cybersecurity.html.

170 Emmanuel Macron, "Forum de Paris sur la Paix: Rendez-vous le 11 Novembre 2018 | Emmanuel Macron," YouTube video, 3:21, July 3, 2018, https://www.youtube.com/watch?v=-tc4N8hhdpA&feature=youtube.

171 "Cybersecurity: Paris Call of 12 November 2018 for Trust and Security in Cyberspace," France Diplomatie press release, November 12, 2018, https://www.diplomatie.gouv.fr/en/french-foreign-policy/digital-diplomacy/france-and-cyber-security/article/cybersecurity-paris-call-of-12-november-2018-for-trust-and-security-in.

172 同上。

173 Charlotte Graham-McLay and Adam Satariano, "New Zealand Seeks Global Support for Tougher Measures on Online Violence," *New York Times*, May 12, 2019, https://www.nytimes.com/2019/05/12/technology/ardern-macron-social-media-extremism.html?searchResultPosition=1; Jacinda Ardern, "Jacinda Ardern: How to Stop the Next Christchurch Massacre," *New York Times*, May 11, 2019, https://www.nytimes.com/2019/05/11/opinion/sunday/jacinda-ardern-social-media.html?searchResultPosition=4.

174 Jeffrey W. Knopf, "NGOs, Social Movements, and Arms Control," in *Arms Control: History, Theory, and Policy, Volume 1: Foundations of Arms Control*, ed. Robert E. Williams Jr. and Paul R. Votti (Santa Barbara: Praeger, 2012), 174-75.

175 同上，一八〇頁。

176 同上。

177 並不是說《塔林手冊》不重要，《塔林手冊》非常重要，但是它的「品牌名稱」無法傳遞宏觀又扼要的訊息給大眾，難以協助我們在社群媒體的時代中推動公眾外交。

178 柯律的推特帳號：Casper Klynge（@DKTechAmb），https://twitter.com/DKTechAmb。

179 Boyd Chan, "Microsoft Kicks Off Digital Peace Now Initiative to #Stopcyberwarfare," *Neowin*, September 30, 2018, https://www.neowin.net/news/microsoft-kicks-off-digital-peace-now-initiative-to-stopcyberwarfare; Microsoft, Digital Peace Now, https://digitalpeace.microsoft.com/.

180 Albert Einstein, "The 1932 Disarmament Conference," *Nation*, August 23, 2001, https://www.thenation.com/article/1932-disarmament-conference-0/.

181 European Union Agency for Fundamental Rights, *Handbook on European Data Protection Law, 2018 Edition* (Luxembourg: Publications Office of the European Union, 2018), 29.

182 同上，三〇頁。

183 我們前往國會山莊出席國會網路小組會議發表演講，呼籲國會就此議題制定聯邦法。我們主張的聯邦法應有四項要素：一、制定與各國隱私權法接軌，並同時適用線上與離線的統一基準；二、個人資料之蒐集、使用與披露要透明化；三、賦予使用者權利控制個人資料的使用與披露；四、設立個人資料儲存與傳輸之最低完全要求。Jeremy Reimer, "Microsoft Advocates the Need for Comprehensive Federal Data Privacy Legislation," *Ars Technica*, November 3, 2005, https://arstechnica.com/uncategorized/2005/11/5523-2/. 原始資料參見Microsoft Corporation, *Microsoft Advocates Comprehensive Federal Privacy Legislation*, November 3, 2005, https://news.microsoft.com/2005/11/03/microsoft-advocates-comprehensive-federal-privacy-legislation/; Microsoft PressPass, *Microsoft Addresses Need for Comprehensive Federal Data Privacy Legislation*, November 3, 2005, https://news.microsoft.com/2005/11/03/microsoft-addresses-need-for-comprehensive-federal-data-privacy-legislation/; video of Brad Smith at Congressional Internet Caucus, November 3, 2005, https://www.youtube.com/watch?v=Sj10rK DpNHE.

184 Martin A. Weiss and Kristin Archick, *U.S.-EU Data Privacy: From Safe Harbor to Privacy Shield* (Washington, DC:

Congressional Research Service, 2016), https://fas.org/sgp/crs/misc/R44257.pdf.

185 Joseph D. McClendon and Fox Rothschild, "The EU-U.S. Privacy Shield Agreement Is Unveiled, but Its Effects and Future Remain Uncertain," *Safe Harbor* (blog), Fox Rothschild, March 2, 2016, https://dataprivacy.foxrothschild.com/tags/safe-harbor/.

186 David M. Andrews, et. al., *The Future of Transatlantic Economic Relations* (Florence, Italy: European University Institute, 2005), 29; https://www.law.uci.edu/faculty/full-time/shaffer/pdfs/2005%20The%20Future%20of%20Transatlantic%20Economic%20Relations.pdf.

187 Daniel Hamilton and Joseph P. Quinlan, *The Transatlantic Economy 2016* (Washington, DC: Center for Transatlantic Relations, 2016), v.

188 史瑞姆斯訴訟期間有一則很有趣的訪談報導，參見Robert Levine, "Behind the European Privacy Ruling That's Confounding Silicon Valley," *New York Times*, 9 Oct. 2015. https://www.nytimes.com/2015/10/11/business/international/behind-the-european-privacy-ruling-thats-confounding-silicon-valley.html.

189 Kashmir Hill, "Max Schrems: The Austrian Thorn in Facebook's Side," *Forbes*, February 7, 2012, https://www.forbes.com/sites/kashmirhill/2012/02/07/the-austrian-thorn-in-facebooks-side/#2d84e427b0b7.

190 Court of Justice of the European Union, "The Court of Justice Declares That the Commission's US Safe Harbour Decision Is Invalid," Press Release No. 117/15, October 6, 2015, https://curia.europa.eu/jcms/upload/docs/application/pdf/2015-10/cp150117en.pdf.

191 Mark Scott, "Data Transfer Pact Between U.S. and Europe Is Ruled Invalid," *New York Times*, October 6, 2015, https://

www.nytimes.com/2015/10/07/technology/european-union-us-data-collection.html.

192 譯注：《大憲章》是英格蘭國王約翰與英格蘭貴族於一二一五年簽訂的文件，要求王室放棄部分權力，保護教會權力，尊重司法程序，並同意王權受法律的限制。

193 John Frank, "Microsoft's Commitments, Including DPA Cooperation, Under the EU-US Privacy Shield," *EU Policy Blog*, Microsoft, April 11, 2016, https://blogs.microsoft.com/eupolicy/2016/04/11/microsofts-commitments-including-dpa-cooperation-under-the-eu-u-s-privacy-shield/.

194 Grace Halden, *Three Mile Island: The Meltdown Crisis and Nuclear Power in American Popular Culture* (New York: Routledge, 2017), 65.

195 Julia Carrie Wong, "Mark Zuckerberg Apologises for Facebook's 'Mistakes' over Cambridge Analytica," *Guardian*, March 22, 2018, https://www.theguardian.com/technology/2018/mar/21/mark-zuckerberg-response-facebook-cambridge-analytica.

196 參見 Shoshana Zuboff, *The Age of Surveillance Capitalism: The Fight for a Human Future at the New Frontier of Power* (New York: PublicAffairs, 2019).

197 Julie Brill, "Millions Use Microsoft's GDPR Privacy Tools to Control Their Data—Including 2 Million Americans," *Microsoft on the Issues* (blog), Microsoft, September 17, 2018, https://blogs.microsoft.com/on-the-issues/2018/09/17/millions-use-microsofts-gdpr-privacy-tools-to-control-their-data-including-2-million-americans/.

198 "Wildfire Burning in Ferry County at 2500 Acres," *KHQ-Q6*, August 2, 2016, https://www.khq.com/news/wildfire-burning-in-ferry-county-at-acres/article_95f6e4a2-0aa1-5c6a-8230-9dca430aea2f.html.

199 Federal Communications Commission, *2018 Broadband Deployment Report*, February 2, 2018, https://www.fcc.gov/reports-research/reports/broadband-progress-reports/2018-broadband-deployment-report.

200 Jennifer Valerie and Valerie Bauerlein, "Rural America Is Stranded in the Dial-Up Age," *Wall Street Journal*, June 15, 2017, https://www.wsj.com/articles/rural-america-is-stranded-in-the-dial-up-1497535841.

201 Julianne Twining, "A Shared History of Web Browsers and Broadband Speed," NCTA, April 10, 2013, https://www.ncta.com/platform/broadband-internet/a-shared-history-of-web-browsers-and-broadband-speed-slideshow/.

202 Microsoft Corporation, *An Update on Connecting Rural America: The 2018 Microsoft Airband Initiative*, https://blogs.microsoft.com/uploads/prod/sites/5/2018/12/MSFT-Airband_InteractivePDF_Final_12.3.18.pdf.

203 聯邦通訊委員會的統計方法還有另一個問題：他們以「人口普查區塊為單位進行調查。人口普查區塊是美國人口普查局所使用的最小地理單位（儘管有些面積還是很大，如最大的區塊阿拉斯加面積便達八千五百平方公里）。若是一個普查區塊裡有任何一人購買網路服務業者的寬頻服務，聯邦通訊委員會就會把整個區塊標記為擁有寬頻服務」。來源同上。

204 "Internet/Broadband Fact Sheet," Pew Research Center, February 5, 2018, https://www.pewinternet.org/fact-sheet/internet-broadband/.

205 Industry Analysis and Technology Division, Wireline Competition Bureau, *Internet Access Services: Status as of June 30, 2017* (Washington, DC: Federal Communications Commission, 2018), https://docs.fcc.gov/public/attachments/DOC-355166A1.pdf.

206 二〇一八年，微軟設立專門資料科學團隊協助解決關鍵的社會議題，請公司最資深資料科學學者之一的約翰・卡漢（John Kahan）擔任團隊主管。卡漢曾領導大型團隊使用資料分析技術，追蹤並分析微軟的產品銷售與產品使用，我在每週例行的高層領導團隊會議上親眼見證卡漢的分析提升公司績效。卡漢的興趣廣泛，他與團隊曾使用資料科學深入了解嬰兒猝死症（Sudden Infant Death Syndrome, SIDS）的起因。十幾年前，卡漢夫婦的兒子亞倫就是因為嬰兒猝死症而早夭。Dina Bass, "Bereaved Father, Microsoft Data Scientists Crunch Numbers to Combat Infant Deaths," *Seattle Times*, June 11, 2017, https://www.seattletimes.com/business/bereaved-father-microsoft-data-scientists-crunch-numbers-to-combat-infant-deaths/.

團隊成立後接獲的第一批任務之一，就是針對聯邦通訊委員會的全國寬頻普及地圖進行調查。該團隊花費數個月使用聯邦通訊委員會多個資料集進行分析，使用的資料來自聯邦通訊委員會與皮尤研究中心等機構。此外，為了提升軟體與服務的性能和安全，微軟也持續蒐集資料，這些資料經過匿名處理後，也成為該團隊分析的素材，並於二〇一八年十二月公布初步分析結果。Microsoft, An Update on Connecting Rural America: The 2018 Microsoft Airband Initiative," 9. 卡漢及其團隊也向聯邦通訊委員會與行政部門各部會分享分析結果，並在國會山莊使用微軟互動式商務白板（Microsoft Surface Hub）說明各州的資料差異。

二〇一九年，卡漢的團隊持續執行任務，呼籲聯邦通訊委員會和國會議員重視這項議題。四月間，我們發表具體的建議，冀望能改善聯邦通訊委員會資料的準確度。John Kahan, It's Time for a New Approach for Mapping Broadband Data to Better Serve Americans," *Microsoft on the Issues* (blog), Microsoft, April 8, 2019, https://blogs.microsoft.com/on-the-issues/2019/04/08/its-time-for-a-new-approach-for-mapping-broadband-data-to-better-serve-americans/. 同月，參議院商務、科學和交通委員會舉辦聽證會討論這項議題。主席羅傑．維克（Roger Wicker）指出現行資料有缺失，並表示：「為縮減數位落差，我們必須繪製準確的寬頻地圖，以掌握哪些地區有特定速率的寬頻、哪些地區沒有。」Mitchell Schmidt, FCC Broadband Maps Challenged as Overstating Access," *The Gazette*, April 14, 2019, https://www.thegazette.com/subject/news/government/fcc-broadband-maps-challenged-as-overstating-access-rural-iowans-20190414. 美國電信協會主席暨執行長強納森．史波特（Jonathan Spalter）在聽證會上表示：「現在的統計方法是以普查區塊為單位，這樣的基

準不夠好。根據現行統計方法，如果網路服務業者能提供寬頻給普查區塊裡任一地點，則整個普查區塊都算擁有寬頻網路」。來源同上。

207 Schmidt, "FCC Broadband Map."

208 "November General Election Results," Washington Office of the Secretary of State, November 30, 2016, https://results.vote.wa.gov/results/20161108/President-Vice-President_ByCounty.html.

209 "About for Rural Affairs," Center for Rural Affairs, last updated 2019, https://www.cfra.org/about.

210 Johnathan Hladik, *Map to Prosperity* (Lyons, NE: Center for Rural Affairs, 2018), https://www.cfra.org/sites/www.cfra.org/files/publications/Map%20to%20Prosperity.pdf, 2, citing Arthur D. Little, Socioeconomic Effects of Broadband Speed," Ericsson ConsumerLab and Chalmers University of Technology, September 2013, http://nova.ilsole24ore.com/wordpress/wp-content/uploads/2014/02/Ericsson.pdf.

211 同上。

212 Jennifer Levitz and Valerie Bauerlein, "Rural America Is Stranded in the Dial-Up Age."

213 同上。

214 聯邦通訊委員會的普及服務機制透過「連結美國基金」（Connect America Fund）與舊有補助計畫為固網電信業者提供約四十億美元補貼；相對地，行動基金與舊有補助計畫提供無線業者的補貼卻只有五億美元。

215 Sean Buckley, "Lawmakers Introduce New Bill to Accelerate Rural Broadband Deployments on Highway Rights of Way," Fiercetelecom, March 13, 2017, http://www.fiercetelecom.com/telecom/lawmakers-introduce-new-bill-to-

accelerate-rural-broadband-deployments-highway-rights-way.

216 Microsoft Corporation, "United States Broadband Availability and Usage Analysis: Power BI Map," *Stories* (blog), Microsoft, December 2018, https://news.microsoft.com/rural-broadband/.

217 譯注：無線電視數位化後，位於各電視頻道之間未被使用的閒置頻段。

218 "Voice Voyages by the National Geographic Society," *The National Geographic Magazine*, vol. 29, March 1916, 312.

219 同上，三一四頁。

220 Connie Holland, "Now You're Cooking with Electricity!" *O Say Can You See?* (blog), Smithsonian National Museum of American History, August 24, 2017, http://americanhistory.si.edu /blog/cooking-electricity.

221 同上。

222 "Rural Electrification Administration," Roosevelt Institute, February 25, 2011, http://rooseveltinstitute.org/rural-electrification-administration/.

223 Chris Dobbs, "Rural Electrification Act," *New Georgia Encyclopedia,* August 22, 2018, http://www.georgiaencyclopedia.org/articles/business-economy/rural-electrification-act.

224 "REA Energy Cooperative Beginnings," REA Energy Cooperative, accessed January 25, 2019, http://www.reaenergy.com/rea-energy-cooperative-beginnings.

225 "Rural Electrification Administration," Roosevelt Institute.

226 同上。

227 Rural Cooperatives, "Bringing Light to Rural America," March–April 1998, vol. 65, issue 2, 33.

228 "Rural Electrification Administration," Roosevelt Institute.

229 "REA Energy Cooperative Beginnings." REA Energy Cooperative.

230 同上。

231 Gina M. Troppa, "The REA Lady: A Shining Example How One Woman Taught Americans How to Use Electricity," *Illinois Currents,* https://www.lib.niu.edu/2002/ic020506.html.

232 Jon Gertner, *The Idea Factory: Bell Labs and the Great Age of American Innovation* (New York: Penguin Press, 2012).

233 Brad Smith and Carol Ann Browne, "High-Skilled Immigration Has Long Been Controversial, but Its Benefits Are Clear," *Today in Technology* (Blog), LinkedIn, December 7, 2017, https://www.linkedin.com/pulse/dec-7-forces-divide-us-bring-together-brad-smith/.

234 Brad Smith and Carol Ann Browne, "The Beep Heard Around the World," *Today in Technology* (blog), LinkedIn, October 4, 2017, https://www.linkedin.com/pulse/today-technology-beep-heard-around-world-brad-smith/.

235 札波斯基迅速動用亞馬遜的資源，支持華盛頓州檢察長佛格森針對第一次履行禁令提起訴訟，並獲得成功。Stephanie Miot, "Amazon, Expedia Back Suit Over Trump Immigration Ban," PCMag.com, January 31, 2017, https://www.pcmag.com/news/351453/amazon-expedia-back-suit-over-trump-immigration-ban. Monica Nickelsburg, "Washington AG Explains How Amazon, Expedia, and Microsoft Influenced Crucial Victory Over Trump," *Geekwire,* February 3, 2017, https://www.geekwire.com/2017/washington-ag-explains-amazon-expedia-microsoft -influenced-crucial-victory-trump/.

236 譯注：《夢想法案》（Development, Relief, and Education for Alien Minors Act, DREAM Act）原本計畫讓在美國長大的無證移民孩童高中畢業後有機會留下來，但最終未獲得國會通過。因此，歐巴馬總統於二〇一二年以行政命令的形式推動《童年入境者暫緩驅逐計畫》，允許入境美國時未滿十六歲的無證移民申請兩年暫緩遣返，到期可接續申請，並容許他們申請工作許可。

237 Jeff John Roberts, "Microsoft: Feds Must 'Go Through Us' to Deport Dreamers," *Fortune*, September 5, 2017, http://fortune.com/2017/09/05/daca-microsoft/.

238 Office of Communications, "Princeton, a Student and Microsoft File Federal Lawsuit to Preserve DACA," Princeton University, November 3, 2017, https://www.princeton.edu/news/2017/11/03/princeton-student-and-microsoft-file-federal-lawsuit-preserve-daca.

239 Microsoft Corporation, *A National Talent Strategy*, December 2012, https://news.microsoft.com/download/presskits/citizenship/MSNTS.pdf.

240 Jeff Meisner, "Microsoft Applauds New Bipartisan Immigration and Education Bill," *Microsoft on the Issues* (blog), Microsoft, January 29, 2013, https://blogs.microsoft.com/on-the-issues/2013/01/29/microsoft-applauds-new-bipartisan-immigration-and-education-bill/.

241 Mark Muro, Sifan Liu, Jacob Whiton, and Siddharth Kulkarni, *Digitalization and the American Workforce* (Washington, DC: Brookings Metropolitan Policy Program, 2017), https://www.brookings.edu/wp-content/uploads/2017/11/mpp_2017nov15_digitalization_full_report.pdf.

242 同上。

243 Nat Levy, "Q&A: Geek of the Year Ed Lazowska Talks UW's Future in Computer Science and Impact on the Seattle

Tech Scene," *Geekwire,* May 5, 2017, https://www.geekwire.com/2017/qa-2017-geek-of-the-year-ed-lazowska-talks-uws-future-in-computer-science-and-impact-on-the-seattle-tech-scene/. 拉佐夫斯卡不遺餘力推廣電腦科學，包括在高等教育領域。他剛到華盛頓大學任職時，校內只有十二名電腦科學教授，而微軟只是一家小型新創公司。在蓋茲與巴爾默領導微軟稱為全球科技巨頭的同時，拉佐夫斯卡帶領華盛頓大學創辦世界頂尖的電腦科學部門。微軟與華盛頓大學互相合作，相輔相成，反映出科技業和頂尖大學之間時常出現的互利共生關係。參見Taylor Soper, "Univ. of Washington Opens New Computer Science Building, Doubling Capacity to Train Future Tech Workers," *Geekwire*, February 28, 2019, https://www.geekwire.com/2019/photos-univ-washington-opens-new-computer-science-building-doubling-capacity-train-future-tech-workers/.

244 "AP Program Participation and Performance Data 2018," College Board, https://research.collegeboard.org/programs/ap/data/participation/ap-2018.

245 同上。

246 David Gelles, "Hadi Partovi Was Raised in a Revolution. Today He Teaches Kids to Code," *New York Times,* January 17, 2019, https://www.nytimes.com/2019/01/17/business/hadi-partovi-code-org-corner-office.html.

247 "Blurbs and Useful Stats," Hour of Code, accessed January 25, 2019, https://hourofcode.com/us/promote/stats.

248 Megan Smith, "Computer Science for All," https://obamawhitehouse.archives.gov/blog/2016/01/30/computer-science-all.

249 "The Economic Graph," LinkedIn, accessed February 27, 2019, https://economicgraph.linke din.com/.

250 馬爾克基金會（Markle Foundation）的Skillful倡議領導創新計畫，以培養技能導向的聘僱、訓練及教育，這項計畫也與領英合作。Steve Lohr, "A New Kind of Tech Job Emphasizes Skills, Not a College Degree," *New York Times,* June 29, 2017, https://www.nytimes.com/2017/06/28/technology/tech-jobs-skills-college-degree.html. 在科羅拉多州測試與驗證成功後，Skillful計畫拓展至印第安納州。同樣地，微軟的澳洲分公司也與領英的澳洲團隊和地方政府合作，使用領英的資料深入掌握，隨著數位科技在經濟中普及，未來最需要的技能。Microsoft Australia, Building Australia's Future-Ready Workforce, February 2018, https://msenterprise.global.ssl.fastly.net/wordpress/2018/02/Building-Australias-Future-Ready-Workforce.pdf. 另一方面，世界銀行採取全球策略，與領英合作，以建構並驗證一百多國的技能、產業就業、人才移民等方面指標。Tingting Juni Zhu, Alan Fritzler, and Jan Orlowski, *Data Insights: Jobs, Skills and Migration Trends Methodology & Validation Results,* November 2018, http://documents.worldbank.org/curated/en/827991542143093021/World-Bank-Group-LinkedIn-Data-Insights-Jobs-Skills-and-Migration-Trends-Methodology-and-Validation-Results.

251 Paul Petrone, "The Skills New Grads Are Learning the Most," *The Learning Blog* (LinkedIn), May 9, 2019, https://learning.linkedin.com/blog/top-skills/the-skills-new-grads-are-learning-the-most.

252 華盛頓州機會獎學金計畫剛設立時，我便受州長克莉絲汀．格雷瓜爾（Christine Gregoire）指派擔任該計畫的理事長，接著又受州長傑．英思利（Jay Inslee）再度指派，擔任理事長至今。

253 Katherine Long, "Washington's Most Generous Scholarship for STEM Students Has Helped Thousands. Could You Be Next?" *Seattle Times,* December 28, 2018, https://www.seattletimes.com/education-lab/the-states-most-generous-scholarship-for-stem-students-has-helped -thousands-could-you-be-next/; Washington State Opportunity Scholarship, *2018 Legislative Report,* December 2018, https://www.waopportunityscholarship.org/wp-content/uploads/2018/11/WSOS-2018-Legislative-Report.pdf.

254 Alan Greenspan and Adrian Wooldridge, *Capitalism in America: A History* (New York: Penguin Press, 2018), 393, citing Raj Chetty et al., "The Fading American Dream: Trends in Absolute Income Mobility Since 1940," NBER Working Paper No. 22910, National Bureau of Economic Research, March 2017.

255 Brad Smith, Ana Mari Cauce, and Wayne Martin, "Here's How Microsoft and UW Leaders Want to Better Fund Higher Education," *Seattle Times,* March 20, 2019, https://www.seattletimes.com/opinion/how-the-business-community-can-support-higher-education-funding/.

256 同上。

257 Hanna Scott, "Amazon, Microsoft on Opposite Ends of Tax Debate in Olympia," *MyNorthwest,* April 5, 2019, https://mynorthwest.com/1335071/microsoft-amazon-hb-2242-tax/.

258 Emily S. Rueb, "Washington State Moves Toward Free and Reduced College Tuition, With Businesses Footing the Bill," *New York Times,* May 8, 2019, https://www.nytimes.com/2019/05/08/education/free-college-tuition-washington-state.html.

259 Katherine Long, "110,000 Washington Students a Year Will Get Money for College, Many a Free Ride," *Seattle Times,* May 5, 2019, https://www.seattletimes.com/education-lab/110000-washington-students-a-year-will-get-money-for-college-many-a-free-ride/.

260 College Board, "AP Program Participation and Performance Data 2018," https://www.collegeboard.org/membership/all-access/counseling-admissions-financial-aid-academic/number-girls-and-underrepresented.

261 "Back to School by Statistics," *NCES Fast Facts,* National Institute of Education Sciences, August 20, 2018, https://nces.

ed.gov/fastfacts/display.asp?id=372.

262 Maria Alcon-Heraux, "Number of Girls and Underrepresented Students Taking AP Computer Courses Spikes Again," College Board, August 27, 2018, https://www.collegeboard.org/membership/all-access/counseling-admissions-financial-aid-academic/number-girls-and-underrepresented).

263 一八八八年八月五日早晨，住在德國曼海姆（Mannheim）的賓士與兩位正值青少年的兒子理查與尤金，乘坐世界第一輛獲得專利的無馬三輪車，開上環繞住家的車道，在丈夫卡爾不知情的情況下，駛往六十英里外佛茨海姆（Pforzheim）的娘家，這趟旅程後來被公認為世界上第一趟汽車旅行。路途並不容易，賓士與兩個兒子途經陡峭崎嶇的地形，將「冒煙的怪獸」推上泥濘的山丘，穿越海德堡與維斯洛赫（Wieslock），並不時向地方藥局購買溶劑為引擎添加燃料。傍晚抵達娘家時，他們又髒又累，向卡爾發送一封電報，宣布旅途成功。這趟旅途登上報紙頭條，揭開機動運輸的時代，為賓士（Mercedes-Benz）汽車公司未來的成功奠定基礎。Brad Smith and Carol Ann Browne, "The Woman Who Showed the World How to Drive," *Today in Technology* (blog), LinkedIn, August 5, 2017, https://www.linkedin.com/pulse/august-5-automobiles-first-road-trip-great-inventions-brad-smith/.

264 "Ensuring a Healthy Community: The Need for Affordable Housing, Chart 2," *Stories* (blog), Microsoft, https://3er1viui9wo30pkxh1v2nh4w-wpengine.netdna-ssl.com/wp-content/uploads/prod/sites/552/2019/01/Chart-2-Home-Price-vs.-MHI-1000x479.jpg.

265 Daniel Beekman, "Seattle City Council Releases Plan to Tax Businesses, Fund Homelessness Help," *Seattle Times*, May 2, 2018, https://www.seattletimes.com/business/amazon/amazon-pauses-plans-for-seattle-office-towers-while-city-council-releases-plan-to-tax-businesses-fund-homelessness-help/.

266 Matt Day and Daniel Beekman, "Amazon Issues Threat Over Seattle Head-Tax Plan, Halts Tower Construction

Planning," *Seattle Times,* May 2, 2018, https://www.seattletimes.com/business/amazon/amazon-pauses-plans-for-seattle-office-towers-while-city-council-considers-business-tax/.

267 Daniel Beekman, "About-Face: Seattle City Council Repeals Head Tax Amid Pressure From Businesses, Referendum Threat," *Seattle Times,* June 12, 2018, https://www.seattletimes.com/seattle-news/politics/about-face-seattle-city-council-repeals-head-tax-amid-pressure-from-big-businesses/.

268 "Ensuring a Healthy Community: The Need for Affordable Housing," *Stories* (blog), Microsoft, https://news.microsoft.com/affordable-housing/.

269 「二〇一五年西雅圖地區約有五萬七千人住所到工作地點的通勤時間超過九十分鐘，較二〇一〇年增加近兩萬四千人，五年間漲幅高達七二%。全美五十大都會區超級通勤族成長率排名中，西雅圖名列第三。」Gene Balk, "Seattle's Mega-Commuters: We Spend More Time Than Ever Traveling to Work," *Seattle Times,* June 16, 2017, https://www.seattletimes.com/seattle-news/data/seattles-mega-commuters-we-are-spending-more-time-than-ever-traveling-to-work/.

270 Brad Smith and Amy Hood, "Ensuring a Healthy Community: The Need for Affordable Housing," *Microsoft on the Issues* (blog), Microsoft, January 16, 2019, https://blogs.microsoft.com/on-the-issues/2019/01/16/ensuring-a-healthy-community-the-need-for-affordable-housing/.

271 Paige Cornwell and Vernal Coleman, "Eastside Mayors View Microsoft's $500 Million Housing Pledge with Enthusiasm, Caution," *Seattle Times,* January 23, 2019, https://www.seattletimes.com/seattle-news/homeless/for-eastside-mayors-microsofts-500-million-pledge-for-affordable-housing-is-tool-to-address-dire-need/.

272 在西雅圖地區增建中低收入住房需要長期努力，且政治與經濟上的挑戰艱鉅。住房問題是經年累月造成的，要解決該問題也需要數年的時間。微軟決定涉入此議題時，就明白未來一定會遇到爭議，因為這個議題實在非常複雜。然而，我們認為這項議題需要重視，不能袖手旁觀，眼睜睜看著情況繼續惡化。

我們之所以有條件涉入此議題，部分原因是前華盛頓州長格雷瓜爾。格雷瓜爾曾任三任州檢察總長與兩任州長，二〇一三年卸任後，精力充沛的她終於有機會思考接下來的發展。我們說服她協助創辦挑戰西雅圖，並擔任該組織執行長，負責結合西雅圖地區各大企業，推動企業承擔更多社會責任。格雷瓜爾對住房議題投入，且在西雅圖地區與政治圈裡有公信力，因此我們認為有能力發揮實質影響，協助解決住房問題。挑戰西雅圖的詳情參見https://www.challengeseattle.com/。

273 Accenture, "Could AI Be Society's Secret Weapon for Growth? — WEF 2017 Panel Discussion," World Economic Forum, Davos, Switzerland, YouTube video, 32:03, March 15, 2017, https://www.youtube.com/watch?v=6i_4y4lSC5M.

274 艾西莫夫提出機器人三定律：第一，機器人不得傷害人類，或看到人類受到傷害而袖手旁觀；第二，機器人必須服從人類的命令，但命令與第一條定律相矛盾者不在此限；第三，機器人必須在不違反前二條定律的情況下保護自己。Isaac Asimov, "Runaround," in *I, Robot* (New York: Doubleday, 1950).

275 一九八四年至一九八七年，「專家系統」及其在醫療、工程、科學上的應用受到注重。當時還出現專門為人工智慧打造的電腦。然而，後來發生崩潰，人工智慧領域進入數年所謂的「人工智慧之冬」，直到一九九〇年代中期，情況才好轉。

276 W. Xiong, J. Droppo, X. Huang, F. Seide, M. Seltzer, A. Stolcke, D. Yu, and G. Zweing, *Achieving Human Parity in Conversational Speech Recognition: Microsoft Research Technical Report MSR-TR-2016-71*, February 2017, https://arxiv.org/pdf/1610.05256.pdf.

277 Terrence J. Sejnowski, *The Deep Learning Revolution* (Cambridge, MA: MIT Press, 2018), 31；一九八六年，霍維茲與人

合著其中一篇重要論文，論證專家系統無法擴展。D. E. Heckerman and E. J. Horvitz, "The Myth of Modularity in Rule-Based Systems for Reasoning with Uncertainty," *Conference on Uncertainty in Artificial Intelligence*, Philadelphia, July 1986; https://dl.acm.org/citation.cfm?id=3023728.

278 同上。

279 Charu C. Aggarwal, *Neural Networks and Deep Learning: A Textbook* (Cham, Switzerland: Springer, 2018), 1. 若想深入了解近十年來受這些發展所影響的學科領域與相關學科領域之匯流，參見S. J. Gershman, E. J. Horvitz, and J. B. Tenenbaum, *Science* 349, 273–78 (2015).

280 Aggarwal, *Neural Networks and Deep Learning, 1.*

281 同上，一七至三〇頁。

282 若要深入了解過去二十年來發展如何促成今日神經網絡的進步，參見泰倫斯．塞諾夫斯基（Terrence Sejnowski）的著作。

283 Dom Galeon, "Microsoft's Speech Recognition Tech Is Officially as Accurateas Humans," Futurism, October 20, 2016, https://futurism.com/microsofts-speech-recognition-tech-is-officially-as-accurate-as-humans/; Xuedong Huang, "Microsoft Researchers Achieve New Conversational Speech Recognition Milestone," *Microsoft Research Blog,* Microsoft, August 20, 2017, https://www.microsoft.com/en-us/research/blog/microsoft-researchers-achieve-new-conversational-speech-recognition-milestone/.

284 超級智慧的興起，首先是由英國數學家與布萊切利密碼學家歐文．約翰．古德（Irving John Good）提出。他以同事艾倫．圖靈（Alan Turing）的研究為基礎，想像世界發生「智慧爆發」，使「超級智慧機器」能設計更高階的智慧機器。I. J. Good, "Speculations Concerning the First Ultraintelligent Machine," *Advances in Computers* 6, 31–88 (January 1965). 史坦

利．庫柏力克（Stanley Kubrick）拍攝《二〇〇一：太空漫遊》（*2001: A Space Odyssey*）時，就曾請古德擔任諮詢顧問，因為片中出現一台名叫ＨＡＬ的失控電腦。

人工智慧系統自行設計更高階的人工智慧，或掙脫人類控制並自行思考，對於這樣的情景，其他電腦科學領域的專家，包含微軟研究院的研究人員，普遍抱持懷疑態度。湯瑪士．德特瑞奇（*Thomas Dietterich*）與霍維茲曾說：「演算法與推理受限於運算複雜度，如此過程違反我們目前對這些限制的理解。然而，自我設計與最佳化的過程有可能造成能力大躍進。」T. G. Dietterich and E.J. Horvitz, "Rise of Concerns about AI: Reflections and Directions," *Communications of the ACM*, vol. 58, no. 10, 38-40 (October 2015), http://erichor vitz.com/CACM_Oct_2015-VP.pdf.

牛津大學教授尼克．伯斯特隆姆（Nick Bostrom）出書擴大探討這些議題。伯斯特隆姆著，唐澄暐譯，《超智慧：出現途徑、可能危機，與我們的因應對策》（*Superintelligence: Paths, Dangers, Strategies*），八旗文化，二〇一六年十月。

電腦科學領域裡，「奇點」也可能是指不同的意思，例如，有些人使用「奇點」一詞來描述電腦能力快速增長，因此我們無法預測未來。

285 Julia Angwin, Jeff Larson, Surya Mattu, and Lauren Kirchner, "Machine Bias," ProPublica, May 23, 2016, https://www.propublica.org/article/machine-bias-risk-assessments-in-criminal-sentencing.

286 該篇文章引發熱烈討論，大家開始探討偏見的定義，以及如何評估人工智慧演算法發生偏見的風險。參見 Matthias spielkamp,"Inspecting Algorithms for Bias," *MIT Technology Review*, June 12, 2017, https://www.technologyreview.com/s/607955/inspecting-algorithms-for-bias/.

287 Joy Buolamwini, "Gender Shades," Civic Media, MIT Media Lab, accessed November 15, 2018, https://www.media.mit.edu/projects/gender-shades/overview/.

288 Thomas G. Dietterich and Eric J. Horvitz, "Rise of Concerns About AI: Reflection and Directions," *Communications of the ACM* 58, no. 10 (2015), http://erichorvitz.com/CACM_Oct_2015-VP.pdf.

289 Satya Nadella, "The Partnership of the Future," *Slate,* June 28, 2016, http://www.slate.com/articles/technology/future_tense/2016/06/microsoft_ceo_satya_nadella_humans_and_a_i_can_work_together_to_solve_society.html.

290 Microsoft, *The Future Computed: Artificial Intelligence and Its Role in Society* (Redmond, WA: Microsoft Corporation, 2018), 53-76.

291 Paul Scharre, *Army of None: Autonomous Weapons and the Future of War* (New York: W. W. Norton, 2018).

292 同上，一六三至一六九頁。

293 Drew Harrell, "Google to Drop Pentagon AI Contract After Employee Objections to the 'Business of War,'" *Washington Post,* June 1, 2018, https://www.washingtonpost.com/news/the-switch/wp/2018/ 06/01/google-to-drop-pentagon-ai-contract-after-employees-called-it-the-business-of-war/?utm_term=.86860b0f5a33.

294 Brad Smith, "Technology and the US Military," *Microsoft on the Issues* (blog), Microsoft, October 26, 2018, https://blogs.microsoft.com/on-the-issues/2018/10/26/technology-and-the-US-military/.

295 https://en.m.wikipedia.org/wiki/Just_war_theory;https://en.m.wikipedia.org/wiki/Mahabharata.

296 我們曾說：「微軟若撤出這個市場，參與公共辯論的機會便會減少，也就無法討論負責任使用新科技的最佳方法。我們不會退出未來，會盡力對未來發揮正面影響力。」Smith, "Technology and the US Military."

297 同上。

298 Adam Satariano, "Will There Be a Ban on Killer Robots?" *New York Times,* October 19, 2018, https://www.nytimes.com/2018/10/19/technology/artificial-intelligence-weapons.html.

299 SwissInfo, "Killer Robots: 'Do Something' or 'Do Nothing'?" *EurAsia Review,* March 31, 2019, http://www.eurasiareview.com/31032019-killer-robots-do-something-or-do-nothing/.

300 Mary Wareham, "Statement to the Convention on Conventional Weapons Group of Governmental Experts on Lethal Autonomous Weapons Systems, Geneva," Human Rights Watch, March 29, 2019, https://www.hrw.org/news/2019/03/27/statement-convention-conventionalweapons-group-governmental-experts-lethal.

301 前美國海軍陸戰隊將軍，現任布魯金斯學會主席約翰．艾倫（John Allen）在著作裡精湛地描寫關鍵的倫理議題：「自古以來，人類便想辦法限制自己野蠻的一面，對武力的使用設下限制：限制無武力的毀滅性，尤其是限制武力對無辜之人的殘暴效果。經年累月，這些限制成為法規，寫入國際法與專業軍事準則，以引導並限制武力與暴力的使用。這就是弔詭之處：戰爭時，我們對敵人施以暴力與毀滅，但又必須有所克制，只在必要時使用武力，且必須設法區別參與者，並告誡自己使用武力時應符合比例原則。」John Allen, foreword to *Military Ethics: What Everyone Needs to Know* (Oxford: Oxford University Press, 2016), xvi. 亦可參見Deane- Peter Baker, ed., *Key Concepts in Military Ethics* (Sydney: University of New South Wales, 2015).

302 Brad Smith and Harry Shum, foreword to *The Future Computed,* 8.

303 Oren Etzioni, "A Hippocratic Oath for Artificial Intelligence Practitioners," *TechCrunch,* March 14, 2018, https://techcrunch.com/2018/03/14/a-hippocratic-oath-for-artificial-intelligence-practitioners/.

304 Cameron Addis, "Cold War, 1945-53," History Hub, accessed February 27, 2019, http://sites.austincc.edu/caddis/cold-war-1945-53/.

305 史匹柏執導，夢工廠（DreamWorks）出品，二〇〇二年上映。

306 Microsoft Corporation, "NAB and Microsoft Leverage AI technology to build card- less ATM concept," October 23, 2018, https://news.microsoft.com/en-au/2018/10/23/nab-and-microsoft-leverage-ai-technology-to-build-card-less-atm-concept/.

307 Jeannine Mjoseth, "Facial recognition software helps diagnose rare genetic disease," National Human Genome Research Isntitute, March 23, 2017, https://www.genome.gov/news/news-release/Facial-recognition-software-helps-diagnose-rare-genetic-disease.

308 「與國土安全部和移民與海關執法局維持良好關係，看似讓微軟賺進不少錢。」https://twitter.com/taotetek/status/1008383982533259269.

309 Tom Keane, "Agencies Continue to Advance Capabilities with Azure Government," *Microsoft Azure Government* (blog), Microsoft, January 24, 2018, https://blogs.msdn.microsoft.com/azuregov/2018/01/24/federal-agencies-continue-to-advance-capabilities-with-azure-government/.

310 Elizabeth Weise, Amazon Should Stop Selling Facial Recognition Software to Police, ACLU and Other Rights Groups Say," *USA Today,* May 22, 2018, https://www.usatoday.com/story/tech/2018/05/22/aclu-wants-amazon-stop-selling-facial-recognition-police/633094002/.

311 儘管亞馬遜與微軟的員工都在二〇一八年六月提出擔憂，但亞馬遜直到十一月的內部會議才直接提出回應。Bryan Menegus, "Amazon Breaks Silence on Aiding Law Enforcement Following Employee Backlash," *Gizmodo,* November 8, 2018, https://gizmodo.com/amazon-breaks-silence-on-aiding-law-enforcement-followi-1830321057.

312 Drew Harwell, "Google to Drop Pentagon AI Contract After Employee Objections to the 'Business of War,'" *Washington Post,* June 1, 2018, https://www.washingtonpost.com/news/the-switch/wp/2018/06/01/google-to-drop-pentagon-ai-contract-after-employees-called-it the-business-of-war/?noredirect=on&utm_term=.efa7f2973007.

313 Edelman, *2018 Edelman Trust Barometer Global Report,* https://www.edelman.com/sites/g/files/aatuss191/files/2018-10/2018_Edelman_Trust_Barometer_Global_Report_FEB.pdf/.

314 同上，三〇頁。

315 孩童需要辯護創立於二〇〇八年，致力在移民訴訟中為與父母分離的孩童提供無償法律服務。https://supportkind.org/ten-years/. 自創辦以來，孩童需要辯護已訓練超過四萬兩千名志工，現與超過六百家律師事務所、企業、法律學院、律師公會合作。該組織已成為全美最大的無償法律服務組織，現在也正積極拓展至英國。楊格自孩童需要辯護於二〇〇九年首次正式提供法律協助以來，便擔任該組織會長。

316 Annie Correal and Caitlin Dickerson, "'Divided,' Part 2: The Chaos of Reunification," August 24, 2018, in *The Daily,* produced by Lynsea Garrison and Rachel Quester, podcast, 31:03, https://www.nytimes.com/2018/08/24/podcasts/the-daily/divided-migrant-family-reunification.html.

317 Kate Kaye, "This Little-Known Facial-Recognition Accuracy Test Has Big Influence," International Association of Privacy Professionals, January 7, 2019, https://iapp.org/news/a/this-little-known-facial-recognition-accuracy-test-has-big-influence/.

318 Brad Smith, "Facial Recognition Technology: The Need for Public Regulation and Corporate Responsibility," *Microsoft on the Issues* (blog), Microsoft, July 13, 2018, https://blogs.microsoft.com/on-the-issues/2018/07/13/facial-recognition-technology-the-need-for-public-regulation-and-corporate-responsibility/.

319 Nitasha Tiku, "Microsoft Wants to Stop AI's 'Race to the Bottom,'" *Wired,* December 6, 2018, https://www.wired.com/story/microsoft-wants-stop-ai-facial-recognition-bottom/.

320 Eric Ries, *The Startup Way: How Modern Companies Use Entrepreneurial Management to Transform Culture and Drive Long-Term Growth* (New York: Currency, 2017), 96.

321 Brookings Institution, Facial recognition: Coming to a Street Corner Near You, December 6, 2018, https://www.brookings.edu/events/facial-recognition-coming-to-a-street-corner-near-you/.

322 Brad Smith, "Facial Recognition: It's Time for Action," *Microsoft on the Issues* (blog), December 6, 2018, https://blogs.microsoft.com/on-the-issues/2018/12/16/facial-recognition-its-time-for-action/.

323 為提升這項措施的效能，我們提出兩個步驟：其一，「立法要求推出臉部辨識服務的科技公司提供資訊，以一般客戶與消費者能理解的語言，解釋其臉部辨識技術的能力和限制。」其二，「新法應要求商業臉部辨識業者開放第三方機構針對其技術的準確度與不公平之偏見進行獨立的合理測試，並將結果公諸於眾。我們也可以要求透過網路提供臉部辨識服務的企業提供應用程式介面（Application Programming Interface, API），或其他有同樣效果的技術能力。」Smith, "Facial Recognition."

324 如我們所說，新法應「要求臉部辨識的使用方進行法律認定為『重大使用案例』之決策前，應對臉部辨識結果進行有意義的人類審核。重大使用案例指的是可能會對客戶造成影響的行為，包括造成客戶身體或精神創傷、侵犯客戶的人權或基本權利，或侵犯客戶的個人自由或隱私權。」Smith, "Facial Recognition."

325 例如，機場安檢等地點採用臉部辨識攝影機協助辨認恐怖分子嫌疑人，然而即便如此，機器的判斷結果還是應接受經過訓練的人員進行有意義的人類審核，而後才能決定是否扣留該名旅客。

326 *Carpenter v. United States,* No. 16-402, 585 U.S. (2017), https://www.supremecourt.gov/opinions/17pdf/16-402_

h315.pdf.

327 Brad Smith, "Facial Recognition: It's Time for Action," *Microsoft on the Issues* (blog), December 6, 2018, https://blogs.microsoft.com/on-the-issues/2018/12/06/facial-recognition-its-time-for-action/.

328 我們指出：「美國隱私權運動的誕生是由於照相技術的進步。一八九〇年，將來會成為最高法院大法官的路易斯・布蘭岱（Louis Brandeis）率先推動隱私權保護，與山謬・華倫（Samuel Warren）在《哈佛法律評論》（*Harvard Law Review*）上發表共同撰寫的文章，主張人有『不受干擾的權利』（the right to be le alone）。他們認為，現在『即時照相』普及，新聞報紙刊登即時相片以賺取商業利潤，因此我們需要以新的隱私權來保護人民。」Smith, "Facial Recognition," quoting Samuel Warren and Louis Brandeis, "The Right to Privacy," *Harvard Law Review,* IV:5 (1890), http://groups.csail.mit.edu/mac/classes/6.805/articles/privacy/Privacy_brand_warr2.html.

如我們所說，臉部辨識讓「即時照相」有了新一層的意義，這是布蘭岱與華倫始料未及的。來源同上。

329 Smith, "Facial Recognition."

330 對此想法表達興趣的其中一位州議員名叫魯文・卡瑞爾（Reuven Carlyle）。他現居西雅圖，曾在科技業界任職，後於二〇〇九年從政，擔任華盛頓州參議員。https://en.wikipedia.org/wiki/Reuven_Carlyle. 卡瑞爾議員想要支持全面性的隱私權法案，並且希望法案能納入臉部辨識的規範。他花費數個月起草提案，並和其他州議員討論具體細節。在他的努力下，帶有臉部辨識新規範的法案得到兩黨支持，於二〇一九年三月初以四十六比一的票數在州參議院通過。Joseph O'Sullivan, "Washington Senate Approves Consumer-Privacy Bill to Place Restrictions on Facial Recognition," *Seattle Times,* March 6, 2019, https://www.seattletimes.com/seattle-news/politics/senate-passes-bill-to-create-a-european-style-consumer-data-privacy-law-in-washington/.

331 Rich Sauer, "Six Principles to Guide Microsoft's Facial Recognition Work," *Microsoft on the Issues* (blog), December

17, 2018, https://blogs.microsoft.com/on-the-issues/2018/12/17/six-principles-to-guide-microsofts-facial-recognition-work/.

332 "Last of Boro's Fire Horses Retire; 205 Engine Motorized," *Brooklyn Daily Eagle,* December 20, 1922, Newspapers.com, https://www.newspapers.com/image/60029538.

333 "1922: Waterboy, Danny Beg, and the Last Horse- Driven Engine of the New York Fire Department," *The Hatching Cat,* January 24, 2015, http://hatchingcatnyc.com/2015/01/24/last-horse-driven-engine-of-new-york-fire-department/.

334 "Goodbye, Old Fire Horse; Goodbye!" *Brooklyn Daily Eagle,* December 20, 1922.

335 Augustine E. Costello, *Our Firemen: A History of the New York Fire Departments, Volunteer and Paid, from 1609 to 1887* (New York: Knickerbocker Press, 1997), 94.

336 同上，四二四頁。

337 "Heyday of the Horse," American Museum of Natural History, https://www.amnh.org/exhibitions/horse/how-we-shaped-horses-how-horses-shaped-us/work/heyday-of-the-horse/.

338 "Microsoft TechSpark: A New Civic Program to Foster Economic Opportunity for all Americans," *Stories* (blog), accessed February 23, 2019, https://news.microsoft.com/techspark/.

339 微軟之所以啟動TechSpark計畫，部分原因是因為看到二〇一六年總統大選反映出美國人民嚴重分裂。投票日隔天，為了回應員工的問題與請求，我們做了一件以前不曾做過的事：寫部落格說明我們對選舉結果的反應。Brad Smith, "Moving Forward Together: Our Thoughts on the US Election," *Microsoft on the Issues* (blog), November 6, 2016, https://blogs.

microsoft.com/on-the-issues/2016/11/09/moving-forward-together-thoughts-us-election/. 我們發現美國政治分裂的背後是經濟上的落差，並在文中寫道：「在瞬息萬變的時代裡，我們必須透過創新來推動包容式經濟成長，讓所有人都能進步。」因此，我們便開始思考微軟應如何採取更多作為，在美國都市中心以外的地區及東、西兩岸各地投入資源，推動當地的科技經濟。

在微軟員工凱特・班肯（Kate Behncken）與麥克・伊甘（Mike Egan）的領導下，我們提出TechSpark倡議，選定六個地區，實行五項策略。二〇一七年，我們在北達科他州法哥（Fargo）與北達科他州長、前微軟高層道格・布爾根（Doug Burgum）一同開始計畫。Brad Smith, "Microsoft TechSpark: A New Civic Program to Foster Economic Opportunity for all Americans," LinkedIn, October 5, 2017, https://www.linkedin.com/pulse/microsoft-techspark-new-civic-program-foster-economic-brad-smith/. TechSpark計畫提供經費為高中推廣電腦科學教育、為向轉換職涯跑道的人提供機會、為地區居民提供寬頻網路、為非營利組織培養數位能力，以及為地方經濟推動數位轉型。https://news.microsoft.com/techspark/.

TechSpark團隊在六個地區分別聘用當地人擔任社群參與經理（community engagement manager），以主持本計畫在當地的業務。我們選定的六個地區為：維吉尼亞州南部、威斯康辛州北部、德州艾爾帕索地區與邊境墨西哥地區、北達科他州法哥、懷俄明州夏安、華盛頓州中部，其中效果最好的一項早期投資是在威斯康辛州綠灣（Green Bay）。我們與藍博球場（Lambeau Field）的綠灣包裝工美式足球隊合作，雙方各自投入五百萬美元成立TitletownTech創新中心，以帶動當地創新能量。Richard Ryman, "Packers, Microsoft Bring Touch of Silicon Valley to Titletown District," *Green Bay Press Gazette*, October 20, 2017, https://www.greenbaypressgazette.com/story/news/2017/10/19/packers-microsoft-bring-touch-silicon-valley-titletown-district/763041001/; *Opinion*, "TitletownTech: Packers, Microsoft Partnership a 'Game Changer' for Greater Green Bay," *Green Bay Press Gazette*, October 21, 2017, https://www.greenbaypressgazette.com/story/opinion/editorials/2017/10/21/titletowntech-packers-microsoft-partnership-game-changer-greater-green-bay/786094001/.

340 Lauren Silverman, "Scanning the Future, Radiologists See Their Jobs at Risk," NPR, September 4, 2017, https://www.npr.org/sections/alltechconsidered/2017/09/04/547882005/scanning-the-future-radiologists-see-their-jobs-at-risk; "The First Annual Doximity Physician Compensation Report," *Doximity* (blog), April 2017, https://blog.doximity.com/articles/the-first-annual-doximity-physician-compensation-report.

341 Silverman, "Scanning the Future."

342 Asma Khalid, "From Post-it Notes to Algorithms: How Automation Is Changing Legal Work," NPR, November 7, 2017, https://www.npr.org/sections/alltechconsidered/2017/11/07/561631927/from-post-it-notes-to-algorithms-how-automation-is-changing-legal-work.

343 Radicati Group, "Email Statistics Report, 2015-2019," Executive Summary, March 2015, https://radicati.com/wp/wp-content/uploads/2015/02/Email-Statistics-Report-2015-2019-Executive-Summary.pdf.

344 Radicati Group, "Email Statistics Report, 2018–2022," March 2018, https://www.radicati.com/wp/wp-content/uploads/2017/12/Email-Statistics-Report-2018-2022-Executive-Summary.pdf.

345 Kenneth Burke, "How Many Texts Do People Send Every Day (2018)?" *How Many Texts People Send Per Day* (blog), Text Request, last modified November, 2018, https://www.textrequest.com/blog/how-many-texts-people-send-per-day/.

346 Bill Gates, "Bill Gates New Rules," *Time,* April 19, 1999, http://content.time.com/time/world/article/0,8599,2053895,00.html.

347 Smith and Browne, "The Woman Who Showed the World How to Drive."

348 McKinsey Global Institute, *Jobs Lost, Jobs Workforce Transitions in a Time of Automation* (New York: McKinsey & Company, 2017), https://www.mckinsey.com/~/media/McKinsey/Featured%20Insights/Future%20of%20Organizations/What%20the%20future%20of% 20work%20will%20mean%20for%20jobs%20skills%20and%20wages/MGI-Jobs-Lost-Jobs-Gained-Report-December-6-2017.ashx.

349 同上，四三頁。

350 Anne Norton Greene, *Horses at Work: Harnessing Power in Industrial America* (Cambridge, MA: Harvard University Press, 2008), 273.

351 "Pettet, Zellmer R. 1880-1962, "WorldCat Identities, Online Computer Library Center, accessed November 16, 2018, http://worldcat.org/identities/lccn-no00042135/.

352 "Zellmer R. Pettet," *Arizona Republic,* August 22, 1962, Newspapers.com, https://www.newspapers.com/10532517/pettet_zellmer_r_22_aug_1962/.

353 Robert J. Gordon, *The Rise and Fall of American Growth: The U.S. Standard of Living Since the Civil War* (Princeton, NJ: Princeton University Press, 2016), 60.

354 同上。

355 "Calorie Requirements for Horses," Dayville Hay & Grain, http://www.dayvillesupply.com/hay-and-horse-feed/calorie-needs.html.

356 Z. R. Pettet, "The Farm Horse," in U.S. Bureau of the Census, *Fifteenth Census, Census of Agriculture* (Washington, DC: Government Printing Office, 1933), 8.

357 同上，七一至七七頁。

358 同上，七九頁。

359 同上，八〇頁。

360 Linda Levine, *The Labor Market During the Great Depression and the Current Recession* (Washington, DC: Congressional Research Service, 2009), 6.

361 Ann Norton Greene, *Horses at Work: Harnessing Power in Industrial America* (Cambridge, MA: Harvard University Press, 2008).

362 Lendol Calder, *Financing the American Dream: A Cultural History of Consumer Credit* (Princeton, NJ: Princeton University Press, 1999), 184.

363 John Steele Gordon, *An Empire of Wealth: The Epic History of American Economic Power* (New York: HarperCollins, 2004), 299–300.

364 Seattle Times Staff, "Live Updates from Xi Visit," *Seattle Times,* September 22, 2015, https://www.seattletimes.com/business/chinas-president-xi-arriving-this-morning/.

365 "Xi Jinping and the Chinese Dream," *The Economist,* May 4, 2013, https://www.economist.com/leaders/2013/05/04/xi-jinping-and-the-chinese-dream.

366 Reuters in Seattle, "China's President Xi Jinping Begins First US Visit in Seattle," *Guardian,* September 22, 2015, https://www.theguardian.com/world/2015/sep/22/china-president-xi-jinping-first-us-visit-seattle.

367 Julie Hirschfeld Davis, "Hacking of Government Computers Exposed 21.5 Million People," *New York Times,* July 9, 2019, https://www.nytimes.com/2015/07/10/us/office-of-personnel-management-hackers-got-data-of-millions.html.

368 Jane Perlez, "Xi Jinping's U.S. Visit," *New York Times,* September 22, 2015, https://www.nytimes.com/interactive/projects/cp/reporters-notebook/xi-jinping-visit/seattle-speech-china.

369 Evelyn Cheng, "Apple, Intel and These Other US Tech Companies Have the Most at Stake in China-US Trade Fight," *CNBC,* May 14, 2018, https://www.cnbc.com/2018/05/14/as-much-as-150-billion-annually-at-stake-us-tech-in-china-us-fight.html.

370 "Microsoft Research Lab—Asia," Microsoft, accessed January 25, 2019, https://www.microsoft.com/en-us/research/lab/microsoft-research-asia/.

371 Geoff Spencer, "Much More Than a Chatbot: China's XiaoIce Mixes AI with Emotions and Wins Over Millions of Fans," *Asia News Center* (blog), November 1, 2018. https://news.microsoft.com/apac/features/much-more-than-a-chatbot-chinas-xiaoice-mixes-ai-with-emotions-and-wins-over-millions-of-fans/.

372 "Microsoft XiaoIce, China's Newest Fashion Designer, Unveils Her First Collection for 2019," *Asia News Center* (blog), Microsoft, November 12, 2018, https://news.microsoft.com/apac/2018/11/12/microsofts-xiaoice-chinas-newest-fashion-designer-unveils-her-first-collection-for-2019/.

373 James Vincent, "Twitter Taught Microsoft's AI Chatbot to Bea Racist Asshole in Less Than a Day," *The Verge,* March 24, 2016, https://www.theverge.com/2016/3/24/11297050/tay-microsoft-chatbot-racist.

374 尼茲彼著，劉世南譯，《思維的疆域：東方人與西方人的思考方式為何不同？》（*The Geography of Thought: Asians and Westerners Think Differently . . . and Why*），聯經出版，二〇〇七年七月。

375 Henry Kissinger, *On China* (New York: Penguin Press, 2011), 13.

376 同上，一四至一五頁。

377 尼茲彼著，劉世南譯，《思維的疆域：東方人與西方人的思考方式為何不同？》（*The Geography of Thought: Asians and Westerners Think Differently . . . and Why*），聯經出版，二〇〇七年七月。

378 同上。

379 微軟一直持續與重要的非政府組織進行對話、展開合作，並加入這些組織成為會員，以引進外部的人權觀點。其中有一個名為全球網絡倡議（Global Network Initiative, GNI）的團體，該團體致力為科技業界引進更宏觀的人權觀點，並鼓勵科技公司投入人權議題，並且成效斐然。全球網絡倡議的會員包含人權團體與科技公司，這些會員秉持共同的原則，並定期監督我們是否落實原則。Global Network Initiative, "The GNI Principles," https://globalnetworkinitiative.org/gni-principles/. 聯合國教科文組織（United Nations Educational, Scientific and Cultural Organization, UNESCO）官員蓋．博格（Guy Berger）曾說，全球網絡倡議是一個特殊的組織，因為採取多方參與的策略，「致力在內部促使企業與公民社會進行對話。」Guy Berger, "Over-Estimating Technological Solutions and Underestimating the Political Moment?" *The GNI Blog* (Medium), December 5, 2018, https://medium.com/global-network-initiative-collection/over-estimating-technological-solutions-and-underestimating-the-political-moment-467912fa2d20. 誠如博格所言，全球網絡倡議組織扮演關鍵的外部角色，「向世界各國政府表達企業界與公民社會的共識。」來源同上。

另外一個結合人權與商業界的機構是，紐約大學（New York University）史登商學院的商業與人權中心，其主任麥克．波斯納（Michael Posner）是全球德高望重的人權律師，該中心聚焦在商業與人權的交會點，經常推動務實策略，讓企業能在核心營運中面對這些挑戰。NYU Stern, "The NYU Stern Center for Business and Human Rights," https://www.stern.nyu.edu/experience-stern/about/departments-centers-initiatives/centers-of-research/business-and-human-rights.

380 He Huaihong, *Social Ethics in a Changing China: Moral Decay or Ethical Awakening?* (Washington, DC: Brookings Institution Press, 2015).

381 David E. Sanger, Julian E. Barnes, Raymond Zhong, and Marc Santora, "In 5G Race With China, U.S. Pushes Allies to Fight Huawei," *New York Times*, January 26, 2019, https://www.nytimes.com/2019/01/26/us/politics/huawei-china-us-5g-technology.html.

382 Sean Gallagher, "Photos of an NSA 'upgrade' factory shows Cisco router getting implant," ARS Technica, May 14, 2014, https://arstechnica.com/tech-policy/2014/05/photos-of-an-nsa-upgrade-factory-show-cisco-router-getting-implant/.

383 霍夫曼、克里斯・葉（Chris Yeh）著，胡宗香譯，《閃電擴張：領先企業如何聰明冒險，解開從一到十億快速成長的祕密》（*Blitzscaling: The Lightning-Fast Path to Building Massively Valuable Businesses*），天下雜誌，二〇一九年七月。

384 李開復，《ＡＩ新世界：中國、矽谷和ＡＩ七巨人如何引領全球發展》（*AI Superpowers: China, Silicon Valley, and the New World Order*），天下文化，二〇一八年七月。

385 同上。

386 同上。

387 "Automotive Electronics Cost as a Percentage of Total Car Cost Worldwide From 1950 to 2030," Statista, September 2013, https://www.statista.com/statistics/277931/automotive-electronics-cost-as-a-share-of-total-car-cost-

worldwide/.

388 "Who Was Fred Hutchinson?," Fred Hutch, accessed January 25, 2019, https://www.fredhutch.org/en/about/history/fred.html.

389 "Mission & Facts," Fred Hutch, accessed January 25, 2019, https://www.fredhutch.org/en/about/mission.html.

390 Gary Gilliland, "Why We Are Counting on Data Science and Tech to Defeat Cancer," January 9, 2019, LinkedIn, https://www.linkedin.com pulse/why-we-counting-data-science-tech-defeat-cancer-gilliland-md-phd/.

391 同上。

392 Gordon I. Atwater, Joseph P. Riva, and Priscilla G. McLeroy, "Petroleum: World Distribution of Oil," *Encyclopedia Britannica,* October 15, 2018, https://www.britannica.com/science/ petroleum/World-distribution-of-oil.

393 "China Population 2019," World Population Review, accessed February 28, 2019, http://worldpopulationreview.com/countries/china-population/.

394 "2019 World Population by Country (Live)," World Population Review, accessed February 27, 2019, http://worldpopulationreview.com.

395 International Monetary Fund, "Projected GDP Ranking (2018–2023)," Statistics Times, accessed February 27, 2019, http://www.statisticstimes.com/economy/projected-world-gdp-ranking.php.

396 特朗諾，未公開的備忘錄。

397 Zev Brodsky, "Git Much? The Top 10 Companies Contributing to Open Source," White-Source, February 20, 2018,

https://resources.whitesourcesoftware.com/blog-whitesource/git-much-companies-contributing-to-open-source.

398 United States Office of Management and Budget, "President's Management Agenda," White House, March 2018, https://www.whitehouse.gov/wp-content/uploads/2018/03/Presidents-Management-Agenda.pdf.

399 World Wide Web Foundation, *Open Data Barometer,* September 2018, https://opendatabarometer.org/doc/leadersEdition/ODB-leadersEdition-Report.pdf.

400 特朗諾，未公開的備忘錄。

401 "Introduction to the CaDC," California Data Collaborative, accessed January 25, 2019, http://californiadatacollaborative.org/about.

402 青少年時期就讀路易維爾肯塔基啟明學校時，泰勒決定學習電腦科學，因此必須到同地區的公立學校上課半天，成為該校首位修習電腦科學課程的視障者。泰勒對電腦科學很有熱誠，因此高中畢業後，就讀西肯塔基大學（Western Kentucky University）電腦科學系，並獲得電腦科學學位。接著，她在全國盲人協會（National Federation for the Blind）任職，最終領導團隊在科技業界提倡無障礙的概念。二〇一五年，微軟的無障礙團隊主管珍妮．萊—佛萊利（Jenny Lay-Flurrie）致電泰勒，並提供一個她無法拒絕的工作機會。「來微軟，從內部做起。」萊—佛萊利鼓勵道：「直接和微軟的工程師合作，參與產品的設計過程，看看能發揮什麼影響力。」

403 普林斯頓大學Geniza實驗室收藏來自開羅班以斯拉猶太會堂的大量文件，包括個人信件、採買清單及法律文件，這些法律文件以神聖的希伯來文寫成，因此必須「莊嚴地埋藏」在特殊的藏經庫裡。班以斯拉猶太會堂的藏經庫是目前已知最大規模的猶太手稿收藏。自十九世紀末，世界各地的學者便開始研究這些文物，至今仍在持續。羅斯多的團隊結合人工智慧演算法與電腦視覺，掃視數千個數位化的文件碎片，透過配對紙張裂痕、字跡及墨跡直徑，成功拼湊出分割數千里的文件。文件以這種方法「回家」後，羅斯多便能拼湊出先前不完整的紀錄，描述猶太人與穆斯林在十世紀伊斯蘭統治下的中東和平共存的情形。人工智慧協助羅斯多與近東研究專家團隊以數分鐘的時間完成原本不可能的任務。Robert Siegel, "Out of Cairo Trove, 'Genius Grant' Winner Mines Details of Ancient Life," NPR's *All Things Considered,* September 29, 2015, https://www.npr.org/2015/09/29/444527433/out-of-cairo-trove-genius-grant-winner-mines-details-of-ancient-life.

404 University of Southern California Center for Artificial Intelligence in Society, PAWS: Protection Assistant for Wildlife Security, accessed April 9, 2019, https://www.cais.usc.edu/projects/wildlife-security/.

405 Satya Nadella, "The Necessity of Tech Intensity in Today's Digital World," LinkedIn, January 18, 2019, https://www.linkedin.com/pulse/necessity-tech-intensity-todays-digital-world-satya-nadella/.

406 Einstein, "The 1932 Disarmament Conference."

407 霍夫曼、葉著，胡宗香譯，《閃電擴張：領先企業如何聰明冒險，解開從一到十億快速成長的祕密》，天下雜誌，二〇一九年七月。

408 這也需要企業董事會的正確領導。在此方面，許多科技公司都有採取更廣泛策略的空間。一方面，董事會由可能會非常遵從公司堅強又成功的創辦人，造成董事不太了解企業內部的狀況，因此無法提出艱難的關鍵問題，或是即便問題很明顯，也不敢提出。另一方面，董事會如果太專注特定細節，也會造成董事會與執行長之間的角色衝突，畢竟董事會的角色是治理公司，而執行長的職責則是領導和管理公司。

微軟審計委員會主席查克．諾斯基（Chuck Norski）長期以來在財務控制及其他各領域執行有針對性但嚴謹的過程，並與內部審計團隊密切合作。此外，科里．科拉爾—科泰利（Colleen Kollar-Kotelly）法官在二〇〇二年主動決定同意我們對反壟斷訴訟案的和解，條件是微軟的董事會必須設立反壟斷法遵委員會。說來有點諷刺，但微軟也受惠於這樣的安排。義務到期後十年，微軟董事會仍仰賴前ＩＢＭ執行長赫爾穆特．龐克（Helmut Panke）領導的法規和公共政策委員會協助公司與時俱進，因應不斷演變的各項議題。除了與董事會審計委員會密切合作外，該團隊每年都會參與移地會議一天，和微軟管理團隊共同檢視過去一年的社會與政治議題，並評估微軟面對這些提議所積極推動的計畫。這類活動讓我們能退一步，看見事情的全貌，而非只專注枝微末節，如此一來，在下一年度便能更上一層樓。

這些措施都需要董事深入了解公司的業務、組織、人事與議題。微軟董事定期和各主管進行小型會議、參與公司內部各類會議，並參加公司主管的年度退休會議。我是網飛董事，網飛執行長哈斯汀也會安排董事參與各類大大小小的員工會議。

409 Margaret O'Mara, *The Code: Silicon Valley and the Remaking of America* (New York: Penguin Press, 2019), 6.

410 歐瑪拉寫道，科技業的「創業家不是獨行牛仔，而是極具才華的人才，他們的成功來自不同人、不同網絡與不同組織的努力，其中就包含許多大政府計畫，這些計畫受到兩黨政治領導者的批評，而且就連許多科技業領導者也對這些計畫質疑，甚至敵視這些計畫。從原子彈、登月到網際網路骨幹等各類計畫，政府經費推動科學與科技的爆發性進步，為未來時代奠基。」同上，五頁。

許多政府官員與律師早就在智慧財產權領域發現類似的現象。儘管科技公司時常抗拒法規，但是若沒有著作權法、專利法、商標法的保護，這些科技公司的市場估值恐怕無法衝到現在這麼高，這些法規讓發明家與研發人員有機會擁有自己創造的智慧財產。

411 聯邦航空總署將七三七MAX機種部分認證程序下放給波音自行進行，此事爆發後引發政府官員與民眾的不安，因此政府做出即時因應，要求聯邦航空總署對飛機的安全修補評估必須參考外部的檢驗報告。Steve Miletich and Heidi Groover, "Reacting to Crash Finding, Congressional Leaders Support Outside Review of Boeing 737 MAX Fixes," *Seattle Times*, April 4, 2019, https://www.seattletimes.com/business/boeing-aerospace/reacting-to-crash-finding-congressional-leaders-support-outside-review-of-boeing-737-max-fixes/.

412 Ballard C. Campbell, *The Growth of American Government: Governance from the Cleveland Era to the Present* (Bloomington: Indiana University Press, 2015), 29.

413 Ari Hoogenboom and Olive Hoogenboom, *A History of the ICC: From Panacea to Palliative* (New York: W. W. Norton,

1976); Richard White, *Railroaded: The Transcontinentals and the Making of Modern America* (New York: W. W. Norton, 2011); Gabriel Kolko, *Railroads and Regulation: 1877-1916* (Princeton, NJ: Princeton University Press, 1965), 12.

414 同上。

415 "Democracy Index 2018: Me Too? Political Participation, Protest and Democracy," The Economist Intelligence Unit, https://www.eiu.com/public/topical_report.aspx?campaignid=Democracy2018.

新商業周刊叢書　BW0730

未來科技的15道難題

面對世界最關鍵的轉折，
微軟總裁最前瞻的預測與洞察

原文書名／Tools and Weapons: The Promise and the Peril of the Digital Age
作　　者／布萊德・史密斯（Brad Smith）、
卡洛・安・布朗（Carol Ann Browne）
譯　　者／孔令新
企劃選書／黃鈺雯
責任編輯／黃鈺雯
編輯協力／蘇淑君
版　　權／顏慧儀、吳亭儀、林易萱、江欣瑜
行銷業務／周佑潔、林秀津、賴正祐、吳藝佳

國家圖書館出版品預行編目(CIP)數據

未來科技的15道難題：面對世界最關鍵的轉折，微軟總裁最前瞻的預測與洞察 / 布萊德.史密斯(Brad Smith)，卡洛.安.布朗(Carol Ann Browne)著；孔令新譯. -- 初版. -- 臺北市：商周出版：家庭傳媒城邦分公司發行，民109.01
面；　公分. --（新商業周刊叢書；BW0730）
譯自：Tools and weapons : the promise and the peril of the digital age
ISBN 978-986-477-055-7（平裝）

1.未來社會 2.資訊科技 3.科技社會學

541.49　　108021361

總　編　輯／陳美靜
總　經　理／彭之琬
事業群總經理／黃淑貞
發　行　人／何飛鵬
法律顧問／台英國際商務法律事務所
出　　版／商周出版　臺北市中山區民生東路二段141號9樓
電話：(02)2500-7008　傳真：(02)2500-7759
E-mail：bwp.service@cite.com.tw
發　　行／英屬蓋曼群島商家庭傳媒股份有限公司　城邦分公司
台北市104民生東路二段141號2樓
電話：(02)2500-0888　傳真：(02)2500-1938
讀者服務專線：0800-020-299　24小時傳真服務：(02)2517-0999
讀者服務信箱：service@readingclub.com.tw
劃撥帳號：19833503
戶名：英屬蓋曼群島商家庭傳媒股份有限公司城邦分公司
香港發行所／城邦(香港)出版集團有限公司
香港灣仔駱克道193號東超商業中心1樓
電話：(825)2508-6231　傳真：(852)2578-9337
E-mail：hkcite@biznetvigator.com
馬新發行所／城邦(馬新)出版集團
Cite (M) Sdn Bhd
41, Jalan Radin Anum, Bandar Baru Sri Petaling,
57000 Kuala Lumpur, Malaysia.
電話：(603)9057-8822　傳真：(603)9057-6622　email: cite@cite.com.my

封面設計／廖勁智　內文設計暨排版／無私設計・洪偉傑　印　刷／鴻霖印刷傳媒股份有限公司
經　銷　商／聯合發行股份有限公司　電話：(02)2917-8022　傳真：(02) 2911-0053
地址：新北市231新店區寶橋路235巷6弄6號2樓

ISBN／978-986-477-055-7　
定價／460元

城邦讀書花園
www.cite.com.tw

2020年（民109年）1月初版
2023年（民112年）10月初版6刷

廣　告　回　函
北區郵政管理登記證
北臺字第10158號
郵資已付，免貼郵票

10480　台北市民生東路二段141號9樓

英屬蓋曼群島商家庭傳媒股份有限公司城邦分公司　收

請沿虛線對摺，謝謝！

書號：BW0730	書名：未來科技的15道難題

請於此處用膠水黏貼

讀者回函卡

不定期好禮相贈！
立即加入：商周出版
Facebook 粉絲團

感謝您購買我們出版的書籍！請費心填寫此回函卡，我們將不定期寄上城邦集團最新的出版訊息。

姓名：＿＿＿＿＿＿＿＿ 性別：□男 □女

生日：西元＿＿＿＿年＿＿＿＿月＿＿＿＿日

地址：＿＿＿＿＿＿＿＿

聯絡電話：＿＿＿＿＿＿＿＿ 傳真：＿＿＿＿＿＿＿＿

E-mail ：

學歷：□ 1. 小學 □ 2. 國中 □ 3. 高中 □ 4. 大學 □ 5. 研究所以上

職業：□ 1. 學生 □ 2. 軍公教 □ 3. 服務 □ 4. 金融 □ 5. 製造 □ 6. 資訊
□ 7. 傳播 □ 8. 自由業 □ 9. 農漁牧 □ 10. 家管 □ 11. 退休
□ 12. 其他＿＿＿＿＿＿＿＿

您從何種方式得知本書消息？

□ 1. 書店 □ 2. 網路 □ 3. 報紙 □ 4. 雜誌 □ 5. 廣播 □ 6. 電視
□ 7. 親友推薦 □ 8. 其他＿＿＿＿＿＿＿＿

您通常以何種方式購書？

□ 1. 書店 □ 2. 網路 □ 3. 傳真訂購 □ 4. 郵局劃撥 □ 5. 其他＿＿＿＿

您喜歡閱讀那些類別的書籍？

□ 1. 財經商業 □ 2. 自然科學 □ 3. 歷史 □ 4. 法律 □ 5. 文學
□ 6. 休閒旅遊 □ 7. 小說 □ 8. 人物傳記 □ 9. 生活、勵志 □ 10. 其他

對我們的建議：＿＿＿＿＿＿＿＿

【為提供訂購、行銷、客戶管理或其他合於營業登記項目或章程所定業務之目的，城邦出版人集團（即英屬蓋曼群島商家庭傳媒（股）公司城邦分公司、城邦文化事業（股）公司），於本集團之營運期間及地區內，將以電郵、傳真、電話、簡訊、郵寄或其他公告方式利用您提供之資料（資料類別：C001、C002、C003、C011 等）。利用對象除本集團外，亦可能包括相關服務的協力機構。如您有依個資法第三條或其他需服務之處，得致電本公司客服中心電話 02-25007718 請求協助。相關資料如為非必要項目，不提供亦不影響您的權益。】

1.C001 辨識個人者：如消費者之姓名、地址、電話、電子郵件等資訊。
2.C002 辨識財務者：如信用卡或轉帳帳戶資訊。
3.C003 政府資料中之辨識者：如身分證字號或護照號碼（外國人）。
4.C011 個人描述：如性別、國籍、出生年月日。

請於此處用膠水黏貼

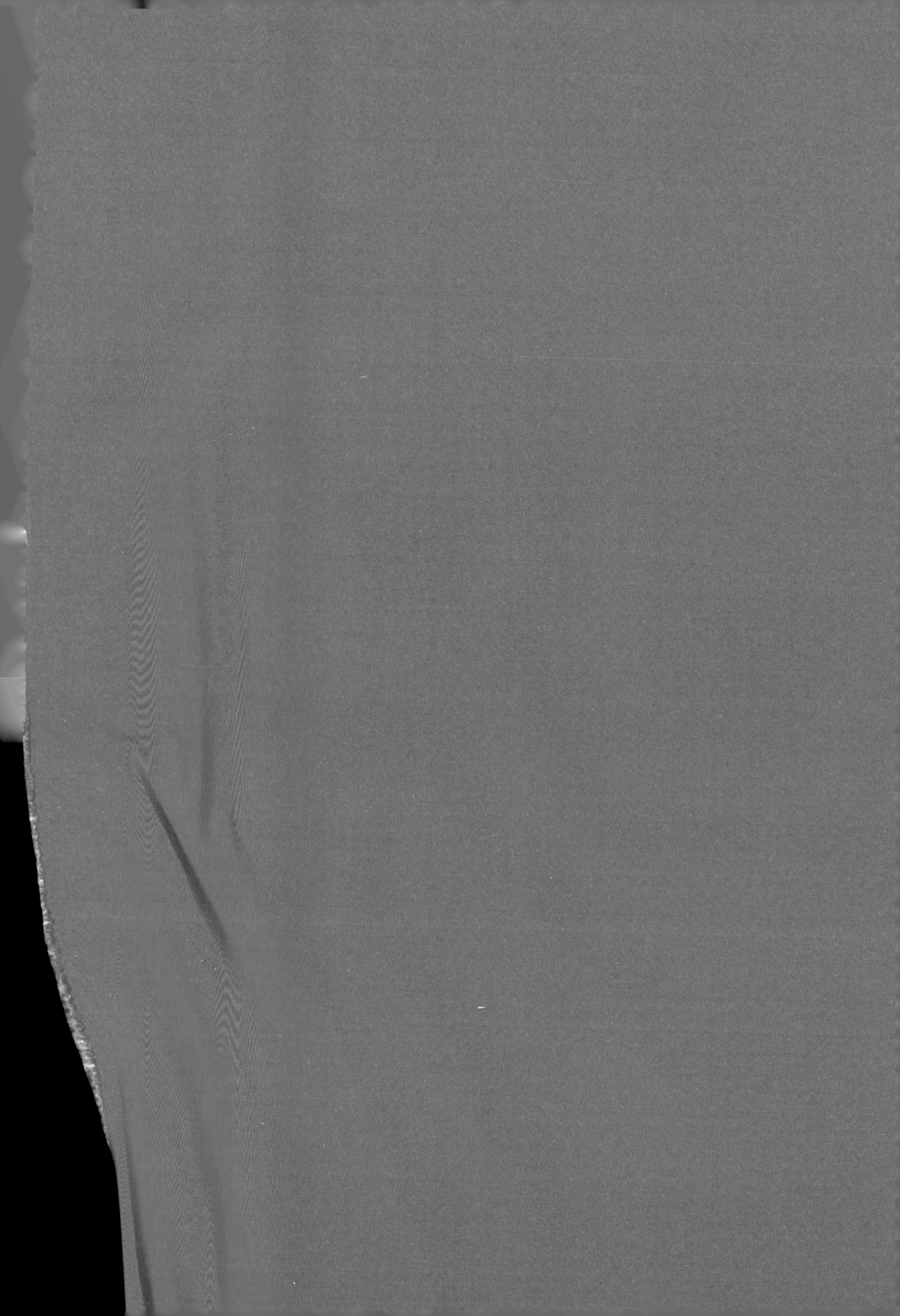